“马克思主义中国化与统一战线”丛书

ZHONGHUA SHANGDAO YU QIYEJIA JINGSHEN

中华商道与企业家精神

王建均 著

華文出版社
SINO-CULTURE PRESS

图书在版编目（CIP）数据

中华商道与企业家精神 / 王建均著. -- 北京 ：华文出版社，2021.12
（马克思主义中国化与统一战线丛书）
ISBN 978-7-5075-5470-0

Ⅰ. ①中… Ⅱ. ①王… Ⅲ. ①商业经营－经验－中国 ②企业家－企业精神－研究－中国 Ⅳ. ①F721 ②F279.23

中国版本图书馆CIP数据核字(2021)第119403号

中华商道与企业家精神

作　　者：王建均
责任编辑：方昊飞　吴晓雯
出版发行：华文出版社
地　　址：北京市西城区广安门外大街305号8区2号楼
邮政编码：100055
网　　址：http：//www.hwcbs.com.cn
电　　话：总 编 室 010-58336239　发 行 部 010-58336202
责任编辑 010-58336265
经　　销：新华书店
印　　刷：北京建宏印刷有限公司
开　　本：710mm×1000mm　1/16
印　　张：15
字　　数：195千
版　　次：2021年12月第1版
印　　次：2021年12月第1次印刷
标准书号：ISBN 978-7-5075-5470-0
定　　价：48.00元

目　录

CONTENTS

导　言

在现代经济发展中，企业家精神重要吗？如果企业家精神重要，那么，什么是企业家精神？企业家精神又是从何而来的呢？这个问题实际上追问的是企业家精神的源泉问题，或者说是企业家精神的文化基因问题。在此基础上，接下来的问题是，如何培育当今中国的企业家精神？对此，我们所要探讨的“中华商道与企业家精神”这一主题，就是要力图解决这些问题。

企业家精神具有极端的重要性

我们知道，现代经济的发展，企业家精神具有极端的重要性，甚至是决定性的作用。我们不能设想，没有乔布斯的苹果公司；同样，我们也无法想象，没有任正非的华为公司。没有比较就没有伤害。如果我们从财富的角度简单进行一下比较，可能会更加震撼。2017 年，苹果公司销售收入达到了 2 292 亿美元[①]，在 178 个国家中位居第 45 位[②]；2018 年，苹果公司更进一步，其销售收入创造新的纪录，达到了 2 660 亿美元[③]，在 178

① 苹果公司年销售收入表，见财富中文网（http://www.fortunechina.com/fortune500/c/2020-05/18/content_365275.htm.）。

② 世界各国 GDP 统计，见 https://www.kylc.com/stats/global/yearly/g_gdp/2019.html.

③ 苹果公司年销售收入表，见财富中文网（http://www.fortunechina.com/fortune500/c/2020-05/18/content_365275.htm.）。

个国家中位居第43位[①]。现在，让我们看一下华为公司。2017年，华为公司的销售收入达到了894亿美元[②]，在178个国家中位居第64位[③];2018年，华为公司同样是百尺竿头更进一步，其销售收入跨越千亿美元大关，达到1 051.91亿美元[④]。如果把华为同国内26个省会城市进行比较，同样令人震撼。2017年华为的销售收入是6 063.21亿人民币，以GDP计算，位居省会城市的第15位[⑤]。另外，值得一提的是，目前仅华为一家企业就提供19万个就业岗位；2017年，向国家缴纳税收710亿元人民币[⑥]。这可是真金白银的财富创造。

正因为如此，早在2014年的北京APEC会议（亚太经合组织领导人非正式会议）上，习近平总书记就指出，市场的活力来自人，特别是来自企业家，来自企业家精神[⑦]。2016年，银行保险监督管理委员会主席曾在《人民日报》以“企业家的作用无可替代”为题撰文[⑧]。可见，我们对企业家精神的认识相当深刻。

这里有必要追问一下，对于现代经济，为什么企业家精神具有如此重要的作用呢？这要从市场经济的效率来进行分析。我们说市场经济之所以有效率，就在于市场能够通过价格、供求和竞争等机制有效地配置资源，从而更有效地创造财富。这就是亚当·斯密所说的“看不见的手”的力量。但实际上真正配置资源的，并非“看不见的手”，而是作为市场主体的企业，而企业的灵魂是企业家。因此，我们说市场配置资源，实际上就是企业配置资源，而企业配置资源，实际上就是企业家配置资源。所

① 世界各国GDP统计，见 https://www.kylc.com/stats/global/yearly/g_gdp/2019.html.

② 华为公司2017年年报，见 https://www.huawei.com/cn/annual-report.

③ 世界各国GDP统计，见 https://www.kylc.com/stats/global/yearly/g_gdp/2019.html.

④ 华为公司2018年年报，见 https://www.huawei.com/cn/annual-report.

⑤ 华为公司2017年年报，见 https://www.huawei.com/cn/annual-report.

⑥ 同上。

⑦ 中共中央文献研究室编:《习近平关于社会主义经济建设论述摘编》，中央文献出版社2017年版，第62页。

⑧ 郭树清:《企业家的作用无可替代》，《人民日报》2016年10月11日第5版。

以，从某种意义上说，现代经济就是企业家经济。这就是企业家、企业家精神之所以是推动经济发展的重要力量、甚至是决定性力量的原因所在。

但是，在今天，我们不仅要从观念上深刻认识到企业家精神的重要性，更要从现实上认识到弘扬企业家精神的紧迫性。这是因为，中国现在进入了中国特色社会主义新时代，要实现经济转型升级和高质量发展，构建新发展格局，突破资源环境约束、人力成本约束以及技术创新约束，提升企业发展的核心竞争力，急需企业家精神。面对百年未有之变局，特别是面对美国对中国经济毫无底线的疯狂打压和脱钩政策，我们急需企业家精神。完善社会主义市场经济，更是急需企业家精神。那么，什么是企业家精神呢？如何培育中国当代的企业家精神呢？或者说企业家精神是从何而来的呢？

何谓企业家精神

要知晓什么是企业家精神，首先要明确什么是企业家。所谓企业家，就是组织和管理生产要素的人。一般认为，企业家这一概念源自理查德·埃利。19世纪末，经济学家理查德·埃利在《政治经济学导论》一书中指出，企业家一词借用的是法语，指的是组织和管理生产要素者。自此之后，包括凯恩斯、熊彼特，都开始使用企业家这个词。但是，早在中世纪末，人们就开始使用企业家一词了。在当时，企业家是法国贷款术语，被用来形容一名战场指挥官。后来，它的意思逐渐扩展到商业领域。同时，它也被用来指称某个公共音乐机构的主管或管理者①。当然，从实际角度看，当商业从农业和手工业中分离出来，出现了专门从事商品交换活动的从业人员，形成了第三次社会大分工以后，就产生了企业家。虽然这时候没有企业家之名，但是有企业家之实。历史地看，古巴比伦是远古企业家

① 戴维·兰德斯等:《历史上的企业家精神：从古代美索布达米亚到现代》，中信出版社 2016 年版，第 107 页。

的摇篮。彰显古巴比伦商业文明的《汉谟拉比法典》，曾深刻影响了后来的古希腊和古罗马的商业及其经济惯例。不仅如此，一些商贸经营的知识也是由东方传入古希腊和古罗马的，特别是在帝国末期，从事贸易的主要就是东方居民[①]。所以，不仅仅在科学技术方面，古希腊、古罗马对古代东方借鉴颇多，就是在工商业及其技能方面，古希腊、古罗马文明中的绝大部分都有东方的渊源[②]。

在中国，远在神农氏和舜帝时期，中国商业活动及商业文明就已经有所发展了。而商朝因善于经商而闻名天下，以至于后来就把凡是从事商业交换的人和行业称为商人和商业。商族、商人、商品、商业，都和古时的商朝有关[③]。进入春秋战国时期，经济发展，自由商人崛起，中国实际上已经是一个具有市场经济体系雏形的社会了。[④]当时，儒家思想脱颖而出，深刻影响了中国的商业伦理，形成了富有特色的中华儒商商道和儒商精神，对今天的企业家和企业家精神仍然具有深刻影响。

那么，什么是企业家精神呢？实际上，对于什么是企业家精神，并没有形成一个共识。企业家精神这一概念最早是由富兰克 · H · 奈特（1885—1972）正式提出来的，本意是指企业家的才能才华。[⑤]但随着生产力的不断提高，社会经济飞速发展，对企业家精神这一概念的认识也在不断深入，不同的学者从不同的角度来界定企业家精神，企业家精神也被赋予了越来越多的含义。

早期的经济学家让 · 巴蒂斯特 · 萨伊（1767—1832）是从价值的角

① 戴维 · 兰德斯等:《历史上的企业家精神：从古代美索布达米亚到现代》，中信出版社 2016 年版，第 29—30 页。

② 威尔 · 杜兰特、阿里尔 · 杜兰特:《历史的教训》，倪玉平等译，四川人民出版社 2015 年版，第 38 页。

③ 吴慧:《中国古代商业》，中国经济出版社 2010 年版，第 5—7 页。

④ 林毅夫:《经济发展与中国文化的复兴》，《北京大学学报》2009 年第 3 期；盛洪:《儒学的经济学解释》，中国经济出版社 2016 年版，第 199 页。

⑤ 富兰克 · H · 奈特:《风险、不确定性和利润》，中国人民大学出版社 2005 年版，第 12—18 页。

度来分析企业家精神的。他指出，企业的目的是创造价值，企业家是价值创造的带头者。基于此，萨伊认为，企业家精神就是通过对经济资源的更合理调配以实现价值的创造。这样，萨伊认为，企业家精神就是将经济资源从生产率较低、产量较小的领域转移到生产率较高、产量较大领域的能力。[①] 著名经济学家阿尔弗雷德 · 马歇尔（1842—1924）则从市场平衡的角度来认识企业家精神。他认为，由于价格自发调节导致了市场的不均衡性，而企业家的任务，就是消除这种不均衡性。所以，阿尔弗雷德 · 马歇尔认为，企业家精神是消除市场不均衡性的特殊力量。[②] 著名经济学家约瑟夫 · 熊彼特（1883—1950）通过分析企业家的特性，指出创新精神是企业家精神的本质特征。[③] 基于创新精神，熊彼特进一步指出，企业家精神是一种善于发现创新和整合的能力，以及将这种能力付诸企业实践行动的集合能力，即做别人没做过的事，或是以别人没用过的方式做事的组合。所以，他又进一步将这种行动的组合定义为开发新产品、开辟新的市场、寻求新的供给来源、实现新的组织形式等一系列活动。[④] 其后，基于市场机会把握能力，彼得 · 德鲁克（1909—2005）认为，企业家精神是善于发现并且把握市场机会，用来实现自身目标以及满足社会需要的能力。彼得 · 德鲁克认为，企业家精神是寻求机会而不是引发变化，它是对已经存在的机会的把握。[⑤] 这种观点是以企业的发展为出发点，以把握市场机会为核心，认为企业家精神，就是贯穿于从创业到发展壮大的整个企业历程中对于机会把握的能力。尽管，对于企业家精神的认识如此多元，且还在深化之中，但是，有一个共识是，企业家精神是不能脱离企业家的生长环境的，特别是文化环境。另外，为了分析方便，这里还是要就企业家精神的内涵作一个概括，即企业家精神是企业经营管理者在从事企

---

① 让 · 巴蒂斯特 · 萨伊:《政治经济学概论》，商务印书馆 1963 年版，第 78—83 页。

② 阿尔弗雷德 · 马歇尔:《经济学原理》，华夏出版社 2005 年版，第 198—205 页。

③ 约瑟夫 · 熊彼特:《资本主义、社会主义与民主》，商务印书馆 1999 年版，第 125—137 页。

④ 同上

⑤ 彼得 · 德鲁克:《创新与企业家精神》，机械工业出版社 2009 年版，第 36—39 页。

业生产经营活动过程中所产生的思想观念、精神素质以及行为方式的总和。简而言之，企业家精神就是企业家在领导企业不断发展壮大的过程中所形成的所有精神特质的总和。从内容上看，企业家精神主要包括创新精神、敬业精神、竞争精神、合作精神、冒险精神，以及随时代不断变化发展所形成的其他精神。其中，创新精神是企业家精神的本质特征。

那么，这里我们要继续追问的是企业家精神从何而来的问题。其实，上面已经说过，企业家精神是不能脱离企业家生长环境的，特别是文化环境。下面我们就此问题作进一步的分析。

企业家精神从何而来

著名历史学家威尔·杜兰特和阿里尔·杜兰特在《历史的教训》一书中指出："不是种族塑造了文明，而是文明塑造了民族；地理、经济和政治环境造就了文化，而文化又创造了人类形态。"[①]因此，从某种意义上说，人是文化的产物。与之相应的是，文化必将塑造经济及其作为经济主体的企业家及其企业家精神。因为，按照道格拉斯·C·诺斯（1920—2015）的看法，对于企业家而言，"我们的文化传统，我们的信仰体系，这一切都是根本的制约因素，我们必须仍然考虑这些制约因素。这也就是说，我们必须非常敏感地注意到这一点：你过去是怎样走过来的，你的过渡是怎样进行的。我们必须非常了解这一切。这样，才能很清楚未来面对的制约因素，选择我们有哪些机会。"[②]而且，"如果一个国家不知道自己过去从何而来，不知道自己面临的现实制约、传统影响以及文化惯性，就不可能知道未来的发展方向"。[③]所以，文化传统是影响企业家及其企业家精神的重要因素。

① 威尔·杜兰特、阿里尔·杜兰特：《历史的教训》，四川人民出版社 2015 年版，第 40 页。

② 道格拉斯·C·诺斯：《制度变迁理论纲要》，《改革》1995 年第 3 期。

③ 道格拉斯·C·诺斯：《制度、制度变迁与制度绩效》，刘守英译，上海三联书店出版社 1994 年版，第 3 页。

事实上，不论从历史上还是从现实上来看，不同的文化传统孕育了不同的企业家精神。以色列文化传统孕育了以色列企业家的创新创业精神；阿拉伯文化传统孕育了阿拉伯企业家的诚信品格；而以中华儒商传统为主的中华商道，是中华优秀传统文化的重要组成部分，孕育了富有特色的中华儒商文化传统。今天，以中华儒商文化传统为主的中华商道，应当也必然是培育当代中国企业家精神的源头活水。

实际上，对于企业家、企业家精神的文化根源问题，尤其是关于中国企业家和企业家精神的培育问题，现代管理之父德鲁克的认识更为深刻，也更具有现实针对性。他一针见血、态度鲜明地指出："中国发展的核心问题，是要培养一批卓有成效的管理者。但是，管理者不同于技术和资本，不可能依赖进口。他们应该是中国自己培养的管理者，他们熟悉并了解自己的国家和人民，并深深植根于中国的文化、社会和环境中。只有中国人才能建设中国。"①所以，中国的企业家、企业家精神应该也只能来自产生它的文化基因，这就是以中华儒商文化传统为主的中华商道。

当然，更为重要的问题是，以中华儒商文化传统为主的中华商道，能否给予我们今天的企业家所需要的营养呢，这里就必须要提到诺贝尔经济学奖得主阿玛蒂亚·森（1933—）的一个重要观点。他认为，对经济问题的最根本追问是，人应当怎样生活的问题。他指出："就其基本性质和特征而言，任何经济问题归根到底都是一个价值问题，而对任何价值的追问，最终都要追究到苏格拉底式的问题——人应当怎样生活？作为价值的经济问题必须和人类的生活目的相关。"②人应当怎样生活？它进一步追问的是，作为人何谓正确，或者是，人应当如何正确地生活。这正是日本著名企业家、思想家、哲学家、慈善家稻盛和夫（1932—）做人做事的基准和前提。③

① 德鲁克：《德鲁克：中国的管理者不能依赖进口》，《政工研究动态》2006年第9期。

② 阿马蒂亚·森：《经济学与伦理学》，商务印书馆2003年版，第52页。

③ 稻盛和夫：《企业家精神》，机械工业出版社2018年版，第14—15页。

稻盛和夫认为，在做人、做事时，必须追问这样一个问题，“作为人何谓正确”，要把做人应当遵循的普遍真理作为人生的原理原则。[①]而对于人应当怎样正确地生活？人应当遵循怎样的普遍真理？它的答案，恰恰就在儒家经典思想中。对此，稻盛和夫在《企业家精神》一书中对该问题作出了明确回答。他指出：“所谓的中国古代经典，就是作为人应有的正确活法，也是我们在日常生活中、在企业经营中，必须重视的道理和行为规范。”他还特别指出，当今的一些日本企业家，就是因为丢失了以德为本的经营道理和规范，稍有成绩就自我陶醉，忘掉谦虚，言行傲慢，放纵私欲，以致没落和灭亡。同时，他还深刻地指出，不只是日本存在这样的问题，发达国家以及今天成功人士辈出、催生了众多中国梦的中国也面临这个问题。所以，他强调，重新学习中国古代圣贤的智慧，以德为本，创立和谐企业，对于我们所有人都是必要的。[②]

应当说，稻盛和夫对儒家思想的认识是非常精当、准确的。儒家思想的核心就一个字，“仁”，即“仁者爱人、以人为本”。这是儒家的核心价值，也是儒家的根本原则。用孟子的话来说就是，“亲亲而仁民，仁民而爱物”。[③]这是说，“仁”包括三层含义，即对亲人的爱，对大众的爱，对万物的爱。可以说是爱满天下[④]，是真正的博爱。对于儒家而言，爱大众，造福大众，“天人合一”，让大众生活得更美好，是最高的道德。所以，孔子强调，“博施于民而能济众”者[⑤]，不仅仅是仁者，而且是圣人。一个人正确的活法，就是以人为本，让大众生活得更好。而以人为本是中华文化的根本精神和品格，是中华文化的一个主要特征。[⑥]

因此，要培育新时代中国的企业家、企业家精神，必须深入到中华

---

① 稻盛和夫：《企业家精神》，机械工业出版社 2018 年版，第 21 页。

② 稻盛和夫：《企业家精神》，机械工业出版社 2018 年版，第 167—168 页。

③《孟子 · 尽心章句上》

④ 赵士林：《中华传统文化开讲》，中华书局 2014 年版，第 9 页。

⑤《论语 · 雍也》

⑥ 楼宇烈：《中国文化的根本精神》，中华书局 2016 年版，第 46 页。

商道之中，要追问中华商道的本质，理解中华商道的内涵，追寻中华商道的历史发展，剖析中华商道的现代意义，传承和弘扬中华商道的核心价值观。在此基础上，以中华商道为根基，客观比较中西方商业文化（文明），积极学习借鉴包括西方在内的商业文化（文明）的积极成果，只有如此，才能为中华民族伟大复兴贡献企业家和企业家精神的伟力。当然，我们在强调企业家精神的文化基因时，不仅不排斥西方文化以及其他文化的积极因素，而且必须努力学习借鉴一切有利于中华商道的现代商业文明的积极成果。这是今天传承和弘扬中华商道的应有之义。

另外，既然企业家精神源于文化基因，为了更好地对这些内容展开分析和讨论，就需要深化对文化结构和文化功能的认识，进而深化对商业文化（文明）和企业文化结构的认识。而对这个问题的深入分析，有助于我们深入认识中华商道的本质，也有助于我们更好地理解学习借鉴西方商业文化（文明）。

对文化的深入分析是关键

深化对中华商道的认识，培养新时代企业家精神，关键是要深入认识文化的结构和功能。在此基础上，还要清晰地把握商业文化和企业文化的结构和功能。这样，才能深入分析中华商道和企业家精神的关系问题。这实际上就是本书对中华商道与企业家精神这一核心问题进行探讨所使用的分析框架。

众所周知，文化有广义和狭义之分。广义的文化是指人类在社会实践过程中所获得的物质、精神的生产能力和创造的物质、精神财富的总和；狭义的文化是指精神生产能力和精神产品，包括一切社会意识形式，自然科学、技术科学、社会意识形态。① 在这里，我们是从广义角度来分析文化的。

① 《中国大百科全书（哲学）》，中国大百科全书出版社 1985 年版，第 924 页。

据此，就文化的结构看，文化包含物质（技术）文化、制度（组织）文化和精神（价值）文化，它们共同构成一个有机的整体。[①] 其中物质文化是基础，处于结构的表层；制度文化是保障，处于结构的中层；精神文化是核心，处于结构的核心。简单地看，三者的关系是：精神文化主要体现为核心价值观，核心是以人性需要为本，即以人为本，或是以人为中心，也就是我们今天强调的以人民为中心的发展理念，这是物质文化和制度文化的根据；物质文化以生产工具为基础，主要体现为一定技术水平下的产品和服务，以符合人性的需要为目的，是制度文化和精神文化的基础和体现，本质上要体现以人为本的核心价值观；制度文化主要体现为以法制为基础的组织和行为制度规范，以保护人的权利和利益为目的，是物质文明和精神文明的保障，本质上是对以人为本核心价值观的规定。正是在此意义上，人本的精神文化是商业文化的核心，是物质文化和制度文化的根据；而物质文化和制度文化是对人本精神文化的反映和保障。在一定时期的发展阶段，它们三者应当是彼此协调一致的。否则，这种商业文化是难以适应和推进经济社会的发展要求的。

这里，我们还可以从马克思主义经济学的视角来认识这三者的关系。在《政治经济学批判》序言中，马克思指出："人民在自己生活的社会生产中发生一定的、必然的、不以他们的意志为转移的关系，即同他们的物质生产力的一定发展阶段相适合的生产关系。这些生产关系的总和构成社会的经济结构，即有法律的和政治的上层建筑竖立其上并有一定的社会意识形式与之相适应的现实基础。物质生活的生产方式制约着整个社会生活、政治生活和精神生活的过程。不是人们的意识决定人们的存在，相反，是人们的社会存在决定人们的意识。社会的物质生产力发展到一定阶段，便同它们一直在其中运动的现存生产关系或财产关系（这只是生产关系的法律用语）发生矛盾。于是这些关系便由生产力的发展形式变成生产力的桎梏。那时社会革命的时代就到来了。随着经济基础的变更，全部庞

① 周文彰：《略论商业文明》，《北京联合大学学报》，2015年第4期。

大的上层建筑也或慢或快地发生变革。”[1]这就是说，物质文化是以生产工具为基础构成了经济基础，制度文化和精神文化是以法制为基础的制度规范和以价值观为基础的意识形态共同组成的上层建筑。同样的，在一定时期的一定发展阶段，经济基础和上层建筑是应当相互协调一致的。否则，就会阻碍经济社会的发展。

当然，物质文化中的科技生产力的发展，推动生产工具创新改进，由此在生产出更先进、更符合人性需要的产品和服务时，必然会引发相应制度文化的变迁，以适应和保障新生产力的发展。而精神文化是否会产生相应变化，关键在于精神文化的内核，也就是核心价值观的人本性质。换言之，以人为本是根本；若说核心价值观发生变化，只能是更符合人性发展的需要，特别是符合人自由全面发展的要求。但是，人本精神的内核随着时代发展，将会有新的阐发和弘扬。它的内核不应改变，也不能改变。如，“仁”是中华文化的核心价值观念，其内核是，“仁者爱人，以人为本”，这同文化精神层面的要求是一致的。但是，对于“仁”来说，孔子曰成仁，孟子曰取义。孔子的仁，强调视人如己；孟子的仁，强调社会责任。宋明理学时期，朱熹的仁，强调新民；而明朝心学时期，王阳明的仁，强调仁民；新时代的今天，我们则强调以人民为中心的发展理念。时代在变，但“仁”的内核却始终如一。正因为如此，学者们指出，以人为本是中华文化的根本精神和品格[2]，它将随着科技进步更加凸显，并非改变。更重要的是，文化的绵延，就在于文化的核心价值观的延续不断。“仁”的核心价值观在中国数千年未变，所以，中国文化也就数千年绵延不断。[3]

从这个意义上说，“仁”也必然是中华商道的本质。对此，笃信中华

---

① 《马克思恩格斯选集》第 2 卷，人民出版社 1995 年版，第 32—33 页。

② 楼宇烈：《中国文化的根本精神》，中华书局 2016 年版，第 46 页。

③ 林毅夫：《经济发展与中华文化的复兴》，《北京大学学报》2009 年第 3 期。

商道的稻盛和夫也明确指出，商也，乃仁。[1] 如果简洁一点，以人为本其实就是人本、人道，那么，人本、人道就是商道，中华商道的本质就是人本、人道。这样，我们可以说，儒商就是以儒家核心价值观指导企业经营的企业家，即以儒家“仁、义、礼、智、信”为核心价值观指导企业经营的企业家。“仁”为根本理念，“义、礼、智、信”是“仁”的充分体现和展开，目的在于以人为本，追求和服务于人类对更美好生活的需求。以人为本的中华商道具有丰富的内容。如“仁者爱人、以人为本”的商道精神，“以义取利、见利思义”的义利精神，“非诚贾不得食于贾”[2] 的诚信精神，经世济民的家国天下情怀，互惠互利的商业智慧，贵群尚和的集体精神，等等。简言之，中华商道蕴涵的人本观、义利观、诚信观、创新观、集体观、家国观，赋予了中国商业文明独特的精神气质。

当然，就儒商的概念而言，是有一个历史发展的过程的。儒商在春秋、战国之际虽已出现，但是，当时有儒商之实，并无儒商之名。那时令人称道的商人被称为“诚贾”“良商”。明嘉靖、万历之际，已经出现并流行“儒贾”说，到清顺治、康熙时才出现“儒商”说。历史发展到近代，以张謇为代表的儒商倾其一生的心血实业救国，推动了近代儒商的新发展。改革开放以来，伴随着社会主义市场经济的发展，在中华大地上儒商再次崛起，蔚然成风，成为推动经济社会进步的伟大力量。

另外，这里有必要就商人和企业家作一个简要说明。商人或企业家有狭义和广义之分。狭义商人或企业家是指商业流通领域的经营者。在西方工业革命之前的历史发展中，所谓的商人或企业家，主要就是这种狭义上的商人或企业家。广义的商人或企业家是指工商业一切领域的经营者，尤其是指工业领域或者说是实业领域的经营者。在中国，到 19 世纪末，特别是 20 世纪 20 年代的时候，人们所强调的实业救国，主要指的就是生产领域或工业领域。今天，人们同样是从广义的角度来指称企业家的。当

① 稻盛和夫:《企业家精神》，机械工业出版社 2018 年版，第 299 页。

②《管子 · 乘马》

然，也更重视所谓实业领域的企业家。

当前，新技术革命如火如荼，以人为本的核心价值观，或者说以人民为中心的发展理念，既是新技术革命的根本目的，也是新技术革命的根本动力。新技术革命更加凸显了人本价值观的意义。对此，美国学者哈克在《新商业文明：从利润到价值》一书中指出，工业时代是以企业和股东利益最大化为目的的，这种价值观及其经济增长模式已经走上了绝路。他认为，20 世纪商业理念以攫取最大利益为目的，将成本转嫁到普通民众、社会、社区、环境和后代身上，是不公平的，其后果是不可逆转的。如 2008 年的金融危机就是将次贷危机的巨额成本转嫁给公众、社会、后代了。[①] 而 21 世纪的新商业文明立足于新技术革命，利润追求让位于价值创造，目的在于改善大众、社区、社会和后代的生活状况，实现人民对美好生活的要求。[②] 新技术革命需要与之相应的新商业文明，而新商业文明的本质正是以人为本。新商业文明更加了凸显人本这一核心价值观。

总而言之，文化是物质文化、制度文化和精神文化三位一体的有机整体。其中以人为本的精神文化是核心。明确了文化的结构及其核心，还需要进一步来了解商业文化（文明）。显然，与文化的结构一样，商业文化（文明）的结构也是如此，分为商业物质文化、商业制度文化、商业精神文化。商业文化（文明）的结构及其关系也和文化的结构及其关系是相同的。同样地，企业文化的结构也是如此，分为企业物质文化、企业制度文化和企业精神文化。而企业文化的结构及其关系同文化的结构及其关系也是相同的。从某种意义上说，商业文化（文明）和企业文化具有一致性，可以当作是同一事物。因此，下面我们在分析文化的功能时，直接分析商业文化（文明）的功能，而不再分析文化的功能和企业文化的功能。

就商业文化（文明）的功能来看，相对于商业文化（文明）的结构，

---

① 乌麦尔·哈克：《新商业文明：从利润到价值》，吕莉译，中国人民大学出版社 2016 年版，第 12—13 页。

② 乌麦尔·哈克：《新商业文明：从利润到价值》，吕莉译，中国人民大学出版社 2016 年版，推荐序言 1，第 1 页。

商业文化（文明）的功能主要有三大功能：满足需要功能、经营管理功能和交流辐射功能。

首先，满足需要功能。文化的功能，或者说商业文化（文明）功能，从根上说就是满足人的需要。[①] 而人的需要就是人性。[②] 满足人的需要，就是满足人性的需要。这是商业文化（文明）的根本目的和价值。无论是财富说、利润说，还是价值说，都并非是商业文化（文明）的根本目的和价值，它只是满足人类生存和发展的基础和手段，是我们获得真实自由的手段[③]。

其次，经营管理功能。在商业文化（文明）中，商业制度文明和精神文明在商业经营管理活动过程中起着导向、规范、凝聚、激励等作用。其中，商业精神文化所体现的价值导向，能够起到精神激励的作用，特别是共同的价值观，以及体现这种价值观的企业公平、公正的管理、薪酬、升职等企业制度文化，能够发挥目标激励、行为激励、竞争激励等积极作用，能够发挥比物质激励更强、更持久的动力[④]，调动起职工的积极性、主动性和创造性，激发出人们的潜在智慧，充分发挥每个员工的知识和优势，提高各部门和员工的自主管理能力、自主经营能力和企业忠诚度，降低员工流动和雇佣成本，提高企业核心竞争力，推动企业的快速发展。[⑤]

最后，交流辐射功能。商业文化（文明）对消费者、员工、企业、市场、社会以及国际环境起着交流、辐射作用，这是由商品交换的社会性和开放性决定的。商业文化（文明）的交流辐射功能主要是由商品和服务所体现出的文化内涵及其传播来发挥作用的。商品交换及其文化交流超越了地域、民族、国界的范围，不同的商业文化（文明）相互借鉴，取长补

---

① 马林诺夫斯基：《文化论》，费孝通等译，中国民间文艺出版社 1987 年版，译序第 2 页。

② 《马克思恩格斯全集》第 3 卷，人民出版社 1960 年版，第 514 页。

③ Sen，A. K.（2000）Development as Freedom，New York：A. Alfred Knopp:14.

④ 贾春峰：《贾春峰说企业文化》，中国经济出版社 2003 年版，第 63—65 页。

⑤ 王建均：《加强企业文化建设促进非公有制经济健康发展》，《中央社会主义学院学报》2014 年第 4 期。

短，相互促进，推动了商业和商业文化（文明）的发展。[①]

总之，从商业文化（文明）的结构和功能来认识和分析中华商道与企业家精神，可以更加透彻地认识到，人本价值观是中华商道的根本之道，是企业家精神的核心要义，具有普遍性的意义。在今天，是应当也必然具有共同价值的；同时，我们也必须深刻认识到，中国是后发展国家，就物质文化层面以及制度行为的法制层面，中华商道还有不足之处，应当也必须积极学习和借鉴西方发达国家的经验和教训。而这些技术和制度，正如德鲁克所说，是可以引进的，也是应当且必须学习和借鉴的。当然，要指出的是，这些技术和制度可以称之为“术”。而道和“术”必须有机结合，相辅相成。这也正是商业文化（文明）的结构所揭示的一般性规律，即商业文化（文明）是物质文化、制度文化、精神文化三位一体的有机整体。

进一步来讲，中华商道强调的是人性自觉，而西方商业文化更注重理性自觉。所以，华为公司的首席管理科学家黄卫伟指出，东方道 + 西方术 = 华为的成功。无独有偶，方太的二代掌门人茅忠群也深刻地指出：中学明道、西学优术、中西合璧、以道驭术[②]。当然，归根结底，道是根本，是目的，是动力；而术是技术，是方法，是手段。道要驾驭术，术要服务于道。对此，成中英分析指出：“人性和理性，都是人类所需要的。如果只有人性，而没有理性，人类就只有质而没有文，只有情而没有理。若只有理性，而没有人性，人类将沦为冷血的机器，丧失道德价值的肯定，只讲求方法而不讲目的。……一定要坚持人性的自觉，同时也要扩大理性的自觉”。[③]要把道与术相结合，把人性与理性相结合。这是今天传承和弘扬中华商道的必然要求。

另外，还要强调的是，今天新时代中国的企业家面对百年未有之变

① 傅立民、贺名仑主编：《中国商业文化大辞典》上卷，中国发展出版社 1994 年版，第 5 页。

② 黄芳等：《茅忠群文化自信与方太战略创新》，《企业管理》2021 年第 2 期。

③ 成中英：《C 理论：中国管理哲学》，中国人民大学出版社 2017 年版，第 158 页。

局，特别是面对以美国为首的西方国家无所不用其极的技术脱钩、打压和卡脖子行为，是在先进的芯片等技术既买不来也求不来的情况下，只能靠自己。我们的企业家除了以更加开放的精神学习和借鉴包括西方在内的先进技术和制度的同时，更要深深扎根于以人为本的中华商道的基础之上，以“苟日新、日日新、又日新”的创新奋斗精神，大力推进科技的自主创新，努力提高原始创新能力和集成创新能力，把核心技术掌握在自己手里，彻底打破西方的技术霸凌，推动中华民族复兴伟业的实现。

第一章

中华商道的现代追问

说起中华商道，有的中国企业家以道家核心价值观指导自己的企业经营，被称为道商；有的企业家以佛家的核心价值观指导自己的企业经营，被称为佛商；而以中华主流的儒家文化的核心价值观指导自己经营的，被称为儒商。我们这里要谈论的中华商道，所指的就是中华儒商商道。

第一节　中华商道的根本理念

要说清楚中华商道，首先就要面对一个问题，何谓道。老子说，“道可道，非常道；名可名，非常名”①。道怎么可以完全说得清楚呢？但是我们也不要忘了，老子还说过，大道至简。孔子也指出，“道不远人”②。作为根本的规律和原则的道，其实非常简单明了、平易近人。即使我们不能完全揭示这个道，但我们总是能无限接近这个道，可以在一定阶段、一定程度上说清这个道。那么，中华商道这个根本的规律、本质或原则，到底是什么呢？

①《道德经》

②《礼记·中庸》

一、以人为本的中华商道

以人为本是中华商道的本质。这里，我们暂且抛开抽象的理论，还是以华为公司为例，来认识中华商道的本质。在当今中国，如果说有哪一家公司备受国人尊重和敬仰，毫无疑问是华为公司。华为公司创业之艰辛，创新之有为，品质之上乘，文化之先进，不仅被国人也被世人所公认是一家伟大企业。

1987 年，华为以 2.1 万元起家，代销香港一家公司的程控电话交换机，是个地道的“二道贩子”。但是 20 年过去了，2007 年华为成为一家具有多项自主知识产权的高科技公司。2013 年，华为超越爱立信公司，成为世界上最大的电信设备供应商。同一年，华为的销售收入达到了 2 390 亿人民币，超过爱立信公司。在 2014 年，华为成为世界上申请专利最多的公司，不是之一。[①] 根据华为公司 2018 年年报，华为在全球累计获得授权专利 87 805 件，其中获得的美国授权专利为 11 152 件。[②] 华为公司的创新力可见一斑。

同样在 2014 年，华为公司净利润达到 45 亿美元。可能你会说，这多吗？没比较就没有伤害，当年爱立信、阿郎、诺基亚、中兴通讯四家通信公司净利润总和还不到 30 亿美元。[③] 面对世界 500 强这座高山，2011 年，华为公司进入世界 500 强，名列第 352 位；仅仅过了 6 年，2017 年，华为名列第 83 位，进入世界百强；2018 年，又向前跨越 11 位，名列第 72 位。2019 年，华为公司继续向前超越 11 位，名列第 61 位。当然，更令人称道的是，在世界最具品牌价值百强榜中，中国企业仅有一家，那就是华为公司。那么，我们想知道的是，华为公司何以成功的呢？

吴春波，著名的《华为基本法》参与者，中国人民大学管理学教授。

---

① 李志朝：《任正非的资本》，台海出版社 2016 年版，第 73 页。

② 《华为 2017 年年报》，见华为官网（https://www.huawei.com/cn/annual-report，2021 年 3 月 3 日查阅）。

③ 李志朝：《任正非的资本》，台海出版社 2016 年版，第 23 页。

他曾撰文指出，从 1988 年到 1997 年，华为曾是家很烂的公司，那时候的任正非就像一个土匪头[①]。之后，华为公司摇身一变成为世界性的跨国公司，其营收中的 70% 来自国外。华为公司是如何华丽转身，如何成功的呢？黄卫伟，也是《华为基本法》的参与者，现在是华为公司的首席管理科学家。他认为，华为华丽转身的原因在于学习，在于不遗余力地向世界上一切优秀的公司学习。那么，华为向哪些公司学习，又学习了什么呢？财务是学习毕马威的，客户管理是学习埃森哲的，述职制度是学习微软的，精密生产是学习丰田的。但是，这还远远没有学完。华为总共向多少家公司学习了呢？几十家公司，其中有 14 家是国际著名公司。花了多少成本呢？总共花了 300 多亿人民币。如何学习的呢？以削足适履方式学习西方一切反映现代企业发展的管理知识和技能。这种削足适履方式，按任正非的说法就是，先僵化，后优化，最后再固化。[②]

但是，有一样东西华为公司没有向西方学习，那就是企业文化，特别是企业文化的核心价值观。前面说过，人是文化的产物，不同的文化，特别是不同文化的核心价值观是孕育企业家、企业家精神的源泉。

那么，任正非是如何看待企业文化的呢？他认为，资源是会枯竭的，唯有文化才能生生不息。在华为公司的厂区有一块石碑，上面写的是“小胜靠智，大胜在德”。这个德体现在华为基本法中，就是它的核心价值观。财以道生，这个道就是德的意思，财以德生，利缘义取。“利者，义之和也”[③]，“德者，得也”[④]。有德，方有得。事实上，很多企业家对此有着清晰的洞察。如格力电器的总裁董明珠说过，对于企业来说，没有人才，一切归零；没有道德，人才归零[⑤]。德对于一个企业如此重要。司马光在《资治

---

① 吴春波：《华为曾是家很烂的公司》，见搜狐网（https://m.sohu.com/a/154941104_163061/，2021 年 3 月 3 日查阅）。

② 李志朝：《任正非的资本》，台海出版社 2016 年版，第 214 页。

③《易传 · 乾文言》

④《四书集注 · 学而篇》

⑤ 董明珠：《没有人才，一切归零；没有道德，人才归零》，《企业家观察》2019 年第 2 期。

通鉴》中指出："才者，德之资也；德者，才之帅也。"[①]意思是，才能是德行的凭借，德行是才能的统帅。以德为上，积德就是在投资。所谓善有善报，恶有恶报，今世不报，来世必报。或是现世报，或是来世报。或是报今人，或是报后人。做好事是在投资，做坏事是在欠账。[②]

其实，德对于一个家庭也同样重要。所谓"积善之家，必有余庆；积不善之家，必有余殃"[③]。对于国家来讲也是一样的。正所谓，皇天无亲，唯德是辅，而"德不配位，必有灾殃"。无德大秦，二世而亡，仅存 14 年而已。相反，德不孤，必有邻。此谓大道（德）不孤，得道（德）多助，失道（德）寡助。皆是德也。所以，从某种意义上说，一个人、一个家庭、一个国家，不是愿不愿意遵从道德的问题，而是为了长久利益和可持续发展，一个人、一个家庭、一个国家不得不遵从道德的问题。这从经验的角度是可以看到和证实的，即前面所说的，善有善报，恶有恶报。这个报，或在现世，或在来世，或在今人，或在后人。对于善报，有"投之以桃，报之以李"，有"滴水之恩，当涌泉相报"；对于恶报，则有"多行不义必自毙"，"君子报仇，十年不晚"。所以，积德行善是有其利益的，道德源于形而下的功利。[④]积德行善有利于个人，也有利于整个社会和国家。因为，"每个人，或者大多数人这样做，人们所形成的社会必然给他们带来更大的福利。与人人相互侵害相比，相互尊重和礼让，会获得更多的回报。事实上，博弈论经济学已经证明，合作可以有合作红利或双赢结果"[⑤]。

但是，真正的道德是应当超越功利的。"一个人没有任何功利考虑和外在强制，自觉履行自己的义务时，他的行为才是道德的。……会制造工具，使人不同于动物，但这并不能使人高于动物。如果人只是一个经济

---

①《资治通鉴 · 周纪一》

② 盛洪：《儒学的经济学解释》，中国经济出版社 2016 年版，第 35 页。

③《周易 · 坤卦 · 文言传》

④ 盛洪：《儒学的经济学解释》，中国经济出版社 2016 年版，第 40 页。

⑤ 盛洪：《儒学的经济学解释》，中国经济出版社 2016 年版，第 35 页。

人，人类只可能达到任何一种动物社会都可以达到的效率水平。唯一使人高于其他动物的是道德。道德使人类社会更有效率，同时也是组成社会的生命意义所在”[①]。从这个意义上说，我们可以从功利性的经济人推导出超越功利的道德人。

这里所说的德到底是什么呢？华为又是如何“大胜在德”，成就了传奇呢？下面我们来揭示华为的成功之道。华为的成功之道，其实非常简单，这就是华为的核心价值观，也就是华为之大德。它可以用两句话表达。

第一句是，以客户为中心。你可能要说，别忽悠我了。现在哪个想要做强做大的企业不以客户为中心？但是，以客户为中心，不只是嘴上说的，纸上写的，而是要落实在行动上，行动到极致上，要真诚地、永远地对“上帝”好。2011 年，当日本地震出现核泄漏时，所有的公司都在后退，只有华为的员工逆道而行，用行动书写出以客户为中心的核心价值观。以至于当日本政府追随美国特朗普政府封杀华为 5G 产品时，日本的一位普通市民专门写信给华为公司，痛斥日本政府忘恩负义的行为，向华为公司致歉。[②]同样的，无论是在非洲沙漠地带，还是在俄罗斯的冰雪世界；无论是在战火纷飞的阿富汗，还是在贫瘠荒凉的火山岛科摩罗，即使在“一人・一厨・一狗”的情况下[③]，华为的员工仍然一往无前，用行动书写出以客户为中心的核心价值观。因为哪里有客户，哪里就有华为人。华为人就是以这种精神开疆拓土，打开了一个又一个被西方发达国家垄断的市场。这正如孔子所说的，“力行近乎仁”[④]。以客户为中心，不仅要写在《华为基本法》上，更要力行，而且要力行到极致。

第二句是，以奋斗者为本。如何体现以奋斗者为本呢？很重要的一

---

① 盛洪：《儒学的经济学解释》，中国经济出版社 2016 年版，第 39—40 页。

② 国际在线：《日本市民声援华为》，见 https://baijiahao.baidu.com/s?id=1620441527539522488&wfr=spider&for=pc。

③ 田涛主编：《一人・一厨・一狗》，生活・读书・新知三联书店 2019 年版，第 6 页。

④《礼记・中庸》

点，就是全员持股制。我们都知道，在华为公司，任正非仅仅拥有 1.4% 的股份，而其余的 98.6% 的股份为全员持股。根据 2019 年华为年报，华为是一家 100% 由员工持有的民营企业。华为通过工会实行员工持股计划，参与人数为 104 572 人，参与人仅为公司员工，没有任何政府部门、机构持有华为股权。[①] 但是，要强调的是，华为公司持股分红针对的是奋斗的员工。华为员工分为三个层次：一般员工，打工吃饭、养家糊口；努力奋斗者和全身心奋斗者，则可以持股分红。这是华为具有强大凝聚力、创造力的重要原因。用任正非的话说，就是“分赃”分得好，也就是分配分得好！说分配分得好，还在于公司创始人任正非本人持有的股份却极为有限，并且一再降低，从前面说的 1.4% 降到 0.94%，目前又降至 0.88%，而华为投资控股有限公司工会委员会的持股比例，则从 98.6% 增加到 99.06%，又从 99.06%增加到 99.12%。[②] 可以说，任正非遵循的以奋斗者为本与稻盛和夫遵循的以员工为本是一致的。稻盛和夫认为，公司的使命是为了员工的物质和精神两方面的幸福，在此基础上为了人类社会的进步作贡献。[③] 如此，焉有不努力的员工，不成功的公司？当然，这里要强调的是，为了始终执行好以奋斗者为本的核心价值观，防止员工凭股权躺赚，以致弱化奋斗精神，股权激励必须动态调整。一方面降低股权所占分配的比重；一方面加大奋斗创造的比重，以此持续保持和提升员工的奋斗精神，激发公司的活力，推动公司的发展。

显然，对于企业来说，以客户为中心，是对外而言的；以奋斗者为本，是对内而言的。从某些方面来说，这两者是一致的。所以，这两句话，用四个字概括，就是以人为本；用两个字概括，就是人道或人本。这就是华为的成功之道，就是华为的核心价值观，而这就是中华文化的根本精神和品格，就是中华商道的根本规律、本质和原则，也就是我们所说的

① 华为 2020 年年报，见华为官网（https://www.huawei.com/cn/annual-report）。

② 同上

③ 稻盛和夫：《企业家精神》，叶瑜译，机械工业出版社 2018 年版，第 209 页。

大德，即“天地之大德曰生”①，即要敬畏万物，爱护生命，让万物生生不息。正所谓孟子所言：“君子之于物也，爱之而弗仁；于民也，仁之而弗亲。亲亲而仁民，仁民而爱物。”②所谓仁，由亲亲的自然血缘之爱，到对整个人类之爱，再到对万物之爱，由近到远，由彼到此，由人到物，感性而理性，自然而深沉。所以，就人类社会而言，一切为了人，一切以人为本，就是最大的德，华为因此而成功。所以，黄卫伟指出，向西方14家企业学习的是成功之术，而以人为本则是成功之道。华为成功的商道，就是以人为本的人道。当然，正如黄卫伟强调的，道与术要有机结合，缺一不可。当然，关键是力行以人为本的中华商道；而西方之术，只能也必须体现并服务于以人为本的核心价值观，这是华为成功的秘密。华为成功的方程式就是：华为的成功＝东方道＋西方术。东方商道和西方之术，是华为腾飞发展的两翼，缺一不可。当然，以人为本的中华商道，是核心价值观，是根本，不能须臾偏离；而反映现代企业发展一切技术、方法，一是体现为制度，二是体现为产品和服务，同样不可或缺。其实，我们可以从商业文化的结构来认识东方道和西方术的关系。东方道，实际上就是中华商道，就是商业精神文化；而西方术，就是商业制度文化和物质文化，两者必须有机结合。这也是成中英所说的人性和理性的问题。这点是无论如何不能忽视的。当然，人本的中华商道始终是根本目的和动力；而作为制度文化和物质文化的西方之术，应当也必须服务于人本的中华商道。

2018年年初，我去华为参观、调研，对此感受更为深刻。在华为，以奋斗者为本，除了“分赃”分得好以外，还要用美食留住员工的胃，用美景留住员工的心，用华为大学留住员工的大脑。华为大学是干什么的呢？华为大学并不主要教技术、技能，而是要用华为核心价值观教育员工。我们知道，到华为工作的都是成年人，价值观已经形成，而华为大学

---

①《周易·系辞传》

②《孟子·尽心章句上》

主要是要给员工灌输华为以人为本的核心价值观。所以，华为之所以成功，就在于以人为本的中华商道。

无独有偶，作为方太企业的二代企业家，茅忠群恰恰也服膺于以人为本的中华商道。但是，对于他来说，这是有一个心路历程的。2008 年之前，毕业于中欧商学院的茅忠群，完全遵从于西方的管理思想。2008 年之后，茅忠群开始向内求索，向中华商道求索。他在企业建立孔子堂，定期用中华儒家文化经典来培训员工，什么《论语》《大学》《弟子规》等经典都进入到培训教材之中。他提出，中学明道、西学优术、中西合璧、以道驭术。方太企业传承了“家”的传统文化，确定了“让家的感觉更好”的核心理念。但是，方太的家并非局限于企业这一小家，而是涵盖了企业、员工、合作者、厂商、顾客等五个方面的关系，创建了一种和谐文化下的各方“感觉更好”的家庭氛围。正因为如此，茅忠群没有走他父亲的老路，仅仅生产抽油烟机零配件的发展老路，而是生产方太抽油烟机整机，打造出中国人的高技术含量的抽油烟机。以人为本的“家”文化，让方太企业插上了腾飞的翅膀。①

关于这一点，备受中国年轻企业家尊崇的日本经营之圣稻盛和夫说得好：商道就是人道。他强调，“没有以员工为本，就没有企业，就没有企业经营”。②他在《企业家精神》一书中强调：我们要从中华古代经典中学习以人为本的商道，不只是当今的日本，就连发达国家也存在这个问题。而今成功人士辈出、催生众多中国梦的中国也同样面临这个问题。③对此，稻盛和夫强调，包括日本以及发达国家在内，都要向中华儒家经典学习做人的道理和德行。④因为，中华儒家经典揭示的就是做人、做事的普遍真理，是做人、做事的基准。⑤

① 黄芳等：《茅忠群文化自信与方太战略创新》，《企业管理》2021 年第 2 期。

② 稻盛和夫：《企业家精神》，机械工业出版社 2018 年版，第 296 页。

③ 稻盛和夫：《企业家精神》，机械工业出版社 2018 年版，第 167 页。

④ 稻盛和夫：《企业家精神》，机械工业出版社 2018 年版，第 167—168 页。

⑤ 稻盛和夫：《企业家精神》，机械工业出版社 2018 年版，第 21 页。

事实上，就是在亚当·斯密眼里也并非只有所谓的理性经济人，否则，资本主义必然更早走向危机。也许我们不应忘记他在《道德情操论》中发出的警示："如果一个社会的经济发展成果不能真正分流到大众手中，那么它在道义上将是不得人心的，而且是有风险的，因为它注定会威胁到社会的稳定。"[①]因此，所谓人人为自己，社会会更好；但是也可能，人人为自己，社会会更糟。[②]对此，日本现代企业之父、创办过500多家企业的涩泽荣一早就有深刻的认识。他强调，如果资本主义自私地追求个人利益，反而会妨碍获得个人利益，这恰恰是资本主义的悖论。[③]

二、人本与神本之辨与析

中华文明建立在人本主义基础上，是以人为本的文明，而西方文明建立在基督教文明基础上，是以神为本的文明。中国自西周以来就确立了以人为本的文化精神，以人为本是中华文化的根本精神和品格。[④]

（一）以人为本是中华文化的根本精神和品格

中华商道，或者说中华文化的根本精神和品格是以人为本，是人道，真是这样的吗？鲁迅说过，他翻开历史一查，这历史没有年代，歪歪斜斜的每页上都写着"仁义道德"四个字。鲁迅横竖睡不着，仔细看了半夜，才从字缝里看出字来，满本都写着两个字是"吃人"！按鲁迅的说法，以人为本或者人道，哪里是中华文化的根本精神，哪里是中华商道的本质啊！是这样吗？吃人与以人为本，相差得太远了吧。但是，我们要说，原本的中华文化的根本精神就是以人为本，这是儒家创始人孔子及其继承者曾子、子思、孟子、荀子等创立和弘扬的道统。所谓吃人的历史和观念是在秦汉之后，作为统治者的专制帝王为了巩固自己的统治，刻意扭

---

① 亚当·斯密：《道德情操论》，商务印书馆1997年版，第385页。

② 盛洪：《儒学的经济学解释》，中国经济出版社2016年版，第26页。

③ 鹿岛茂：《日本商业之父涩泽荣一传》，王鹤、池淼译，浙江大学出版社2014年版，第540页。

④ 楼宇烈：《中国文化的根本精神》，中华书局2016年版，第46—47页。

曲儒家以人为本的根本精神，形成与道统根本对立的所谓吃人的政统。何以为证呢？我们仅仅通过下面两段对话来加以分析和证明。

我们先看管仲与齐桓公的一段对话。

> 齐桓公问管仲曰："王者何贵？"曰："贵天。"桓公仰而视天。管仲曰，"所谓天者，非苍苍莽莽之天也。君人者以百姓为天。百姓与之则安，辅之则强，非之则危，背之则亡。诗曰：'人而无良，相怨一方。'民怨其上，不遂亡者，未之有也。"[①]

我们来看看这段话的含义吧。齐桓公问管仲："当君王的人，应把什么当作最宝贵的？"管仲回答说："应把天当作最宝贵的。"于是，齐桓公仰起头望着天。管仲说："我所说的'天'，不是苍苍莽莽的天。给人民当君主的，要把百姓当作天。对于一个国家来说，百姓亲附，就可安宁；百姓辅助，就能强盛；百姓反对，就很危险；百姓背弃，就要灭亡。《诗》中说，'做人如果不善良，一个地方的人都会怨恨他'。百姓怨恨他们的君主，而最后不灭亡的政权，是从来就没有过的。"君主以百姓为天。背负着天道、天命、天理的君主必须以民为本、以人为本，也就是要为人民服务，否则君主最终不能维持自己的统治。所以，所谓君主尊崇天道，实际上遵从的是人道而已，就是为人民服务而已。这是先秦时期一贯的思想。《尚书》里有很多这样的记载，如"民惟邦本，本固邦宁"[②]，"天视自我民视，天听自我民听"[③]，"因民之所利而利之"[④]，甚至是孟子的"民为贵，社稷次之，君为轻"[⑤]，等等。

中国共产党的宗旨不仅仅是为人民服务，而且要加上四个字，全心全意。而中国共产党也只有全心全意为人民服务，才能得到人民的拥护，才能像党的十九大报告所说的做到长期执政。这就是我们党始终强调的初

① 《韩诗外传》卷四

② 《尚书 · 五子之歌》

③ 《尚书 · 泰誓中》

④ 《论语 · 尧曰》

⑤ 《孟子 · 尽心章句下》

心和使命。

第二段对话更能说明问题，这就是孟子与齐宣王的一段对话。

齐宣王问曰："汤放桀，武王伐纣，有诸？"孟子对曰："于传有之。"曰："臣弑其君，可乎？"曰："贼仁者谓之贼，贼义者谓之残；残贼之人，谓之一夫。闻诛一夫纣矣，未闻弑君也。"[①]

现在我们来细细品味下这段话。齐宣王问道："商汤流放夏桀，周武王讨伐商纣王，有这回事吧？"孟子答道："史书上有这样的记载。"宣王说："做臣子的弑他的君主，可以吗？"孟子说："破坏仁爱的人叫作'贼'，破坏道义的人叫作'残'。残贼俱全的人，叫作'一夫'。我只听说过武王诛杀了一夫殷纣，没有听说过他是以臣弑君的。"在孟子眼里，夏桀王、商纣王是贼仁贼义者，就是不仁不义者，是独夫民贼，人人得而诛之。所以，孟子说，他只听说诛杀了独夫民贼，没有听说过谁弑君。对于孟子这番话，明朝的皇帝朱元璋大为恼怒，要求将其删除，并将亚圣孟子驱除出孔庙，由此可见一斑。作为帝王，丧失了人道，就丧失了天道，这样的独夫民贼，实际上丧失了统治的合法性。大呼"我生不有命在天"的商纣王，就是不知天命就是民意，落得个自我了断。从这个意义上看，这段对话是同孟子"民贵君轻"的理念是一致的。

所以，根据上述，天道不过就是人道，商道自然也要遵循人道。在一定意义上，天道、人道、商道是统一的。另外，孟子的大道大义，朱元璋的勃然大怒，应当给予我们警示，我们应当好好反思一下下面这个说法，即"君君、臣臣、父父、子子"，"君让臣死，臣不得不死；父要子亡，子不得不亡"，这些观念应该是对儒家思想的最大误解了。儒家有等级秩序观念，但更有权责对等理念。所谓"君君、臣臣、父父、子子"，不仅是等级秩序，更是权责对等，即君要像君，臣要像臣，父要像父，子要像子。否则，君不君，则臣不臣；父不父，则子不子。所以，作为臣子，作为儿子，并非唯唯诺诺，更不是沦落为所谓的"君让臣死，臣不得不死；

①《孟子·梁惠王章句下》

父要子亡，子不得不亡”的可悲之地。儒家原本精神绝非如此。必须是“君使臣以礼”，方能“臣事君以忠”；必须是“父待子以慈”，方能“子待父以孝”；必须是“夫待妻以和”，方能“妻待夫以顺”；必须是“兄待弟以友”，方能“弟待兄以恭”；而“朋友以义互存”。对于孔子的这种观点，孟子一如既往地坚持并有所发展。基于“民贵君轻”的理念，孟子指出：“君之视臣如手足，则臣视君如腹心；君之视臣如犬马，则臣视君如国人；君之视臣如土芥，则臣视君如寇仇。”[①]可见，孟子坚决反对帝王拥有绝对权力。他将君臣关系视为相互制约、互相对等的权利义务关系。孟子进一步指出，“君有大过则谏，反覆之而不听，则易位”[②]。这是说，君有过，则臣应规劝，如果反复规劝还不听，臣就可以换掉他。这同前面孟子与齐宣王的对话精神是一致的，只不过这里是从君臣关系的角度强调的。就此而言，儒家所说的“五伦”关系，既是相对的，也是互动的。[③]这是一种权责对等关系，更是一种互重、互敬的平等关系，体现了人之为人的尊严。

毫无疑问，孟子对孔子的观点是有所发展的，其气节更加刚强。孟子不仅有凛然大义，更有浩然正气；不仅要“富贵不能淫”，“贫贱不能移”，更要“威武不能屈”。面对权贵，甚至是帝王，“君不君，则臣不臣”，无道之君，皆可得而诛之。这是怎样的正气凛然！又是怎样的威武阳刚！又是怎样的气节血性！哪里有一丝一毫的奴颜婢膝呢？实际上，儒家思想创始人坚持和发扬上古的民本思想，具有强烈的反对专制和暴政的传统。如《尚书》中所言：天听自我民听，天使自我民视；民为邦本，本固邦宁；民之所欲，天必从之；等等。所以，这也正是秦始皇灭儒的原因。而到了孟子则进一步提出：民为本、社稷次之、君为轻。民本思想经由孔子、孟子的发展，具有了新的内涵，它触及的是权力的来源问题。从

① 《孟子・离娄章句下》

② 《孟子・万章章句下》

③ 许倬云：《中西文明的对照》，浙江人民出版社 2016 年版，第 204 页。

孟子的角度看，这个民本的含义，不是从统治者角度来思考的，因为孟子本身不是统治者，他是一个文化精英，他是站在一个非常中立的立场来看待这个问题的。君不是权力的来源，人民才是权力的来源。因而，孟子民本思想的核心是，权力来源于人民，权力的合法性在于人民。更重要的是，儒家的民本主义思想更根本，它适用于任何政体。即使是民选出来的政治领导人，这个“民”也比他这个政治领导人更重要。从这个意义上说，民本甚至比民主更重要。[①]

当然，要指出的是，孟子民本思想并非止步于权力来源问题，他还进一步提出了民本的政治原则和保证百姓权利、利益的思想。实际上孟子提出了关于民主的程序问题。孟子指出：“国君进贤，左右皆曰贤，未可也。诸大夫皆曰贤，未可也。国人皆曰贤，然后察之；见贤焉，然后用之。左右皆曰不可，勿听。诸大夫皆曰不可，勿听。国人皆曰不可，然后察之；见不可焉，然后去之。左右皆曰可杀，勿听。诸大夫皆曰可杀，勿听。国人皆曰可杀，然后察之。见可杀焉，然后杀之。故曰国人杀之也。”[②]这实际上提出了任用、罢免以及惩罚干部的民主程序。

遗憾的是，孟子提出了民主程序问题，但没有相应的民主制度保障。自然，我们不能苛求于孟子。毕竟在 2 400 多年前的历史条件下，孟子还无法设想出具体的民主制度。但是，孟子关于权力的来源问题，特别是关于民主的程序问题，实际上已明确了国家大事归根结底应该由全体国民说了算，这是典型的民主精神。与之相比，同时期的古希腊的确存在着城邦民主制度，但这种民主制度完全剥夺了女性和奴隶的民主权利，民主仅限于城邦中少数自由人，其民主精神就远不及孟子。当然，不可否认，从民主制度的角度看，古希腊的民主思想更为成熟。[③]

历史在发展，对儒家民本思想的阐发也在深化发展。明末清初的思

① 盛洪：《儒学的经济学解释》，中国经济出版社 2016 年版，第 237—238 页。

②《孟子 · 梁惠王章句下》

③ 赵士林：《中国传统文化开讲》，中华书局 2014 年版，第 63—64 页。

想家黄宗羲坚决反对封建专制，提出了君民平等的民主思想。黄宗羲在《明夷待访录》中指出，上古时代，设立君主的本来目的是为了“使天下受其利”“使天下释其害”，即君主服务天下的义务是首要的，权力是从属于义务之后为履行其义务而服务的，君主只是天下的公仆而已。“古者以天下为主，君为客，凡君之毕世而经营者，为天下也”。上古时代的帝王受到人民拥护和爱戴的原因在于此。然而，后来的君主却“以为天下利害之权益出于我，我以天下之利尽归于己，以天下之害尽归于人”，并且更“使天下之人不敢自私，不敢自利，以我之大私，为天下之大公”，“视天下为莫大之产业，传之子孙，受享无穷”。这样的君主，“天下之人怨恶其君，视之如寇仇，名之为独夫”。[①]就此，黄宗羲从根本上否定了君主“家天下”的合法性。黄宗羲提出了“天下为主，君为客”的民主思想。他说，“天下之治乱，不在一姓之兴亡，而在万民之忧乐”，主张以“天下之法”取代皇帝的“一家之法”，从而限制君权，保证人民的基本权利。对此，同时代的思想家顾炎武也提出了类似的思想。顾炎武认为，皇帝并不是至高无上、绝对尊贵、神圣不可侵犯的。“班爵之意，天子与公侯伯子男一也，而非绝世之贵……是故知天子一位之义，则不敢肆于民上以自尊，知禄以代耕之义，则不取厚取于以自奉。”[②]天子并不神圣高贵，与公侯一样，并非世上最高贵的人。皇帝不应该认为自己至尊至贵，作威作福，欺压人民、剥削人民。应当说，明末清初的思想家们进一步深化发展了儒家的民本思想。

这里，需要反思的是，“五伦关系”和人本思想是如何被扭曲的呢？汉武帝时期，董仲舒献策“罢黜百家、独尊儒术”，但为了讨好皇帝，董仲舒擅自将“五伦”变为“三纲”，把君、父的权力绝对化，而把臣、子的义务绝对化。到了南宋，朱熹解释的儒家伦理，将“五伦”的相对的互动关系变成固定结构。人与人的关系，就成为不容颠覆的格局，臣、子彻

① 《明夷待访录·原君》

② 《日知录》卷七《周室颁爵禄》

底听命于君、父，成为人间伦常秩序。[①] 至此，孔子努力倡导的权责对等关系，大打折扣乃至形存实亡。被扭曲、阉割的儒家思想成为服务于帝王特别是无道帝王统治的工具。以人为本的天道就此失色，但人道的规律是不以人的意志而改变的，即使艰难，却始终在历史的进程中发挥其作用。同时，儒家根本精神即使被扭曲、阉割，但这些都不能遮掩儒家根本精神所强调和弘扬的人的尊严、人的平等这样一种文化光芒。[②]

当然，尽管“五伦”关系是权责对等的关系，但是，对于一方的不仁，另一方是否就一定不义呢？事实上，更艰难但也更崇高的抉择是，你不仁，我不能不义。[③] 这就是孔子的抉择，所以，为了天下苍生，孔子不计安危，奔走四方，知其不可为而为之；这也是岳飞的抉择，为了社稷黎民，岳飞不计生死，精忠报国，死而后已。当然，对于极端不仁不义者，天人共愤，必然自取灭亡。人本精神或人道精神是共同的精神和价值。

所以，对于企业家而言，所谓商道，应该也必须遵从人道、人本，即为人民服务。可能大家会说，商人或者说企业家不都是追求自身利益最大化的吗？怎么会为人民服务呢？这里我们来看看这两位年轻的创业者如何说的吧。说出这两位创业者名字大家可能不认识，但是现在有太多人在用它的产品。有多少人呢？ 2019 年就有 4.7 亿人。这就是喜马拉雅 FM 在线视听。这两位创业者，一位是陈小雨，一位是余建军。看看他们是如何看待企业家精神的吧。陈小雨指出，企业家精神的第一条：为人民服务的精神。看到这，你一定会迷惑吧。企业家或企业家精神怎么会是追求为人民服务的精神呢？怎么会有这么崇高的精神呢？不用着急，让我们看看他们是如何解释的。他们说，这种精神不是因为道德水平高、天生具有自我献身的觉悟，而是被残酷的市场竞争逼出来的。这样看来，作

① 许倬云：《中西文明的对照》，浙江人民出版社 2016 年版，第 204 页。

② 赵士林：《中国传统文化开讲》，中华书局 2014 年版，第 36 页。

③ 盛洪：《儒学的经济学解释》，中国经济出版社 2016 年版，第 153 页。

为企业家，他们认识到以人为本的商道是被动认识到的，是市场竞争倒逼出来的。[①]换句话说，在充分竞争的市场经济中，不是说你愿不愿意为人民服务，而是你为了企业的生存发展必须为人民服务，必须以人为本，必须遵从人道。当然，作为工商业者，你说你就不愿意为人民服务，就要假冒伪劣，就要坑蒙拐骗，且不说这种行为是违法犯罪行为，在今天应当也必须依法严惩，在法制越来越完善的今天，对待这样的商人，除了让他们蹲大狱，还要让他们终生不得再进入市场。比如毒奶粉、无效疫苗、黑煤窑等。正如2 500多年前的管仲所说：非诚贾不得食于贾。[②]从市场的逻辑（角度）看，这样的企业和企业家获得的只能是短期的眼前利益，无法获得长期的长远利益，最终会被市场淘汰出局。当然，从经济社会健康发展的角度看，必须加快完善社会主义市场经济体制，依法严惩假冒伪劣、坑蒙拐骗、官商勾结者。社会主义市场经济是信用经济，更是法治经济。

这里有必要再谈谈我们对儒家经典的误读。其实这种误读相当多。比如《论语》第一句，“学而时习之，不亦说乎”[③]。一般的理解是，对于学习的知识，要时常复习，这是很快乐的事。这就完全理解偏了。这里的关键是，一是“学”的是什么，二是“习”是什么意思。学在这里指的是学习做人的道理，习指的是实践。所以，对于“学而时习之，不亦说乎”的理解应当是这样的，学习做人的道理，特别是学习做一个有道德的君子，而且要时时加以实践，这才是让人快乐的事。可能有人会说，这样理解对吗？《论语》的下文接着就说：“弟子入则孝，出则悌，谨而信，泛爱众，而亲仁。行有余力，则以学文。”[④]就是说，作为弟子在家要孝顺父母，出外要顺从兄长，行为时常谨慎、守信，博爱大众，亲近仁者。在上述几

① 秦朔：《文明寻思录：我们这个时代的企业家精神和商业文明》（第一辑），广西大学出版社2017年版，第1页。

② 吴慧：《中国古代商业》，中国国际广播出版社2010年版，第149—150页。

③《论语 · 学而》

④ 同上

点全部做到之后，若有余力，则可研习六艺之文。所以，正确的理解就是，学习做人的道理，并时时加以实践，这是快乐的源泉。这也印证了我们常说的助人为乐、做事先做人的道理。

再如，对于“学而优则仕”的误解。一般的理解是，努力学好知识、技能，目的就是出仕做官。这显然扭曲了儒家思想。正确的理解应该是，一个人要努力学习，做一个有道德的君子，一个超越个人利益的君子，在此前提下，作为君子，就要出仕为官，目的是造福天下苍生。实际上，学而优则仕前面还有一句话，更能说明问题。这句话是“仕而优则学”，意思是，修炼成一个君子才能出仕为官，但这还不够。作为仕或者官员，还要努力学习，提高修养，提高为人民服务的本事、能力。当然，作为官员首要的还是要提高自身修养。刘少奇同志写过《论共产党员的修养》一书。作为中国人而言，修养是终身的事。这是追求人生意义的中国人的宿命。所以，孔子说，“自天子以至于庶人，壹是皆以修身为本”[①]。修身就是德行的自我提升，不能仅仅体现在口头上、认识上，更重要的是在行动上、实践上提升自己，成为一个人，一个君子，超越个人利益，造福于天下苍生。应当说，儒家创始人建构的这种人文精神，历史上并没有很好地发扬光大，加上科举制的弊端，儒生为了功名利禄，丧失了自己的独立性，也丧失了儒家的人本精神。[②]当然，要指出的是，科举制的弊端在于其考试的内容，而不是考试的形式。英国建立的文官制度，就是学习了中国的科举考试制度。这个形式能够挑选有能力的人进入政府作为治国安邦的人才，所以总体上说还是好的。[③]

应该说，类似的关于儒家经典的误解比比皆是，这里就不再一一列举了。当然，这里必须再三强调的是，并不是说儒家经典全是精华。就算是精华的部分，也需要根据时代发展的要求，进行创造性转化和创新性发

① 《礼记 · 大学》

② 许倬云:《中西文明的对照》，浙江人民出版社 2016 年版，第 204 页。

③ 林毅夫:《解读中国经济》，北京大学出版社 2018 年版，第 61 页。

展。这里应当强调的是，人本主义精神是中华文化的根本精神和品格。这种人本主义精神，在十六世纪传入西方，成为西方启蒙主义批判神本主义最重要的精神武器。所以，并非人们一般认为的，人本主义是西方的舶来品，它恰恰是中华文化的“土特产”。[①]对此，我们要更深入更全面地认识中华文化，要有文化自信；同时，我们也要有文化自觉，即更自觉地学习借鉴人类创造的一切文明成果。

（二）神本主义的神话

同人本主义的中华文化不同，西方是神本主义文化。说起神本主义的西方文化，西方人常常引以为豪，显得高人一等，并蔑视和恐惧中国这一不重视宗教的文化体系。他们认为，中国人连上帝都不信仰，岂不是太令人不可思议，太恐怖了。因为，他们认为，不信仰神，就没有敬畏感，就无所畏惧，就可能无恶不作。

那么，我们就看看这些信仰上帝的有敬畏感的西方人是如何无恶不作的吧。第一、二次世界大战就不用提了，是这些有敬畏感的西方人创造的“奇迹”。历史回溯到 1533 年，西班牙人弗朗西斯科 · 皮萨罗带着 186 个人、27 匹马，关键还有 5 个传教士，进入南美印加帝国，以如此少的人，号称“奉上帝之命”，屠杀了 3 000 万印加人，灭亡了庞大的印加帝国。[②]那么，这个皮萨罗是何许人呢？他是一个西班牙军官的私生子，目不识丁，当过流浪汉。当年，他带领人马以及传教士侵入印加帝国时，善良而又好奇的印加皇帝阿塔瓦尔帕不仅对他进行了拜访，还宴请了他。但是，同所有侵入南美大陆的殖民者一样，野蛮的皮萨罗将手无寸铁、轻信的印加皇帝监禁起来，并残杀了他的许多随从，然后开始索要赎金。可赎金不是以斤计，而是以空间计。一个占地长 22 英尺[③]、宽 17 英尺、高达 7 英尺的房间，装满黄金白银。皇帝为获得自由付出了赎金。但凶残的

① 楼宇烈：《中国文化的根本精神》，中华书局 2016 年版，第 46—47 页。

② 许倬云：《中西文明的对照》，浙江人民出版社 2016 年版，第 164 页。

③ 英尺为非法定计量单位，1 英尺 =0.305 米。——编者注

皮萨罗得到赎金后，却又背信弃义地杀害印加皇帝。之后，贪婪的皮萨罗带领人马又开进首都库斯科，将它洗劫一空。[①] 从此，源源不断的西班牙殖民者在美洲大陆开始了最为野蛮凶残贪婪的财富掠夺。

据估计，1521 年到 1544 年，西班牙从拉丁美洲运回的黄金每年平均为 2 900 公斤，而白银有 30 700 公斤。1545 年到 1560 年间数量激增，黄金每年平均为 5 500 公斤，白银达 246 000 公斤。在入侵拉丁美洲的 300 年中，西班牙人共运走黄金 250 万公斤，白银 1 亿公斤。[②] 著名历史学家斯塔夫里阿诺斯（1913—2004）在其巨著《全球通史：从史前史到 21 世纪》中也指出，1503 年至 1660 年，西班牙人从美洲得到了总计 18 600 吨登记白银和 200 吨登记黄金。但是，未登记的、私自运入西班牙的金银估计占总数的 10% 至 50%。[③] 不可思议的是，这些庞大的财富并没有给西班牙带来经济发展，反而引发了严重的通货膨胀。[④] 之所以如此，原因在于，西班牙殖民者向海外扩张，并不具有工业生产实力，因而，西班牙殖民者极尽所能，疯狂地掠夺新大陆的财富。另外，西班牙人特别是西班牙贵族非常鄙视工商业，所以，靠掠夺暴富的西班牙殖民者没有动力投资生产领域，而是大量购买地产和奢侈品，由此引发了严重的通货膨胀。因此，16 世纪上半叶中西班牙突然繁荣的经济最终衰退。[⑤]

对于贪婪残暴的西方殖民者，马克思曾深刻地指出："美洲金银产地的发现，土著居民的被剿灭、被奴役和被埋葬于矿井，对东印度开始进行的征服和掠夺，非洲变成商业性地猎获黑人的场所——这一切标志着

① 斯塔夫里阿诺斯：《全球通史：从史前史到 21 世纪》，吴象婴等译，北京大学出版社 2006 年版，第 420 页。

② 唐晋主编：《大国崛起》，人民出版社 2006 年版，第 87 页。

③ 斯塔夫里阿诺斯：《全球通史：从史前史到 21 世纪》，吴象婴等译，北京大学出版社 2006 年版，第 422 页。

④ 斯塔夫里阿诺斯：《全球通史：从史前史到 21 世纪》，吴象婴等译，北京大学出版社 2006 年版，第 424—425 页。

⑤ 同上

资本主义生产时代的曙光。”[①]在马克思看来，资本关系产生的直接基础是资本原始积累。这个过程是以暴力方式进行的，对内疯狂地掠夺农民的土地，对外进行残酷的殖民掠夺，因而是一部“掠夺史”“血泪史”。所以，马克思曾经深刻地指出，“资本来到世间，每个毛孔都滴着血和肮脏的东西”[②]，“对于他们这种剥夺的历史不是臆造出来的，而是用不可磨灭的血与火的文字载入人类编年史的”[③]。事实上，即使在今天，西方的学者也是客观地指出这一历史事实的。德国当代著名历史学家于尔根·科卡（1941—）在《资本主义简史》中就指出：“工业化进程得益于奴隶贸易的巨额盈余。……资本主义诞生时就带着鲜血和污迹。”[④]总之，在资本积累过程中，资本关系确立的基本条件被创造出来：雇佣劳动。与此同时，资本的扩张本性也被创造出来，殖民掠夺正是这种本性的最初显露。也就是说，资本的扩张本性是与资本关系一同被创造出来的。

但是，更为残忍的是，信仰上帝的西方人号称奉上帝之命毁灭了印加文化，造成了亘古未见的罪恶。对整个西方殖民者而言，他们从“新大陆”掠夺的贵金属，数量极其惊人，相当于旧大陆数千年开发出的总量。这些财富刺激了西方对商品的需求，城市手工业和作坊工业迅速发展。大量商品的生产又促进了重商主义以及后来的资本主义，引发了后来的工业革命。从此以后，工业生产取代了农业生产，一跃成为主要的生产方式。在此意义上，可以说，没有这一大批从美洲掠夺来的财富，单靠旧大陆稳定的经济状态，就不可能积累这么大的能量，在世界历史上造成史无前例的巨大改变，造成白人统治世界的近代史。[⑤]

当然，西方人不仅仅是占有殖民地掠夺黄金、白银而已，他们还在

① 《马克思恩格斯文集》第 5 卷，人民出版社 2009 年版，第 860—861 页。

② 《资本论》第 1 卷，中国社会科学出版社 1983 年版，第 823 页。

③ 《资本论》第 1 卷，中国社会科学出版社 1983 年版，第 769 页。

④ 于尔根·科卡：《资本主义简史》，徐庆译，文汇出版社 2017 年版，第 74 页。

⑤ 许倬云：《中西文明的对照》，浙江人民出版社 2016 年版，第 166—167 页。

约 200 年的时间里，[①] 持续不断地贩卖了 3 000 万非洲黑人到美洲，就是保守估计，被贩卖的黑人也近 1 500 万黑人。而历史学家斯塔夫里阿诺斯也指出，在 1500 年至 1867 年间，有 1 200 万到 2000 万奴隶被贩卖，到 1850 年，在南北美洲，非洲裔奴隶的人数是白人的 3 至 4 倍。[②] 但是，在那些被贩卖的黑人中，真正能到达美洲的不过十二分之一，仅仅 100 多万人。大多数黑人或是逃亡时被杀，或是窒息在狭小的船舱之中，多数死于途中。在人类历史上，这是第一次出现持续如此长久、规模如此巨大的将人类当作牲口贩卖的行为。[③] 对此，诺贝尔经济学奖得主阿马蒂亚·森悲愤而痛心地指出，非洲是人类的起源地，产生了世界文明发展中的许多开创性的成果，但此时却开始沦为欧洲的统治领地和猎奴场所。这些黑人像动物一样被贩卖到"新大陆"。[④] 以神为本的西方殖民者灭绝人性、贩卖奴隶的罪行，规模巨大、残暴不仁，对他们罪恶的控诉怎么都不为过。但是，可怕的是，西方人对这段历史刻意遗忘，几乎没有人强调这段历史，更没有人指出这些掠夺对于西方经济发展，特别是工业革命的重大作用。[⑤] 当然，近代以来中国同样被这些神本主义者疯狂掠夺，致使中国深陷亡国灭种之边缘，成为每个中国人内心深处最惨重、最耻辱的记忆。

然而荒谬的是，掀起两次世界大战、屠杀无数生灵、制造人类历史上史无前例苦难的西方神本主义者，战后却摇身一变，成了世界的人权教师爷，开始肆无忌惮地指责被他们奴役、殖民的人民。最新的记录是，

① 斯塔夫里阿诺斯在《全球通史》中指出，西方殖民者贩卖黑奴长达 4 个世纪，直到第一次世界大战后。（斯塔夫里阿诺斯:《全球通史：从史前史到 21 世纪》，吴象婴等译，北京大学出版社 2006 年版，第 595—599 页。）

② 斯塔夫里阿诺斯:《全球通史：从史前史到 21 世纪》，吴象婴等译，北京大学出版社 2006 年版，第 462 页。

③ 许倬云:《中西文明的对照》，浙江人民出版社 2016 年版，第 172 页。

④ 阿马蒂亚·森:《身份与暴力：命运的幻象》，李风华等译，中国人民大学出版社 2012 年版，第 69 页。

⑤ 许倬云:《中西文明的对照》，浙江人民出版社 2016 年版，第 164—167 页。

2020 年 11 月 30 日，青年画家乌合麒麟根据澳大利亚自己公布的事实创作的一幅漫画，谴责澳大利亚驻阿富汗军队惨无人道屠杀平民的霸道行径。但是，令人瞠目结舌的是，澳大利亚在承认了罪行之后，竟然对中国基于事实的人道主义谴责暴跳如雷，竟然还要中国政府道歉。“我做了什么，那是我的事，反正轮不到你来说我”，典型的自我中心主义和西方霸权思维，无耻到无以复加的地步。学者认为，这一事件显示了走向没落的西方强国，连在最基本的程序意义上维持所谓普世价值的样子都懒得装下去。战争罪行的披露，澳大利亚政府的拙劣表演，以及西方国家基于明显种族主义色彩的政治认同站队，诸如此类代表着旧国际体系中错误糟糕的一部分，竟然如此强硬，如此邪恶，对今天的中国人真是一副清醒剂。这种罪恶虽然终将被历史抛弃，但任重而道远。

因此，我们要清醒地认识到这一点，并非有宗教信仰就有敬畏。同时，也不要遗忘，西方的发展是建立在对世界最野蛮、最残酷的掠夺基础上的。中华人民共和国成立以来，特别是改革开放以来，中国取得了举世瞩目的经济社会发展成就。这些成就的取得，恰恰是建立在艰苦奋斗、自强不息的基础上，建立在深厚的中华文明基础上的。对此，我们应该要有文化自信。当然，今后中国的发展，必须也只能建立在以人为本的基础上，才能实现中华民族的伟大复兴。

但是，我们也必须反思一下，改革开放以来，各种不道德现象层出不穷，一些商人为了图财不惜害命，以各种违法犯罪的方式牟取私利，造成了不可饶恕的人间悲剧，如黑砖窑事件，如三聚氰胺事件，如地沟油事件，等等。这些恶行，除了市场经济不完善、法制不健全等原因，一个根本原因就是所谓的市场无关道德、经济不讲道德的错误观念，到经济学道德中立说，而这都源于对亚当·斯密“理性经济人”的误解，继而将谬误教条化和神化的结果。斯密认为，经济活动的动机即在于人的自利心。他指出：“我们每天所需要的食料和饮料不是出自屠户、酿酒家或烙面师的恩惠而是出于他们自利的打算。我们不说唤起他们利他心的话，而说唤起他们利己心的话。我们不说自己有需要，而说对他们有利。”[①]追求个人私利的主观动机，能够在“看不见的手”，即市场自身的调节力量牵引下，实现个人利益与社会利益的协调，从而产生促进社会共同利益增加和社会繁荣的客观结果。在这里，斯密明确指出的是，为了自利，先要利他。利己是目的，利他是手段，但利己与利他具有一致性，就是要最终实现个人利益与社会利益的协调。就此而言，斯密至少是一个合理的利己主义者。

事实上，斯密不仅写就了巨著《国富论》，而且还倾毕生精力创作和修改了巨著《道德情操论》。很明显，他更加重视的是后者。斯密指出：“如果一个社会的经济发展成果不能真正分流到大众手中，那么它在道义上将是不得人心的，而且是有风险的，因为它注定要威胁社会稳定。”[②]所以，斯密重视自利的理性，但更重视的是有利于社会的道德，不能不说是后人将斯密的自利误读为理性经济人，并将其教条化和神化，即自利人变成了理性经济人。而理性经济人，掌握全部知识和信息，能够恰当选择，实现自己的利益最大化。至此已将斯密的“自利人”抽象为完全理性、简单、可量化的“机械人”，使得“自利”的前提条件被偷换为“个人利益最大化”的假设，也使得经济学彻底转化为只有技术工具意义上的学科。对此，阿玛蒂亚·森认为，这是造成现代经济学贫困的根本原因。他尖锐地指出：“随着现代经济学与伦理学之间隔阂的不断加深，现代经济学已经出现了严重的贫困化现象”，“经济学研究与伦理学和政治哲学的分离使它失去了用武之地。”[③]其实，早在20世纪60年代，威廉·勒特因就指出，“每一个经济行为，都是人类的行为，也足以称为道德行为”[④]。事实上，在现实中，商业得以维系的重要奠基就是信用，商业世界游戏规

① 亚当·斯密：《国民财富的性质和原因的研究》，商务印书馆2007年版，第14页。

② 亚当·斯密：《道德情操论》，商务印书馆1997年版，第385页。

③ 阿马蒂亚·森：《伦理学与经济学》，商务印书馆2003年版，第3页。

④ 张云钢主编：《经济学基础》，云南大学出版社2010年版，第49页。

则的建立基础就是人性的底线道德。2008 年金融危机就很好地告诉我们，危机源于失德。所以，市场不可能无涉于道德，经济不可能脱离道德。然而可悲的是，极其重视商业道德的文明中国，却在改革开放中出现了迷失，究其原因，不能不说，其中有些经济学者一味地谬传教条，神化理性经济人概念，丧失了我们最为珍贵的中华商道精神。对此，我们应当也必须好好反思一下前面说过的华为成功之道："小胜靠智，大胜在德"。不仅如此，必要的是，我们必须站在 21 世纪新商业文明的高度上，对此进行更深入的反思，对中华商道进行现代追问。

第二节　中华商道的现代追问

在新技术革命迅猛发展的今天，要更深入地认识中华商道的本质，还必须站在今天人类文明发展的高度上，站在新技术革命催生的新商业文明的基础上，如此才能更深刻地认识到中华商道的精神所在。

一、信息化生产力是新商业文明的基础

高度发达的信息化生产力是新商业文明的基础[①]，是新时代中国特色现代商业文明的基础。从技术社会形态角度看，"随着新生产力的获得，人们改变自己的生产方式，随着生产方式即谋生的方式的改变，人们也就会改变自己的一切社会关系。手推磨产生的是封建主的社会，蒸汽磨产生的是工业资本家的社会。"[②]伴随以新一代信息技术革命为基础的新技术革命将诞生一种颠覆性的新生产力，这就是信息化生产力，或许可以称为信息磨，它的到来必将改变我们的生产方式，进而改变我们的一切社会关系，改变我们的生活方式、组织结构、价值观念和思维方式。

① 陈禹等:《互联网时代的经济学革命》,《财经问题研究》2018 年第 5 期。

②《马克思恩格斯选集》第 1 卷，中国经济出版社 1995 年版，第 142 页。

（一）信息化生产力是一种新型生产力

所谓信息化生产力，是指以新一代信息技术创新为核心，以量子计算、大数据、云计算、人工智能、物联网为引擎形成的生产力。实际上，信息技术发展经历了三代。第一代是指以大型计算机和哑终端构成的信息技术平台，第二代是指以个人计算机通过互联网分散服务器构成的信息技术平台，第三代是指以移动互联、量子计算、大数据、云计算、物联网构成的信息技术平台。信息化生产力不是建立在第一、二代信息技术基础之上的，而是立足于第三代信息技术平台，以数据和符号为载体的，因而与农业生产力和工业化生产力不同，是一种新型的生产力。[①] 简而言之，第三代信息技术不同于 20 世纪 60 年代兴起的以计算机软硬件和网络为核心的计算机革命、数字革命和互联网革命。因为当时的计算机与通信技术结合，人类社会信息化进程刚刚开始，初期主要用于信息交流，后来是网络交易。直到 21 世纪初，量子计算、大数据、人工智能、物联网等技术直接进入社会生产领域，才标志着信息化生产力时代的到来。[②] 当然，这种信息化生产力正在发展之中，还远远谈不上高度发达，但已经呈现出其塑造新社会和新商业文明的潜力。所以，克劳斯 · 施瓦布（1938—）指出："我们当前正处在第四次工业革命的开端。第四次工业革命始于这个世纪之交，是在数字革命的基础上发展起来的，其特点是：同过去相比，互联网变得无所不在，移动性大幅提高；传感器体积变得更小、性能更强大、成本也更低；与此同时，人工智能和机器学习也开始崭露锋芒。"[③] "一旦计算机和通信被用于在信息市场上解放人的脑力劳动就如工业机械解放我们的体力劳动那样，生产率便将提高"。[④] 新技术革命将开始塑造人类的生产方式、组织方式和价值观念，并在此基础上塑造人类社会本身。

① 张弛、张曙光：《新经济对经济学理论的挑战》，《学术月刊》2018 年第 1 期。

② 陈禹等：《互联网时代的经济学革命》，《财经问题研究》2018 年 第 5 期。

③ 克劳斯 · 施瓦布：《第四次工业革命》，李菁译，中信出版社 2016 年版，第 4 页。

④ 迈克尔 · 德图佐斯：《未来会如何：信息新世界展望》，周昌忠译，上海译文出版社 1999 年版，第 302 页。

（二）信息化生产力对商业文明的重塑

信息化生产力之所以是新商业文明的基础，就在于它正在改变和重塑工业时代的生产方式、组织方式和价值观念。

1. 对生产方式的重塑

从生产方式看，随着信息时代的到来，信息成为最重要的经济和社会资源，社会生产方式高度信息化、智能化。

首先，科学、技术、知识、信息等无形资本在生产中的地位和作用日益突出，越来越成为最重要的经济资源，成为经济增长的源泉，成为竞争能力的标志。一个明显的趋势是，土地、厂房、机器、资本等有形资本日益依赖于知识、信息、技术等无形资本，拥有无形资本的新型的资本家正在崛起。德鲁克指出：“知识是今天唯一意义深远的资源。传统的生产要素——土地（即自然资源）、劳动和资本没有消失，但是它们已经变成第二位的。假如有知识，能够容易地得到传统的生产要素。在这个新的意义上，知识是作为实用的知识，是作为获得社会和经济成果的工具。”①另外，知识和信息要素具有社会共享性和边际效益的递增性。不同于工业时代土地和资本所有权的绝对排他性，知识和信息的所有权是相对的，不具有“你占有我就无法占有”的绝对排他性，而是形成了“使用而非所有”为核心的分享经济形式。同时，知识和信息等数据资源具有“共享增益”的特点，如果垄断的程度越高、时间越长，其相对价值就越小；相反，共享的范围越广、人数越多，其价值就越大。

信息化生产力强化了公开、透明、自由、平等为特点的共享经济与自由经济趋势。具体来看，一是立足于互联网信息化平台形成的新型生产力，使得信息符号和数据资源可以无成本地无限复制和使用，这就为人们的自由参与创造奠定了基础和条件。二是它消解了拥有权的封闭性、排他性和绝对性，而赋予了它以相对性，从而奠定了不拥有而能自由使用的基

---

① 彼得·德鲁克：《从资本主义到知识社会》（载达尔·尼夫：《知识经济》，樊春良等译，珠海出版社1998年版，第57页。）

础。三是 App 应用程序有了独立的参与权，完全是个人的自主选择。因而，共享经济才是真正意义上的自由经济。因为参与就是使用，就是创造，就是体验，就是自由选择，它能够把主观和客观、目的和手段在参与的过程中结合和统一起来。因此，我们把共享经济的价值论称作“参与价值论”。在这里，参与首先是指无数 App 的广泛参与，其次也有平台的参与，App 使用平台，平台也使用 App，劳动使用生产资料，生产资料也使用劳动，可以说是相互为用，合作创造租值，共同参与分享。[①] 简单说就是，互联网平台和 App 之间不存在委托代理的关系，其合约都是使用者自动签约，自动解约。这才真正体现了合约自由和平等的本质。App 可以依托某一互联网平台，也可以在不同的平台间游走。这样，App 可以更好地发挥小规模、大范围、分散化、网络化、异质性的优势，向社会提供更多更好的个性化服务，形成一种完全竞争的态势。信息化生产力为共享经济创造了坚实的技术基础。

其次，社会生产方式发生了显著改变，经济过程的信息化、智能化大大提升。正如机器的普遍采用，将手工工场的生产方式改造成为机器大工业的生产方式一样，信息时代也形成了新的生产方式。传统的人力化、机械化的生产方式被自动化、智能化的生产方式取代；刚性生产方式正在改变为柔性生产方式；工业时代的标准化商品、服务需求转变为信息时代的多元化、个性化需求，强调人性化；大规模集中型生产方式正在转变为大规模订制型生产方式，重质量而不是数量；信息和知识的创造性生产成为社会生产的重要方式，知识产品和服务在市场上的重要性日益凸显。与之相适应的是，新的劳动与就业方式开始形成，自动化、智能化的生产方式进一步把人类从繁重的体力劳动中解放出来，人力资本或知识积累已成为改变经济系统产出的显著变量。“知识者是最重要的资源，企业与劳动者的雇佣关系发生改变，与其说劳动者需要企业，不如说企业需要劳动者。企业必须吸引人、留住人、认可和奖励人、激励人、为人服务并满足

① 张弛、张曙光:《新经济对经济学理论的挑战》,《学术月刊》2018 年第 1 期。

人的需求”[①]；传统的雇佣方式受到巨大挑战，全日制工作方式朝着弹性工作方式转变，在家办公、自由职业、兼职等工作方式广泛流行。人们工作的自由度加大了，但劳动强度也得到空前提高，结构性失业等成为新的社会问题。

2. 对组织方式的重塑

从组织方式看，网络型分权式管理结构逐渐形成，参与式民主或直接民主成为主流。唯物史观认为，经济基础决定上层建筑，要求与之相适应的上层建筑。卡斯特指出：“植根于知识的生产与管理，若要在全球尺度上扩展到所有经济过程则有待社会、文化与制度的根本转型。”[②]在不同时代、不同技术和经济基础之上，与技术、经济、社会发展相适应，必将形成与之相适应的社会组织结构和文化。信息时代对于组织结构、管理方式的挑战是明显的。

首先，从国家层面看，信息技术及其新媒体极大地促进了文化、知识、信息的传播，普遍提高着大众的文化知识水平，为人们充分表达意愿提供了技术条件，每个人都可能成为中心[③]，这唤醒了民众的民主意识、民主观念和民主要求，网民们正在前所未有地抒发“网络民意”，形成强大的意见压力集团，工业社会形成的代议制民主正在受到强烈挑战；非中心化、超地域性、全球性的信息网络的建设，在相当程度上动摇了以固定空间领域为基础的民族国家，以及其他组织的既有形式，对现实社会分地域管辖、集中控制的管理方式发出了挑战。

其次，从企业层面看，由于网络化和智能化的发展，企业内部组织间、企业与用户间的信息呈现出更加公开、透明、开放、平等的特性，重构了人的连接方式，共享和协作成为趋势，企业管理出现去中心化、平台化和扁平化趋势，传统工业时代的管理层垄断信息的局面被打破，丧失了

① 彼得·德鲁克：《巨变时代的管理》，朱雁斌译，机械工业出版社2009年版，第64页。

② 曼纽尔·卡斯特：《网络社会的崛起》，夏铸九等译，社会科学文献出版社2001年版，第117页。

③ 王千：《新工业文明时代的价值创造》，经济科学出版社2018年版，第117页。

从垄断信息到垄断决策、管理权力的优势，传统的科层制所固有的或衍生的理性化、部门分割的管理体制受到冲击。为了适应信息化生产力发展要求，一些企业开始探索管理模式的变革，如海尔集团的“人单合一”的管理模式，腾讯公司的事业群管理模式，红领公司的节点管理模式等。这些公司管理变革各具特色，但目标一致，即组织越来越扁平化，管理层级越来越少，组织变得更加简约。同时，总部实现平台化、集约化，提高总部对市场一线的支持服务能力；而一线则是要提高综合作战能力，对市场和客户做出快速反应。企业管理的去中心化、简约化、扁平化，降低了管理成本，提高了管理效率，激发了员工活力，取得积极成效。这将是未来组织变革的趋势。

3. 对价值观念的重塑

首先，是价值转型。这就是从价值主张向价值对话的转变。借助于互联网技术的自由、平等、开放、共享和协作的特性，用户可以直接参与到企业生产经营之中，这将改变以往的工业经济生产组织方式、资源配置方式以及价值创造方式，实现企业从价值主张（仅仅追求企业利润和物质财富）向价值对话（追求有益的社会价值和美好生活）的转型。如《新商业文明：从利润到价值》的作者哈克介绍的用户参与企业经营决策的案例：无线 T 恤公司。这家以 1 000 美元为种子基金创办的新企业，让包括用户在内的每个人参与 T 恤的设计，然后通过网络大家一起投票选出最喜欢的设计款式。票选胜出的前十名以限量的方式每周进行一次生产，收益会返还给设计者。这创造了一种新的商业模式，一个活生生的具有无限发展潜力的由用户引领的市场。用户的参与使得管理成本被大大降低，趋近于零：不必开会，不必有那么多负责人，也没有工作日志。更重要的是，用户的参与使企业能够快速响应消费者的创意和需求，分分钟就能轻松地更快更好地做出成千上万个生产经营决策。而一旦企业具备了快速响应性，企业的产品、服务、商业模式及战略方面的创新就会自动发生。目前，这家企业的销售收益已经处于行业领先地位。因为，无线 T 恤做出自己想象不出而顾客喜欢的设计是如此简单。目前，类似无线T恤的公司也越来越多，有大家熟悉的维基百科，甚至是传统的Walkers（百事可乐旗下主要生产薯片的公司）、星巴克、沃尔玛等公司，也走上了这种转型道路，并大获成功。哈克认为，无线T恤等公司的成功，其深层原因在于企业的民主决策，或者说是经济民主，这是新技术条件下企业发展的必然要求，是企业从价值主张向价值对话转型的必然结果。[①]

当然，全面理解这种经济民主还需要注意两点：一是四项自由原则，即参与、慎重、联系、异议的自由。（a）参与自由具有广泛性。参与并非局限于用户，而是包括可能受到企业行为影响的所有人，如员工、用户、社区，甚至是竞争对手，他们都有权参与到企业决策之中，受影响最大的人应得到最大重视。（b）慎重自由具有理性化。参与者能够理性思考，拥有独特的角度和价值观，拒绝不负责任的言论。（c）联系自由具有开放性。所有的利益相关者都能彼此联系、共同思考、共同讨论，思考和讨论的公共空间不受限制。（d）异议自由具有包容性。参与者在很大程度上有权对企业的性质、特点、产品、服务甚至整个行业表达反对意见，享有否决权。这种否决权不在于抵制购买某种产品或服务，而是能阻止某种产品或服务的形成。如沃尔玛公司有14个网络体系参与到企业可持续发展决策中，包括学术团体、智库、NGO组织以及广泛的利益相关者群体，他们有权就企业可持续性问题作出否决。其中关于海洋捕捞就曾遭到否决。但恰恰是这种否决，给企业带来了大众的尊重和信誉，为企业和社会创造了厚价值。把握上述原则，是理解真正经济民主的关键。当然，要强调的是，并不是企业的每个决策都由大众决定，更不是由大众粗暴地作出决定。[②]

二是创造厚价值。民主经济的目的是创造厚价值。由价值主张转向

① 乌麦尔·哈克：《新商业文明：从利润到价值》，吕莉译，中国人民大学出版社2016年版，第70页。

② 乌麦尔·哈克：《新商业文明：从利润到价值》，吕莉译，中国人民大学出版社2016年版，第72—84页。

价值对话，目的在于探讨真正的价值，创造服务于人类的厚价值。这应当是新商业文明以深层民主为基础的根据，是未来全部经济体可能发展的趋势。[①]哈克认为，未来的商业模式不再困于一手遮天、发号施令的集权统治，而是倾向于越发深入的民主，因为只有民主才能让精神涣散的组织具备爆发力与响应性。这种民主化的新商业模式代替了以产品为中心的价值主张，转向了以人为中心的价值对话和价值创造。[②]信息化生产力凸显了以人为中心的核心价值观。

二、新商业文明彰显了以人为本精神

传统商业文明关注利润和股东利益最大化，而在新商业文明中，企业更关注与社会、环境、用户、员工的关系和价值，各方在平台、社群中构建良好的生态，让人们生活得更幸福。新商业文明研究的兴起，客观上源于21世纪爆发的新工业革命，直接原因在于2008年的金融危机。2010年第七届网商大会暨第六届西湖论坛发布了《新商业文明宣言》，马云提出，开放、透明、分享、责任是新商业文明的基本理念；新商业文明的本质是让商业回归人、回归社会。[③]因此，秦朔认为，新商业文明应当转向以人为中心，以人为中心是中国现代商业文明的本质。这同以人为本的中华文明具有内在的契合性。[④]海尔集团董事局主席、首席执行官张瑞敏提出，新商业文明是一种“共创、共享、共治”的商业文明。利润让位于价值，改善大众、社区、社会和后代的生活状况。新商业文明的本质是这种价值创造。张瑞敏进一步指出，新商业文明之所以要以人为本，是因为新商业文明能够将经济损耗降低到最小，将真正的经济价值创造到最高，最

---

① 乌麦尔·哈克：《新商业文明：从利润到价值》，吕莉译，中国人民大学出版社2016年版，第81页。

② 乌麦尔·哈克：《新商业文明：从利润到价值》，吕莉译，中国人民大学出版社2016年版，第65—85页。

③《新商业文明宣言》正式发布，见 https://club.1688.com/article/32447817.html /2020－1—4.

④ 秦朔：《文明寻思录：我们这个时代的企业家精神和商业文明》（第一辑），广西师范大学出版社2017版，第311页。

终实现企业可持续发展。[①] 而乌麦尔·哈克认为，在新商业文明中，企业、国家乃至整个经济社会都能获得更高水平的优势，员工、顾客及未来潜在客户的潜能将会被激发，创新将会变得像呼吸一样自然，企业的所作所为有了更深层次的意义，资源极大丰富，因为人类成了自然的捍卫者。总之，他强调，新商业文明是推动未来商业繁荣的力量，是应对企业、国家和经济社会长期以来所面临的破坏性挑战的唯一出路。因此，以人为本的新商业文明是 21 世纪商业繁荣的引擎。[②] 就此而言，以人为本是新商业文明的核心。要“重估一切价值”，重新思考和定义企业与股东、客户、员工、社会、环境乃至人类未来的关系。新商业文明的基本点是使命（责任）、诚信、开放、分享，是为客户、员工、社会、环境乃至人类未来利益而创造有意义的价值和美好的生活。[③]

三、新商业文明凸显了互利经济学

传统商业文明建立的基础是新古典经济学的自利精神。不同于传统商业文明，新商业文明的理论基础是互利精神。众所周知，金融危机以及历史上的经济危机之所以周期性地爆发，根源在于传统商业文明，特别是传统商业文明的核心信条，即企业的宗旨是以企业利润为中心和股东利益最大化，忽视甚至不惜损害员工、社区、环境、社会和后代利益，最终也会损害企业和股东自身的利益。基于此，新商业文明必须放弃这种旧观念，倡导为所有利益相关者创造价值。实际上，以企业利润为中心和以股东利益最大化只是问题的表象，而非问题的本质。问题的本质在于新古典经济学的理性经济人的自利观念，这触及现代经济学大厦的地基。理性经济人（股东）利益最大化，是西方经济学分析的前提，以此为基础构建起一个完美的利己与利他、个人与社会利益的统一，以及均衡的市场状况，即个人

① 张瑞敏:《创造价值的新商业文明》,《企业研究》2017 年第 5 期。

② 乌麦尔·哈克:《新商业文明：从利润到价值》，吕莉译，中国人民大学出版社 2016 版，前言第 5—6 页。

③ 崔尚祖:《以仁为本——新商业文明的核心》,《装备制造》2010 年第 12 期。

追求利益最大化的行为，通过市场的供求机制、价格机制、竞争机制，可以保证市场供需均衡，使社会整体利益得以实现。但这样的结果从来没有在现实中出现。历史上资本主义的经济危机就是明证。所以，自从这一观点出现以来，就受到国家主义经济学家和历史学派经济学家的批判。

事实上，亚当·斯密提出这一观点时，是为市场中个人利益正当性正名，同时顺带嘲讽一下自我标榜为公众服务的政府官员。由于斯密没有设定自利的范围和限度，以至于同他后面的论述自相矛盾。如，他在论述自由贸易的合理性时，不止一次提到"商人和制造业者的私利"会阻止英国实现自由贸易。学者们正确地指出，既非自利、也非利他，是市场交换的前提，即互利才是市场交换之所以能够实现的前提。[①] 对此，1998 年诺贝尔经济学奖得主阿马蒂亚·森强调，斯密虽然被认为是理性经济人的奠基者，但是，斯密本人对这种经济人假设表达过深刻的质疑。他认为，无论是从实验博弈还是从其他行为经济学的检验结果看，纯粹追求个人利益的假设与所观察到的人们的实际行为之间存在严重冲突。他指出，追求私利并非人单一的行为准则，人与人之间行为的互动性，影响着人们的行为结果及其利益。他进一步指出，将理性经济人假设运用到政治学、法学等社会理论中，实在是高抬举它了。是该将它掀下台了。[②]

特别是今天，信息时代的来临和深化，更加凸显了互利这一前提的现实性，所谓自利的经济人必须考虑消费者以及利益相关者的利益，即要利他，才能实现自身的利益。但是，能否就此认为，自利经济人考虑其他人的利益，目的还是为了实现自身利益，其他人不过是实现自身利益的手段？这种观点的实质是，把利他作为自利的手段，仍然囿于理性经济人的观点，并非我们所说的互利。互利的核心在于自利和利他的统一，其本质是自利和利他互为目的。实际上，把利他作为自利的手段，并不是也不

① 陶永谊:《互利：经济的逻辑》，机械工业出版社 2011 年版，第 1—28 页。

② 阿马蒂亚·森:《身份与暴力：命运的幻象》，李凤华等译，人民大学出版社 2012 年版，第 18—19 页。

能把他人看得不如自己重要；恰恰相反，在现代市场经济中，只有把他人视如自己，看作同自己一样的重要，才能而且也必须尽己所能，为他人创造价值，自利方能实现。把他人当作目的，他人才能把你当作目的；把他人当作手段，可能他人就会把你当作手段。企业之间如此，企业内部也是如此。所以，人与人之间必须互为目的，这是互利经济学的哲学基础。对此，康德曾深刻地指出："你的行动，要把你自己人身中的人性，和其他人身中的人性，在任何时候都同样看作目的，永远不能只看作是手段。"[①]对此，北宋时期的张载指出，"以爱己之心爱人，则尽仁"[②]。真正的以人为本，必须把他人和自己同等对待。从中国的实践看，"一带一路"倡议、人类命运共同体思想的提出，也是基于互利共赢的思想。正因为如此，2019 年 8 月 19 日，以美国为主的两百多位知名企业 CEO 在商业圆桌会议（Business Roundtable，BRT）上发表声明，重新定义"企业的使命"，指出股东最大利益不再是唯一依归，企业所作决策要把客户、工人、供应商、社区及环境的利益纳入考量。否则，资本主义及其商业文明将难以为继。

关于互利的问题，体现了儒家文化的特色。儒家并不鄙视利，只是强调如何正当合理地取利。义然后取，人不厌其取。义利可以两有，义利可以两全，但要以义为先，以义为本。经营工商业要赚钱、谋利，这个钱、这个利必须来得合理，不能不走正路。晋商说：君子爱财，生财有道；徽商说，财自道生，利缘义取；生财有大道，以义为利，不以利为利。这些朴素的言语表明了晋商、徽商所持有的正确义利观，反对取不义之财。事实上，以义取利，方能把生意做长、做稳、做大，这恰恰合乎企业的最大利益和长远利益，否则不管合理不合理，一锤子买卖，狠赚一笔，但信誉丧失，买卖就会做绝，反而损害自身的长远利益。

对此，日本现代企业之父、创办过 500 多家企业的涩泽荣一鲜明地指

① 康德：《道德形而上学原理》，上海人民出版社 1986 年版，第 81 页。

②《张载集 · 正蒙 · 中正》

出，义在利先，以义取利，义利合一，两者并不矛盾。涩泽荣一晚年在二松学舍讲授《论语》，笔录出版的讲义近千页。在日本近代工业化之初，涩泽荣一树立了经济活动与道德合一的伦理基础，对日本企业经营哲学的发展影响深远。同时，他还深刻地指出，如果自私地追求个人利益，反而会妨碍个人利益的获得，这恰恰是资本主义的悖论。[①]就此而言，涩泽荣一的确具有远见卓识。

事实上，无论是马克思主义经济学，还是西方经济学，对此都有深入的分析。在马克思主义经济学看来，在资本主义私有制下，因为所有权必然向占有权转变，导致资本对劳动过度剥夺，资本所有者占有了劳动者创造的剩余价值，而劳动者仅仅获得满足最低生存的物质消费资料，致使社会整体有效消费能力的不足，最终引发经济危机，资本主义必然难以为继。

就亚当·斯密而言，他也并不认同资本的暴利，反对资强劳弱的现实，并且忧心其带来的结果。斯密认为："工资增高对商品价格抬高的作用，恰如单利对债额累积的作用。利润增高的作用，却像复利一样。我国商人和制造者，对于高工资提高物价、从而减少国内外销路的恶果，大发牢骚；但对于高利润的恶果，他们却只字不谈。关于由自己得利而产生的恶果，他们保持沉默。他们只对由他人得利而产生的恶果，大喊大叫。"[②]同时，斯密认为，尽管存在着劳动市场供需因素，但资本获利远大于劳动所得。不仅如此，在资本与劳动的博弈中，资本总是强势的一方，致使劳动者始终处于弱势，劳动者趋于贫困化。这种结果将导致社会急速退步，生产效率降低，以及社会公正的丧失。[③]

亚当·斯密所言，的确反映了当时的现实。在资本主义市场经济条件下，一面是资本的暴利，一面是劳动者的相对贫困化，甚至是绝对贫困

① 鹿岛茂：《日本商业之父涩泽荣一传》，王鹤、池淼译，浙江大学出版社2014年版，第540页。

② 亚当·斯密：《国富论》，郭大力、王亚南译，商务印书馆2015年版，第92页。

③ 亚当·斯密：《国富论》，郭大力、王亚南译，商务印书馆2015年版，第80—82页。

化，社会整体有效消费能力的不足，其结果必然导致市场供求失衡，经济危机周期性地降临，强制性解决供求失衡问题。在这一过程中，社会难以进步，公正难以保证，劳资走向对立冲突。要维持资本主义的生存和发展，就必须解决资本暴利问题。

而要解决资本暴利，一个措施是，国家和政府必须出手。西方资本主义国家于 19 世纪 30 年代到 20 世纪初开始探索建立社会保障制度，改良资本主义社会资本的暴利本性，以期缓和资本主义劳资矛盾，维护资本主义的统治和社会稳定，巩固资本主义生产方式。其中，19 世纪 80 年代德国铁血首相俾斯麦建立起的社会保险制度，标志着现代社会保障制度的建立。随后，其他资本主义国家纷纷效仿，建立起社会保障制度。第二次世界大战后，凯恩斯主义崛起，国家不仅要在社会保障方面发力，而且要进入生产领域，加大政府投资生产，解决市场供求的失衡问题。对此，德国学者于尔根指出："成功的资本主义恰恰会长期导致两极分化。如果没有社会福利措施，劳资矛盾就会酿成社会对立。纵观历史，国家干预对于资本主义的诞生、发展和存续绝对是必要的。"[①]今天，资本主义发达国家普遍建立起相对完善的社会保障制度体系，国民拥有了从摇篮到坟墓的良好保障，使得资本主义得以生存和发展。从这个意义上说，资本主义的社会保障体系极大地缓解了资本与劳动的矛盾。

但是，资本主义社会保障制度没有也不可能消灭贫富差距。2019 年，卡塔琳娜 · 皮斯托在《资本的编码：法律如何制造财富与不平等》一书中指出，当代的贫富差距水平，甚至超过了法国大革命之前的旧制度时代。1980—2017 年，新增财富的分配情况像一个"大象曲线"，顶层 1% 的人切走了 27% 的蛋糕，而底层 50% 的人口只分到 12%，不到前者的一半。而造成这种结果的原因在于资本主义法律赋予资本的创富的优先性（priority）、持续性（durability）、普遍性（universality）、可兑换性（convertibility），致使资本主义经济金融化和金融资本暴利法治化，贫困

① 于尔根 · 科卡：《资本主义简史》，徐庆译，文汇出版社 2017 年版，第 160—161 页。

化则注定固化。关键在于，这种情况几百年来都是如此。[①] 但是，2008 年金融危机后，美国再次采取减税等措施，其结果更有利于大资本所有者，他们获得了更多的减税之利；但是，纳税之责却更多地砸向了中产阶级，以至于造成了中产阶级的贫困化，而且持续向下沉沦，加大了两极分化。而更重要的危害在于，今天美国等西方国家出现的极端民粹主义、保守主义以及逆全球化问题，正是这一问题恶化的结果。所以，如果资本主义经济模式不能解决贫富两极分化问题，不能推行劳资互利的经济模式，那么就只能曲线救国，建立相对完善的社会保障体系。

今天，深入研究新时代中国特色现代商业文明，应当不忘本来、吸收外来、着眼将来，就需要我们回到中华优秀传统文化，借鉴西方商业文明的有益成果，还要努力将新时代中国特色现代商业文明建立在更加坚实的互利经济基础上。

四、深化认识新商业文明下的以人为本观

在今天，新工业革命基础上的商业文明，越来越凸显的是以人为本的要求，即以人的美好幸福生活为本；而未来，建立在全面智能化社会基础上的文明，应当是以每个人的自由全面发展为本。

这里我们还需要进一步认识以人为本的内涵。以人为本，就是以人的需要为本，而人的需要就是人的本性。[②] 所以，商业文明的以人为本，就是以人的需要为本，就是以人性为本。一方面，人的需要具有历史性，受经济社会发展的制约，不能超越经济社会发展的条件；另一方面，人的需要具有层次性，既有满足衣食住行的物质需要，也有满足知识、艺术、审美和创造的精神需要。并且，随着物质需要的不断满足，其效用会逐渐递减，具有有限性；但是，精神需要则日益增长，具有无限性。按马斯洛

① 吴双：法治成了资本的统治工具，西方学者却开出这样的药方。见 https://www.guancha.cn/WuShuang/2021_01_25_579088_s.shtml。

②《马克思恩格斯全集》第 3 卷，人民出版社 1960 年版，第 514 页。

的说法，人的需要的层次性包括渐次递进的生理需要、安全需要、爱和归属的需要、自尊的需要以及自我实现的需要。对于新时代的中国而言，以人为本的商业文明，意味着更好的教育、更稳定的工作、更满意的收入、更可靠的社会保障、更高水平的医疗卫生服务、更舒适的居住条件、更优美的环境，期盼着孩子们能成长得更好、工作得更好、生活得更好。一句话，就是对美好生活的向往。

以人为本、人的需要和人的本性，不仅是商业文明的根本目的和价值，还是推动商业文明进步的根本动力。人的需要决定生产及其发展的方向。为了满足不断增长的需要，人们必须不断提高改造自然的能力、提升劳动技能、创新生产技术，社会生产和商业文明就是在满足人的需要的过程中不断发展和进步的。

另外，我们还需要对以人为本的“人”进行更加深入的分析。在不同历史发展阶段，人们对于以人为本的“人”是有不同认识的，“人”所包含的内容也是不同的。有以百姓为本的中国传统仁爱观，有以股东利益最大化为本的西方工业革命理性经济人观，有以用户为本服务于股东利益的人本观，有以用户、员工、股东、社区、环境、后代为本的建立在新工业革命基础上的新人本观。应当说，理性经济人观，以及服务于股东利益的人本观，在文明发展进程中都起到过积极作用，但具有历史局限性。中国传统的仁爱观和天人合一的自然观相结合，通过创造性转化和创新性发展，可以同新人本观相契合和相适应。

人类文明发展到今天，以用户、员工、股东、社区、环境、后代为本的新商业文明人本观具有历史和现实的必然性。我们借用哈克在《新商业文明：从利润到价值》一书中的一个例子，可以清楚说明这个必然性。一个汉堡的价格是 3 美元，利润是 1 美元，根据过去的商业理念，最少有 1 美元的价值被创造出来。但事实是汉堡的真正价格接近 30 美元，其中有 10 美元的环境和健康成本转嫁给了社会和我们的后代，普通民众、社区和社会给用来做汉堡的牛肉、水、土地甚至工作机会补贴了 20 美元。

这样创造出的 1 美元价值是经济上的一种虚构。所以，快餐店的成本和收益是不对等的，大量的成本由社区、环境、后代所承担，成为企业利益受害者。[①] 如果要使成本和收益相平衡，就必须考虑到社区、环境、后代等付出的成本和损失。这是股东利益最大化的问题所在，也是中华商道和新人本价值观具有现实必然性的原因所在。

① 乌麦尔 · 哈克:《新商业文明：从利润到价值》，吕莉译，中国人民大学出版社 2016 版，第 12—13 页。

第 二 章

中华商道的当代理解

中华商道是儒家核心价值观与商品经济法则相结合的产物，是在市场经济实践中形成的。中华商道，一方面体现了商品经济发展的内在要求，是商品交换关系的伦理反映；另一方面，它反映了儒家伦理的基本原则，体现了儒家伦理对人的行为的基本要求，有着十分丰富的内涵，包括“仁者爱人、以人为本”的商道精神，“以义取利、见利思义”的义利精神，“非诚贾不得食于贾”的诚信精神，经世济民的家国天下情怀，互惠互利的商业智慧，贵群尚和的集体精神，等等。简言之，中华商道蕴涵的人本观、义利观、诚信观、创新观、集体观、家国观，赋予了中国商业文明独特的精神气质，同市场经济有着内在的契合，是市场经济发展的伦理道德基础。

第一节　以人为本的根本理念

“仁”是儒家思想的核心理念。“仁”，即“仁爱”，“仁爱”来源于“人本”。儒家思想将“人”放在宇宙和人类世界的中心，进而衍生出“由此及彼”“推己及人”的“仁爱”和“人本”思想。同样，仁者爱人、以人为本，也是中华商道的本质，是中华商道的根本理念。

一、以人为本是中华商道的根本理念

“仁”是儒家的核心价值，是儒家做人的根本原则，也是中华商道的根本理念。

那么，何谓“仁”？在《论语》一书中，“仁”字总共出现了109次。在不同的对话场景、语境下，针对不同的弟子，孔子对“仁”作了不同的解释、说明和阐发。但是，不管有多少解释，“仁”有一个不可动摇的核心，那就是“爱人”。[①]《论语》中，樊迟问仁，孔子答曰：爱人。[②]“仁”就是爱人，就是以人为本。这看似简单，但其意深刻，有三层含义，即“亲亲而仁民，仁民而爱物”。[③]第一层，亲亲，对亲人的爱，即“仁者爱己”[④]；第二层，仁民，对大众的爱，即“仁者爱人”[⑤]；第三层，爱物，对万物的爱[⑥]。如此，才能“仁者使人爱己”。[⑦]仁爱是层层递进的，更重要的是，爱人先爱己，在此基础上，“以爱己之心爱人，则尽仁”。[⑧]所以，与亲亲、仁民、爱物相对应的是自爱、爱人、被人爱。只有自爱（亲亲），才懂得怎样去爱人。只有自爱（亲亲），懂得爱别人，别人才会来爱你。自爱、爱人、被人爱并不矛盾。仅仅自爱，而不知爱人，这当然是自私自利，绝对不是儒家之“仁”。这里的关键是，要以爱己之心爱人，自爱是为了更好地爱人。

以爱己之心爱众人，爱万物，追求爱满天下，是仁的至高至善境界。但儒家的仁爱，却发端于血缘亲情。“立爱自亲始”。[⑨]对父母要孝顺，对

---

① 赵士林：《中华传统文化开讲》，中华书局2014年版，第8—9页。

②《论语·颜渊》

③《孟子·尽心章句上》

④《荀子·子道》

⑤ 同上

⑥《孟子·尽心章句上》

⑦《荀子·子道》

⑧《张载集·正蒙·中正》

⑨ 孙希旦：《礼记集注》，中华书局1989年版，第1215页。

兄长要敬爱，“孝弟也者，其为仁之本与”。[①] 这是一种自然本能的爱，是仁爱的根本和出发点。

但仁爱不能止于亲，要推己及人，仁爱大众。在“入则孝，出则悌”的基础上，要“泛爱众，而亲仁”[②]。因此，对于“博施于民而能济众”者，[③] 孔子赞美为圣人，甚至尧舜也难以做到！当然，在亲亲、仁民的基础上，要爱及天地万物。对天地万物的爱，是对生命的爱，对生生不息的宇宙之爱，追求的是人与自然相和谐、天人合一的境界。这是“仁”的最高道德之境。

就此而言，从爱亲人到爱大众，从爱大众到爱万物，直到爱满天下，儒家之“仁”一点也不狭隘。“修己以安人”“修己安百姓”[④]，是儒家两个志业。儒家所关怀的对象不仅是国内人民的福祉，而且是人类全体的福祉，这是共同和永恒的价值。[⑤] 孔子的大同理想世界，就是博爱天下众生的体现。

这里，还要强调的是，“仁”包括“义礼智信”，它们构成五常或五德。在仁义礼智信诸德中，“仁”居于主导的地位。“百行万善总于五常，五常又总于仁”“仁义礼智四者，仁足以包之”[⑥]。“仁”是其他诸德的核心和总纲，统摄其他诸德，其他各项道德规范、道德范畴，以及道德境界和道德品质，都是“仁”的原则的具体展开和体现。这将在下面的内容中进行分析。

从中华商道的角度看，创业经商初始是为己为家，是亲亲；那么，经世济民则是仁爱众生，是至善的道德境界。当然，对于儒商而言，坚持仁者爱人、以人为本，就要坚守仁义礼智信，以人们的需求为目的，提供有

① 《论语 · 学而》

② 同上

③ 《论语 · 雍也》

④ 《论语 · 宪问》

⑤ 许倬云：《中西文明的对照》，浙江人民出版社 2016 年版，第 50—52 页。

⑥ 《朱子语类》卷 6

价值的商品或服务，为人类创造更美好的生活。这正是儒商的道德标准和价值追求。事实上，正如前面所说，对于儒商而言，亲亲与仁民，爱己与爱人是完全一致的，甚至只有首先如爱己般爱人，才能实现爱己的亲亲。换言之，在市场经济中，若要自利自爱，前提是爱人利他。这更加凸显了爱人的重要性。

另外，更重要的是，“仁”是人的本质，“仁者，人也”。[①]人之所以为人，其根本在于“仁”。因为“仁”，人异于禽兽[②]；因为“仁”，天地之间人为贵，“立人之道，曰仁曰义”。[③]从中华商道的角度看，以爱己之心爱人，坚持以人为本，为消费者提供有价值的商品和服务，满足其需求，是企业家为商的底线。事实上，也只有以人为本，企业才能发展得好发展得强。否则，假冒伪劣、坑蒙拐骗、损人利己之徒，就是非诚贾，而“非诚贾不得食于贾”[④]，必须依法严厉惩罚。只有如此，才能防止劣币驱逐良币，促进市场经济不断走向完善。

二、坚持以人为本的中华商道理念

以人为本是中华商道的根本理念，那么，儒商如何才能做到仁者爱人、以人为本呢。这需要遵循孔子的教导。孔子说:“吾道一以贯之。”行仁之道，惟忠恕而已。[⑤]

据此，作为儒商，践行“仁”，必须做到以下两点。第一，就是“己所不欲，勿施于人”。这就是恕道。自己不想要、不愿要的，就不要给别人。比如，毒奶粉、无效疫苗，自己不想要、不愿要，就一定不能给他人。现在看来，毒奶粉的危害太大了，不仅毁了三鹿企业自身，还毁了中国整个奶产业链。今天，尽管中国奶粉质量已全面提高，甚至与西方相比

①《中庸》
②《孟子·离娄章句下》
③《易传》
④《管子·乘马》
⑤《论语·里仁》

也并不差，但是消费者仍然没有信心。真是贻害无穷！

那么做到“己所不欲，勿施于人”就可以了吗？这还不够，因为严禁假冒伪劣、坑蒙拐骗等行为，只是不为害，这只是为商的底线，是对一般商人的基本要求。要做儒商，就必须在此基础上更进一步，要做第二点，“己欲立而立人，己欲达而达人”，自己要成功，也要帮助别人成功。这是忠道。对于儒商来说，企业家或领导者要有所成就，也要提供条件让员工有所成就，不仅要尊重员工、关心员工，更要成就员工。从某种意义上讲，所谓领导，就是员工成功的条件。有尊重、有关爱，员工成为全力拼搏的奋斗者，员工成功了，那么，企业就没有不成功的，企业家就没有不成功的。所以，我们看到，任正非强调以奋斗者为本，任正非成功了；稻盛和夫强调，没有以员工为本，就没有企业经营，就没有企业。[①] 所以他指出，企业的目的和使命是“追求全体员工的物质和精神两方面幸福的同时，为人类和社会作贡献”。[②] 正因为如此，稻盛和夫成功了，创办了两家世界 500 强企业，并领导濒临破产的日本航空起死回生，成为世界上最盈利的航空公司，经营业绩连续 6 年在全世界航空业遥遥领先。[③] 而稻盛和夫也成为最伟大的企业家。

所以，忠恕是行“仁”之方，也是儒商成功之方。就此而言，企业若要做强做大，不仅要以恕行“仁”，更要以忠行“仁”。更重要的是，在新工业革命条件下，对于希望可持续发展的企业来说，以忠恕行“仁”，将以人为本全方位地贯穿于企业经营管理之中，这不是愿不愿意去做的问题，而是不得不去做的问题。一言以蔽之，儒商的确是企业家的宿命。

① 稻盛和夫:《企业家精神》，机械工业出版社 2018 年版，第 296 页。

② 稻盛和夫:《企业家精神》，机械工业出版社 2018 年版，第 120、209 页。

③ 稻盛和夫:《企业家精神》，机械工业出版社 2018 年版，推荐序 VI。

第二节　以义为上的经商之道

如果说以人为本，或者说人道，是中华商道的根本理念的话，义利关系问题，则是中华商道的核心问题。

一、以义为上是中华商道的核心价值

义利统一是中华商道的最根本原则，它强调的是“以义制利”[①]“见利思义”[②]“以义为上”[③]的价值准则。

“义利之说，乃儒者第一义”[④]。但是，说到义利关系问题，我们可能马上会想到孔子说过的这句话，“君子喻以义，小人喻以利”[⑤]，似乎儒家鄙视利益。其实不然，这里的关键是，何谓义。“义者，宜也”[⑥]。宜就是适宜、合理之意，包含着公平道义。人的行为必须合理、公平，要有义的自觉。所以，孔子说:“君子义以为上”[⑦],“君子义以为质”[⑧]，这就是说，君子把义作为最高尚的品德，把义作为根本。

对于义利的矛盾，儒家的态度是，“以义制利”，“义然后取”。所以，孔子强调，“富与贵，是人之所欲也，不以其道得之，不处也”[⑨]。这是说，富与贵是人人所盼望的，但是用不正当的方法得到它，君子就不接受。孔子甚至指出，“富而可求也，虽执鞭之士，吾亦为之”[⑩]。用今天的话说就是，如果富贵合乎于道义就可以去追求，甚至是给人执鞭当马车夫这等差

---

①《荀子 · 正论》
②《论语 · 宪问》
③《论语 · 阳货》
④《朱子文集》卷二十四
⑤《论语 · 里仁》
⑥《大学 · 中庸》
⑦《论语 · 阳货》
⑧《论语 · 卫灵公》
⑨《论语 · 里仁》
⑩《论语 · 述而》

事，也愿意去做。但是，对于不义之财则不同。孔子说，“不义而富且贵，于我如浮云”①。今天看来，这种观念是何等的超前。

这样看来，儒家并不鄙视利，只是强调必须以正当的方式取利。义然后取，人不厌其取。义利可以两有，义利可以两全，但要以义为先，以义为上。“义与利者，人之所两有也，虽尧舜不能去民之欲利，然能使其欲利不克其好义也。虽桀纣也不能去民之好义，然能使其好义不胜其欲利也。”②经营工商业要赚钱、谋利，这个钱、这个利必须来得合理，不能不走正路。晋商说，君子爱财，生财有道；徽商说，财自道生、利缘义取；生财有大道，以义为利，不以利为利。这些朴素的言语表明了晋商、徽商所持有的正确义利观，反对取不义之财。事实上，以义取利，方能把生意做长、做稳、做大，这恰恰合乎企业的最大利益和长远利益，否则不管合理不合理，一锤子买卖，狠赚一笔，但信誉丧失，买卖就会做绝，反而损害自身的长远利益。对此，日本现代企业之父、创办过500多家企业的涩泽荣一鲜明地指出，义在利先，以义取利，义利合一，两者并不矛盾。同时，他强调，如果自私地追求个人利益，反而会妨碍获得个人利益，这恰恰是资本主义的悖论。涩泽荣一把义利合一作为自己的终身信条加以践行，不仅如此，他后半生以弘扬孔子义利思想为使命，写出了《论语与算盘》一书，传扬中华商道。③

现代市场经济的本质是利己与利他的统一，也就是义利的统一，超越了理性经济人的利己观。在此意义上，中华商道中的义利统一的理念与现代市场经济的本质是一致的。但是，现代市场经济强调利己是目的，利他只是手段，这同中华文明的义利观有着重要的区别。中华文明的义利观从以义取利，到利而行义，进而追求舍利取义，把对义的追求作为最高目标，把经商牟利作为实现社会道义的手段，追求的是“大道之行，天下为

① 《论语 · 述而》

② 《荀子 · 大略》

③ 鹿岛茂：《日本商业之父涩泽荣一传》，王鹤、池淼译，浙江大学出版社2014年版，第540页。

公”的境界。这是以人为本的中华商道这一理念的最高追求。

二、坚持以义为上的中华商道价值

坚持义利合一、以义为上的中华商道，需要把握三个方面的原则，即价值认识上的“以义取利”，行为准则上的“先义后利”[①]，以及价值判断上的“重义轻利”。

一是“以义取利”的价值认识。对于儒商来说，经商要以义取利，以义制利。要用正当适宜的方式和手段去取利，用道德精神规范求利行为，也就是所谓“君子爱财，取之有道”。买卖公平，遵纪守法，不贪不义之财，不谋非法之利。经营工商业，当然要追求利润。但是，利润并不是最终目标。通过利润的创造，服务于人们对美好生活的追求，这才是儒商的最高价值追求。正如稻盛和夫所说的，企业的使命在于在追求全体员工物质和精神两方面幸福的同时，为人类的进步发展作贡献。[②]这体现了中华商道以人为本的价值目标，也是新商业文明的内在要求。

二是“先义后利”的价值路径。对于儒商而言，不能不重视利，也不能不讲义，只不过要分轻重缓急，要“以义为重”，“先义后利”，反对“先利后义”，更反对“见利忘义”。事实上，在市场经济中，先义后利恰恰是获利的根本途径。因为，要想利己，首先应该利他，利他才能利己。而且，只有全力以赴地为消费者着想，为其提供有价值的商品和服务，才能保证企业可持续发展。就此而言，先义后利是儒商获利的根本方法。因此，在实际的经营活动中，必须处处为顾客、员工、合作者和社会公众的利益着想，要“以爱己之心爱人”。正所谓“投之以桃李，报之以琼瑶”，为别人的利益着想，带来的是自己的繁荣。

三是“重义轻利”的价值判断。利以成义，舍利取义。把对义的追求作为最高目标，把经商赚钱作为实现社会道义的手段，为实现社会之

---

①《荀子・荣辱》

② 稻盛和夫:《企业家精神》，机械工业出版社 2018 年版，第 251 页。

义，义无反顾地奉献自己的全部利益。像陈嘉庚“倾家兴学”，张謇、范旭东、卢作孚等人的“实业救国”“实业报国”，都是这种崇高道德精神的表现，是儒商的最高价值追求。

第三节　经世济民的家国天下情怀

经世济民的家国天下情怀是中华商道最独特的精神品格，是儒商最高的道德理想。

一、经世济民的家国天下情怀是中华商道的至高理想

经世济民的家国天下情怀是中华商道最优秀的品质。儒家强调格物致知诚意正心，但目的是修身齐家治国平天下，这同样是中华儒商安身立命的第一要义。为国家民族的利益做出贡献，甚至不惜牺牲一己利益，从古至今都是一种令人景仰的高尚美德。儒商鼻祖子贡提出“博施于民而能济众”之问[①]，孔子则指出，能够做到这点的人，不仅仅是仁者，而且是圣人，何况尧舜也还有所不足呢。可见，经世济民的家国天下情怀是中华商道的最高追求。

经世济民的家国天下情怀自古以来就是历史人物的判断标准。孔子称赞管仲说：“桓公九合诸侯，不以兵车，管仲之力也。如其仁，如其仁。”[②]春秋时期郑国商人弦高的爱国行为也是千古传扬。一次弦高在行商途中碰到偷袭郑国的秦军，他计上心来，带着牛羊假称奉郑国君主之命来犒赏秦军，让秦军误以为郑国早已备军待战，只好撤军，智退来袭的秦军。弦高树立了爱国商人的形象，堪称后世商人的楷模。而活跃于明清时代的商人在爱国方面也有着不俗的表现。康熙三十五年（1696），康熙亲征叛国首领噶尔丹，但道远运粮困难重重。山西介休商人范氏兄弟，以家财运粮，辗

① 《论语 · 雍也》

② 《论语 · 宪问》

转沙漠万里，不劳官吏，克期必至，节省军费达万亿计。几次运粮，范氏兄弟不仅没有发财，反而倒贴不少。范氏爱国精神传扬至今。而近代以张謇等为代表的爱国商人群体，更是树立了实业救国的标杆，为世人所景仰。[①]

中华商道的家国天下情怀蕴含着天下主义精神。家国天下情怀在一国之内，必然是中华民族共同体理念；推己及人，在世界层面，以中国为一人，以天下为一家，就是人类命运共同体理念。这是中华文明贡献给世界的最好理念，也是造福一个安全、繁荣、和平世界的最好理念。今天，从“一带一路”，到“亚投行”，再到“金砖银行”，正是这种人类命运共同体理念的生动实践。

二、坚持经世济民的中华商道理想

经世济民的家国天下情怀，与儒家修齐治平的人生理想是一致的，为中国历代儒商所遵从，成为儒商人生奋斗的最高道德理想。

一是舍财救国义举。即把自己的经商活动与国家民族的兴亡发展联系起来，在国家民族危急关头，高举爱国主义旗帜，把自己苦心经营赚来的财富义无反顾地捐献于救国救民大业中。在这方面，汉代商人卜式和近代的华侨陈嘉庚是突出的典型。对此，2020 年 7 月 21 日，习近平总书记在企业家座谈会上强调指出，陈嘉庚是爱国企业家的典范，是新时代中国企业家学习的楷模。

二是实业救国的理想。在这方面，近代以来的儒商表现得最为突出。鸦片战争以后，帝国主义的入侵和统治阶级的腐败衰弱，使得中国面临亡国灭种危机。一批儒商高举实业救国的旗帜，投入到工商业中，力求通过发展实业来拯救民族的危亡。张謇、卢作孚、范旭东等人是这方面的杰出代表，充分体现了儒商经世济民的家国情怀。同样，2020 年 7 月 21 日，在企业家座谈会上，习总书记强调指出，张謇、卢作孚是中国近代爱国企业家的典范和楷模。

---

① 吴慧：《中国古代商业》，中国国际广播出版社 2010 年版，第 142 页。

三是教育兴国的精神。儒商中相当一部分人是读书人出身，对文化教育有着深厚的感情，特别是他们把兴办教育与区域发展、民族振兴联系起来，因此，经商成功以后，总是积极捐资助学、投资办学，既为地区和民族发展作贡献，也借此实现自己的济世利民的商业理想。在这方面，古代徽商表现特别突出；在近代，陈嘉庚捐资“倾家兴学”的壮举，更可彪炳千古了；而在当代，香港商人霍英东、邵逸夫等人，也都是捐资兴学的典范，他们都捐资数亿、数十亿于祖国的教育事业中，充分体现了经世济民的儒商理想。

此外，儒商热心公益福利事业，在架桥修路、救苦济贫、扶危济困等事业中，儒商总是社会上最积极的群体之一。

第四节 诚信经营的基本行为准则

诚信经营是中华商道的根本行为准则，是市场经济的内在要求，是交易活动得以实现的根本保证。

一、诚信经营是中华商道的基本行为准则

前面我们讲了中华商道重义，而义与信相连，信是义的外在表现。所以，我们说“信近乎义”。对于信，孔子极为推崇。他说：“民无信不立。”①又说，“人而无信，不知其可也。”②孔子一再强调，“谨而信”，“言而信”。就经商而言，虽以盈利为目的，但“信义所孚，人不忍欺”。经商以信义为依据，才能互通有无，近悦远来。徽商许文才、胡仁之因为诚信不欺，美名远扬，顾客盈门。③所以，经商讲信，对商人本身来说并不吃亏。

义与信相连，信与诚相连，不能诚，便不能有信，有了诚，信才能

①《论语·颜渊》

②《论语·为政》

③ 吴慧：《中国古代商业》，中国国际广播出版社2010年版，第149页。

笃实。因为，“诚者，天之道也；思诚者，人之道也。”[①]衡量一个商人是否讲信义，最浅显直接的表现就是是否诚实不欺，能做到这点，与信义的最高标准就相差不远了。出身商人的丞相管仲就指出，“非诚贾不得食于贾”。明代陕西商人樊现是非常成功的商人，经商足迹南至江淮，北至边塞。对于经商取胜之道，他自己总结说：“贸易之际，人以欺为计，予以不欺为计，故吾日益而彼日损；诚为天之道，岂难信哉？”[②]今天，我们都很清楚，诚信是市场经济的道德基础，能够有效降低交易费用，不仅有利于消费者的利益，更有利于企业的长远利益。

二、坚持诚信经营的中华商道准则

诚信是儒商经营伦理的首要原则。真诚待客，诚实不欺，守信经营，有诺必承，是儒商诚信经营的基本要求。中国古代的许多经商谚语充分表达了这种诚信精神，像“诚招天下客，信聚八方商”，“忠诚不蚀本，刻薄不赚钱”，“一诺千金”，“童叟无欺”，等等，这些谚语是中国古代商人经商的基本准则，也是他们成功的经验，充分表达了传统商人特别是儒商对诚信的高度重视。

一是诚实不欺。儒商的诚信首要的是诚实不欺，货真价实。明清时期，诚实不欺是晋商的基本美德。近代华商也普遍具有儒商这种诚实不欺的精神。陈嘉庚就是这样一位典型。陈嘉庚父亲晚年经营失败，债台高筑达20万元。虽然新加坡法律规定父债不累及子孙，但陈嘉庚毅然代父偿债，人们交口称赞，陈嘉庚获得了极高的信誉。

二是讲求信用。儒商的诚信也表现在有诺必承，讲求信用，甚至为守信用，牺牲利益也在所不辞。中国台湾“塑料大王”王永庆就是这样做的。他的公司的产品畅销台湾岛内外，当内销价格高于外销价格时，别人压缩出口量以增加内销，可是他却宁可减少巨额利润，仍遵守客户供货合

① 《孟子·离娄章句上》

② 吴慧：《中国古代商业》，中国国际广播出版社2010年版，第150页。

同。当外销价高于内销价时，许多公司削减内销增加出口，但王永庆仍然照顾岛内顾客的需要。虽然经济上收入少了，但树立了公司的信誉，为事业的发展创造了良好的条件。日本现代企业之父，“论语加算盘”经营思想倡导者涩泽荣一也说“信用重于资本”。他认为，“一个人的资本是有限的。与其依靠有限的资本，更重要的是活用无限的资本。何谓活用无限资本的资格？此即信用”。[①]要指出的是，儒商的信用是一种发自内心的道德承诺、人格保证。它不需要契约约束，只要口头作出了承诺，就要以人格担保义无反顾地去执行。他守信用不是怕违约受惩罚，也不仅仅是为了以信用来谋求更好的赚钱条件，而首先是一种应该守信的道德信念。

三是诚实相待。对合作伙伴的诚实相待是儒商诚信的重要体现。儒商从儒家性善论出发，强调以心换心，将心比心。自己以诚信待人，也相信别人必以诚信回报。明代商业中流行“伙计”制度，即出资人聘请一至几位可信赖、会经营的人来执掌企业的经营，合伙做生意。伙计不出资却可以参与分红，出资人对伙计完全信赖，交与他一切经营大权。伙计对出资人也非常忠诚，尽力工作，不贪私利，充分体现了儒商诚信的行为准则。

第五节　互惠互利的商业智慧

以和为贵，互惠互利，充分体现了中华商道的智慧，是儒商成功的重要法宝。

一、互惠互利的中华商道智慧

儒家崇尚仁义信，也崇尚和。孔子曰：“礼之用，和为贵，先王之道斯为美。”[②]孟子也说，“天时不如地利，地利不如人和。”[③]荀子则强调，“上

① 涩泽荣一：《经商语录》，海南国际新闻出版中心1995年版，第136页。

②《论语 · 学而》

③《孟子 · 公孙丑章句下》

不失天时，下不失地利，中得人和，而百事不废。”[①]而人和之所以能够百事不废，是因为“和则一,一则多力，多力则强”[②]。这体现在商业上，就是所谓的生财有道、和气生财、合作互利。这是儒家思想运用到中华商道中最为成熟的部分。商人从实践中认识到“和气生财”这一生意经。“和为贵”被高悬于门店之上，成为商人的座右铭。徽商好儒，崇尚合作互利。晋商也把《大学》《中庸》作为店员的正心修身之书。近代的儒商荣德生也是以《大学》和《中庸》为基础指导自己的经营。他认为,《大学》让人明白诚信,《中庸》让人领悟道德。在企业经营中荣德生力行以诚经营、以德服人的原则，企业经营得非常成功。具体是如何做的呢？在经营中，荣德生管人并不严，他不但以员工为本，还以员工的家人、子女为本，照顾好他们的生活，使员工无后顾之忧，全身心投入企业的工作中。企业家以员工为本，员工就会以企业、企业家为本，双方才能真诚合作，互利共赢。对此，荣德生很自信地说，他的这种经营之道可以让周围各厂仿行。可以说，和气生财、合作互利，是一种极具长远眼光和可持续发展的商业智慧。今天，合作发展、互利共赢已成解决国际贸易不均衡发展的中国智慧。

二、坚持互惠互利的中华商道智慧

坚持互惠互利的中华商道智慧，要以和为贵，建立和谐的劳资关系；要“和而不同”，提倡求同存异，共谋发展；要“天人合一”，重视人与自然相和谐，促进企业绿色发展。

一是以和为贵，建立和谐的劳资关系。首先，要以和为贵，建立和谐的劳资关系。为此，要认识到，“没有员工，就没有企业”，“要追求全体员工物质和精神两方面的幸福”，“造就和谐企业”。[③]“这才是真正的经

---

①《荀子·王霸》

②《荀子·王制》

③ 稻盛和夫:《企业家精神》，机械工业出版社 2018 年版，第 166—168 页。

营”。稻盛和夫认为，“必须让员工幸福，企业才能有长足的发展。”[①]

二是和而不同，平等相待。企业作为有机整体，管理者和员工之间只有分工不同，而没有人格差异。和而不同强调包容和求同存异，是促进企业科学管理，推进企业和谐关系建立的前提，是符合东方道德价值取向的基本准则。从社会发展和企业成长看，“和而不同”避免和减少了社会和企业发展中的冲突与矛盾，注重社会结构、企业制度的改革和创新，在真正意义上实现了社会的可持续发展。

三是天人合一，重视人与自然的和谐关系。要发扬我国传统的“天人合一”精神，立足于企业、社会和自然关系，促进三者协调发展，引导企业在赢利的同时担负起社会责任，把企业的经济效益和社会效益结合起来，保持人与自然和谐相处，实现绿色可持续发展。

第六节　自强不息的实干敬业作风

在正常条件下积极努力奋发有为，在艰难曲折中坚忍不拔，在挫折失败中矢志不渝，儒商身上具有的这种自强不息精神，是中华民族自强奋斗精神的典型代表。

一、自强不息的中华商道作风

儒家思想中有一种强烈的自强不息的实干敬业精神。儒家认为，“周虽旧邦，其命维新。”[②]执着于“天行健，君子以自强不息”[③]，“苟日新，日日新，又日新”[④]。事实上，孔子为了传业布道不辞辛苦地奔走于各诸侯国，身体力行着自强不息的精神，甚至知其不可为而为之。尽管所到之

① 稻盛和夫:《企业家精神》，机械工业出版社 2018 年版，第 294—296 页。

②《诗经 · 大雅 · 文王》

③《易经》

④《礼记 · 大学》

处，屡遭冷遇；路途上，常挨饿受累，“厄于陈，困于蔡”[①]，被人驱赶，“累累若丧家之狗”[②]，但依然矢志不渝，为生民立命、为万世开太平，奋斗不息。孔子这种为理想而自强不息的奋斗精神，千百年来对儒士影响深远。如果说孔子以自己的行为为后世儒士树立了榜样，那么孟子则从理论上阐述了有作为的人必须具备坚韧精神的必要性、必然性。这就是经常为人引用的那段名言，孟子说：“故天将降大任于斯人也，必先苦其心志，劳其筋骨，饿其体肤，行拂乱其所为，所以动心忍性，曾益其所不能。”[③]应该说，正是儒家提倡的这种为理想而奋斗的精神，构成了儒商坚忍不拔、高度敬业、踏实肯干、努力创新、自强不息的优良作风。日本著名企业家士光敏夫就把中国儒家经典《礼记 · 大学》中的“苟日新、日日新、又日新”作为座右铭，激励自己在经营管理中锐意进取和创新，成就了一番伟业。

二、坚持自强不息的中华商道作风

一是兢兢业业。作为儒商，要忠于职守，对自己所经营的企业保持一种忠诚之心；要对工作有高度的责任心，尽责尽力地履行职责；创造性地开展工作，充分发挥主观能动性，把企业做强做大。

二是开拓创新。作为儒商，第一要不断追求产品创新。要能够创造一个好的品牌，而且能够通过不断追求产品质量的改进与提高来维护、发展和完善这个品牌。第二要不断追求技术创新。引入新的技术、新的工艺、新的方法，推动企业技术不断转型升级。第三要不断开拓新市场。要根据市场经济发展的实际，对市场结构、市场需求、市场布局进行分析与比较，发现和开拓新的市场。第四要不断进行组织和制度精神的创新。要善于学习别人的成功经验与做法，善于突破以往的经验与做法，在总结和

① 《孔子家书 · 在厄》
② 《史记 · 孔子世家》
③ 《孟子 · 告子章句下》

借鉴前人经验的基础上进行组织与机制的创新，实现企业组织和制度的新突破，提高企业的发展力和竞争力。在今天百年未有之大变局下，在国外疯狂的技术卡脖子情况下，技术创新尤其重要，迫在眉睫。

第七节　贵群合作的集体精神

儒商的工作伦理精神不仅表现在自己的勤奋刻苦、自强不息上，也表现在他们在事业追求中有一种突出的群体主义的精神，注重合作与和谐。他们注重发挥自己的能动作用，更加强调群体的价值和意义。

一、贵群合作的中华商道精神

儒商的贵群合作精神，从文化渊源上说，是儒学群体本位主义与“贵和”原则在商业经营中的体现。我们知道，与西方以个人主义为基础的文化传统不同，在儒家文化中，社会的基本单位不是个人，而是包括家、国在内的群体。对于利益而言，重要的是群体利益，由此，要求个人利益必须服从集体利益。为了家、国等群体利益，应该克制以至牺牲个人利益。千百年来，儒家的群体本位主义价值观影响深远，形成了中国人克制自己、服从群体、以群体利益为取向的价值传统。与重视群体价值相联系，儒家文化的另一重要原则就是“和”，即合作与和谐。“和”是儒家文化中处理人际关系的一个基本原则。孔子说，“礼之用，和为贵”。[①]《中庸》则提出，“和也者，天下之达道也”，认为“和则相生”，“致中和”就可以“天地位焉”，“万物育焉”。[②]在儒家思想的影响下，和为贵，贵群合作成为中华民族的传统精神。儒商的贵群合作精神，正是在这种儒家群体本位和贵和思想及其相应的民族传统影响下形成的，是儒商对儒家的传统精神在商品经济活动中的自觉运用与推行。

---

①《论语·学而》

②《礼记·中庸》

二、坚持贵群合作的集体精神

一是增强凝聚力。要以贵群合作的集体精神，焕发职工为企业尽力的高度责任心和主动精神，并转化为一种强大的生产力。

二是加强协调性。要以贵群合作的集体精神，加强企业内部的协调性，减少经营中不必要的中间环节以及监督管理等交易费用，从而提高经营效益。

三是倡导互助合作。要以贵群合作的集体精神，提高企业内外的互助合作，增强市场竞争力。互助合作在一定程度上能解决经营中资金不足、人才不足等问题，特别是能够帮助一些企业渡过暂时的难关，从而大大提高儒商经营活动的成功率。

当然，要指出的是，儒商强调群体价值的精神，也可能在一定程度上造成内部成员过多的服从意识，而缺乏足够的自主意识，限制了其成员独创性的发挥和个性的发展。因此，应该把贵群合作精神与发挥个体能动性的精神有机结合起来，才能发挥出最佳效益。

总之，以人为本、以义为上，家国情怀、诚信经营、互惠互利、自强不息和贵群合作“七个方面”构成了中华商道的核心内容。其中最根本的内容是以人为本，这是商道根本规律、原则和理念，如果从内容和形式的角度来看中华商道，就可以很清楚这七个方面之间的关系。毫无疑问，以人为本是中华商道最根本的内容，而见利思义、诚实守信、合作互利、实干敬业、集体精神，乃至家国天下的价值目标，都是中华商道的形式，是以人为本的中华商道的体现，也是以人为本在各个层面的展开和实现。

第三章

中华商道的历史追寻

中国是世界上商业文明兴起最早的国家之一，在时间上仅稍后于古代埃及。[①]在神农氏和舜帝时期，商业文明就已经有所发展了。《易经·系辞》说："庖牺氏没，神农氏作，列廛于国，日中为市，致天下之货，交易而退，各得其所。"[②]这说明当时商品交换已经比较寻常，并且有了比较固定的时间和场所。商朝因善于经商而闻名天下。在夏朝时，商部落就以经商而出名。其部落首领王亥，代表本部落，常亲自带着牲畜等物同其他部落开展贸易。商朝时期还有了初步的市场监管制度。周代商后，商朝遗民大为窘困，只好听从周公的告诫，把跑买卖作为副业。当获利归来时，家人就会摆酒庆贺。殷人重贾、殷人贵福，以至于许多商朝遗民以商为主业。后来就把凡是从事交换的人和行业称为商人和商业。商族、商人、商品、商业，都和古时的商朝有关。[③]进入春秋战国时期，经济发展，自由商人崛起，儒家思想脱颖而出，中华儒商和中华商道开始形成，其后历经秦汉的潜行、唐宋的发展、元朝的抑制、明清的兴盛以及近代的新发展，这是一个漫长的历史发展过程。

① 唐力行：《商人与中国近世社会》，中国经济出版社 2017 年版，第 1 页。

② 《易经·系辞》

③ 吴慧：《中国古代商业》，中国经济出版社 2010 年版，第 5—7 页。

第一节　春秋战国时期中华商道的形成

想想看，春秋战国时期，也就是距今2 500多年的时候，中华儒商与中华商道就相伴而生，这是多么不可思议的事啊。但是，更不可思议的是，这个时期所形成的中华商道的核心思想，至今仍然是中国企业应当和必须传承、弘扬的商道思想；这个时期产生的中华儒商，至今仍然是中国当代企业家最为景仰和学习的典范。由于春秋战国时期是中华商道的形成时期，它是我们需要特别关注的一个重点。那么，现在的问题是，中华商道为何形成于春秋战国时期呢？何谓儒商？这一时期的中华儒商为何如此令人高山仰止呢？

一、春秋战国时期中华商道的源起

一般来说，中华商道之所以形成于春秋战国时期，有两个条件。一个是市场经济的发展程度，这是经济基础；二是儒家思想脱颖而出的主流地位，这是思想基础。这两者必须相辅相成，相互促进，才可能推动以儒家思想为基础的中华儒商和中华商道的形成。

（一）春秋战国时期中华商道产生的经济基础

市场经济并非近现代社会的经济现象。早在春秋战国时代，西方还处于农奴社会，中国就已经是一个市场经济体系的社会了。[①]春秋战国时期，由于铁制农具的推广，牛力垦种的使用，耕作技术的改进，水利灌溉的发展，农业生产力不断提高。特别是工商食官的现状被打破，自由商人崛起，山泽之利开放，土地买卖自由，以及城市兴建，交通开辟，各诸侯国争相支持工商业发展；另外，对外贸易发达，丝织品远销至波斯、印度和希腊[②]，为市场经济的兴盛创造了前所未有的条件，出现了中国市场经

① 林毅夫:《经济发展与中国文化的复兴》,《北京大学学报》2009年第3期；盛洪:《儒学的经济学解释》，中国经济出版社2016年版，第199页。

② 吴慧:《中国古代商业》，中国经济出版社2010年版，第17页。

济的第一次飞跃[①]，中国社会进入到一个市场经济体系的社会[②]，这为有德之商脱颖而出打下了坚实的经济基础。

说到自由商人的崛起，其意义非凡，这可是中华儒商产生的关键。相比秦汉及其之后历朝历代实行的重农抑商的政策，这个时候的商人和商业的确处于自由发展的黄金时期。当时人们的职业选择，特别是从商之路可以说相当自由，既可以由商而儒、由商而仕，也可以由儒而商、由仕而商，造就了至今令人景仰的商圣、商神、商祖，以及其他儒商。其实，春秋时期大名鼎鼎的齐国丞相管仲，也是由商而仕的。所以，他成为齐国丞相后，开始不遗余力地大力推动工商业的发展，打造了一个国富民强的齐国，成功地辅佐齐桓公成为春秋五霸中的第一霸。

另外，还要指出的是，这一时期市场经济的发展，离不开政府的大力推动。春秋战国时期，诸侯为了争霸，像齐国、郑国、卫国等国都采取了鼓励工商的政策。因此春秋战国时期，商品经济出现了前所未有的兴盛，商品交易活跃，城市市场繁荣，大批自由商人，南来北往于各国之间，财货不绝，流转于城市之中。从商业物质文明角度看，当时的商品极为丰富，市内店铺林立，城市繁荣，生活便利。相传齐国相国晏婴之宅近市，声音喧闹，有人劝他换个新居，他以“朝夕得所求”，买东西方便为由，予以谢绝。[③]各国都城成为繁华之地。“临淄之途，车毂击，人肩摩，连衽成帷，举袂成幕，挥汗成雨，家敦而富，志高而扬”。[④]可见当时的商品经济之繁荣。

（二）春秋战国时期中华商道产生的思想基础

春秋战国时期，百花齐放，百家争鸣，诸子并起，中国历史上出现了第一个思想大解放、文化大发展、文明大创造的黄金时期。在百花齐

① 吴慧:《中国古代商业》，中国经济出版社 2010 年版，第 5—7 页。

② 林毅夫:《经济发展与中国文化的复兴》，《北京大学学报》2009 年第 3 期；盛洪:《儒学的经济学解释》，中国经济出版社 2016 年版，第 199 页。

③ 吴慧:《中国古代商业》，中国经济出版社 2010 年版，第 13 页。

④《战国策 · 齐策一》

放、百家争鸣中，孔子创立的儒家学派脱颖而出，成为显学，但当时并非主流。随着孔子大量授徒讲学，“贤者七十二，弟子三千”，同时又周游列国进行传播，儒学在当时影响不断扩大。孔子之后，通过其子弟和再传子弟的不断传播，儒学的影响更加深入到社会之中。相应地，儒家提倡的仁、义、礼、智、信等理念，成为道德规范，得到较为广泛的社会认同，对人们的社会行为产生了越来越大的影响。这也必然影响到人们的经商行为，使商品经济打上儒家文化的特色，逐步孕育出了一种具有儒家文化特色的商人——儒商。

那么，什么是儒商呢？所谓儒商，就是以仁、义、礼、智、信等儒家核心价值观指导自己事业的商人，即所谓“以儒术饰贾事”者，体现了以儒行商和以商行儒的统一。儒商在春秋、战国之际虽已出现，但儒商一词出现得比较晚。当时，人们可根据工商业者的道德品格，把道德高尚的商人称为“诚贾”或“良商”。《管子・乘马》指出：“非诚贾不得食于贾”[①]，即认为缺乏诚信的商人是无资格从事商业活动的。《战国策・赵策》亦指出，“夫良商不与人争买卖之贾，而谨司时。”[②]这是说，品德高尚的商人从不与人斤斤计较买卖价钱，而是善于观察和把握商机。司马迁则根据先秦商人的品德高低，把他们分成“廉贾”与“贪贾”，指出“贪贾三之，廉贾五之”。所谓贪贾，是指贪得无厌的商人，一年长途贩运三次，高价出售商品，以获取厚利；所谓廉贾，即有良贾，一年长途贩运五次，多跑多销，只获薄利，故“廉贾归富”。[③]所以，先秦至汉初，人们把有道德有智慧的“儒商”赞誉为“诚贾”“良商”或“廉贾”。直到明清时期，由于资本主义萌芽的产生，人们开始冲破“重农抑商”和“右儒左贾”的思想壁垒，开始从“重农抑商”“四民相分”的人生价值观向“工商皆本”“四民相混”的人生价值观转变。正是在这种人生价值观念的转

①《管子・乘马》

②《战国策・赵策》

③《史记・货殖列传》

变中，大批士大夫投身于工商业中，出现了“弃儒就商”或“弃农就商”的现象，在全国范围内形成了十大商帮，其中最为突出的是徽商、晋商。徽商、晋商深受儒家思想影响，或由儒而贾，或由贾而儒，都能自觉地把儒家的智慧和伦理道德同工商业结合起来，提出了“四民异业而同道”的观念。相应地，至明嘉靖、万历之际，出现并流行“儒贾”“士商”说，到清顺治、康熙才出现“儒商”说。[①]

关于儒商的概念，杜维明先生有一个界定。他认为：“儒商是企业界的知识分子，他不仅是个企业家，他还关心政治，参与社会公益事业，在发展企业的同时也关心人类文明的进步。儒商也许在经营上不是效率最高的商人，但他们能成为商业界的领袖人物。”[②]无疑，杜先生对儒商的界定非常精当。为了简便，这里尝试进行新的概括。所谓儒商，是把以儒行商和以商行儒相结合的商人。儒商不仅要以身发财，更重要的是要以财发身，是两者的统一。相应地，中华商道就是儒家仁义礼智信等伦理思想同商品经济融合的产物，是商品生产和商品交换所遵循的原则和精神，是中国传统文化的重要内容和有机组成部分。

这里，还需要进一步认识儒商的本质。儒商本质，就是中华商道的本质。所以，认识儒商本质，就要深刻认识中华文化的本质。这在第二章分析过。楼宇烈认为，以人为本的人文精神，是中华文化最根本的品格和精神，也是一个最重要的特征。[③]同样，以人为本也是儒商的本质和核心价值观。在儒家思想中，“仁”是最核心理念，“义、礼、智、信”则是“仁”的充分反映和展开。所谓“仁”，就是“仁者爱人、以人为本”。以人为本的文化精神在西周就得以确立[④]，并在儒家学说中得到传承、丰富和发展。所以，正如前面所论证的，以人为本是中华文化的根本精神和品

① 葛荣晋：《儒家“三达德”思想与现代儒商人格塑造》，《学术界》2007年第6期。

② 杜维明：《儒商之道》，《理念与新知》2012年第2期。

③ 楼宇烈：《中国文化的根本精神》，中华书局2016年版，第46页。

④ 楼宇烈：《中国文化的根本精神》，中华书局2016年版，第47页。

格，也是儒商及其中华商道的根本精神和品格。如果说，以人为本的中华文化是中华民族对人类的一项重要贡献[①]，那么，以人为本的中华商道也是中华民族对人类的一项重要贡献。

以人为本的中华商道具有丰富的内容。如"仁者爱人、以人为本"的商道精神；"以义取利、见利思义"的义利精神；"非诚贾不得食于贾"的诚信精神；经世济民的家国天下情怀；互惠互利的商业智慧；贵群合作的集体精神，等等。简而言之，中华商道蕴涵的人本观、义利观、诚信观、创新观、集体观、家国观，赋予中国商业文明独特的精神气质，推动了中国经济和科技的进步，使中国在19世纪以前始终领先于西方世界。1620年，英国哲学家弗朗西斯·培根写道：印刷术、火药（宋代进一步改进了火药）和指南针，首先在文学方面，其次在战争方面，再次在航海方面，改变了整个世界许多事物的面貌和样态，并由此产生无数变化，以致似乎没有任何帝国、任何派别、任何名人，能比这些技术发明对人类事务产生更大的动力和影响。[②]遗憾的是，中国古代的科技发明对中国的震撼远不及西方。这些科技为16世纪西方的兴起和全面领先世界、殖民全球创造了重要条件。但是，以人为本的中华商道具有超越性的价值，第二次世界大战后推动了儒家文化圈内的国家和地区的现代经济发展和崛起，对于唯私利是从的市场经济及其失灵问题具有重大的矫正作用，是今天我们应当也必须传承和弘扬的优秀中华文化。

另外，值得一提的是，孔子等儒家的治国理政思想，特别是深刻的市场经济思想，如四民分业的分工思想、恒产恒心的产权思想、物情之辩的价值思想、惠而不费的政府与市场关系，等等，极大地推动了当时市场的繁荣、经济的发展和社会的进步，后来又影响了近代西方经济学的发展。如法国的经济学家魁奈就深受儒家经济思想的影响，被称为西方的

① 楼宇烈：《中国文化的根本精神》，中华书局2016年版，第46页。

② 斯塔夫里阿诺斯：《全球通史：从史前史到21世纪》，北京大学出版社2006年版，第203—204页。

孔子。而现代经济学之父亚当・斯密又深受魁奈经济思想的影响。所以，有学者认为，孔子的思想深刻影响了近代西方经济学的发展。[①] 所以，下面将具体分析一下儒家的经济思想。

（三）丰富的儒家经济思想

这里主要从以下几个方面分析儒家的经济思想：恒产恒心的产权思想、四民分业的分工思想、物情之辩的供求规律和价值思想、惠而不费的政府与市场关系。

1. 恒产恒心的产权思想

恒产恒心思想深刻揭示了产权的重要性。商品交换是生产力发展到一定水平，有了社会分工和生产物的剩余以后才逐渐产生的。商品交换的实质是产权的交换。一般而言，产权界定明晰，自由交易会促进资源的优化配置。因而，产权的存在和明确可以减少纠纷和更有效地运用资产。明确的产权是市场经济的基础[②]，这种思想正是儒家思想的主流观点。《孟子・滕文公上》指出："夫仁政，必自经界始。经界不正，井地不均，谷禄不平，是故暴君污吏必慢其经界。"[③]好的治国方略，是从界定土地产权开始的，这是实行仁政的前提。这样才能定纷止争，如《商君书・定分》所说："一兔走，百人逐之，非以兔可分以为百也，由名之未定也。夫卖兔者满市，而盗不敢取，由名分已定也。"[④] 因此，孟子强调，"民之为道也，有恒产者有恒心，无恒产者无恒心"。[⑤] 产权是市场经济的基石，在今天尤为重要。正因为如此，2016 年 11 月 27 日，中共中央国务院出台了《关于完善产权保护制度依法保护产权的意见》（以下简称《意见》），《意见》指出，产权制度是社会主义市场经济的基石，保护产权是坚持社会主义基本经济制度的必然要求。有恒产者有恒心，经济主体财产权的有

① 盛洪：《儒学的经济学解释》，中国经济出版社 2016 年版，第 222 页。

② 盛洪：《儒学的经济学解释》，中国经济出版社 2016 年版，第 215 页。

③《孟子・滕文公章句上》

④《商君书・定分》

⑤《孟子・滕文公章句上》

效保障和实现是经济社会持续健康发展的基础。当然，产权重要，公正界定产权更重要。这是荀子的贡献。荀子认为，人“力不若牛，走不若马，而牛马为用，何也。曰，人能群，彼不能群也。人何以能群？曰分。分何以能行？曰义。故义以分则合，和则一，一则多力，多力则强，强则胜物，故宫室可得而居也。故序四时，裁万物，兼利天下。无它故焉，得之分义也。故人生不能无群，群而无分则争，争则乱，乱则离，离则弱，弱则不能胜物，故宫室不可得而居也。不可少顷舍礼义之谓也”。[①]公正（义）界定产权（利益），是人们彼此尊重产权的关键，是人们经济合作和形成合理经济制度的基础。

2. 四民分业的分工思想

商品交换是在生产力发展到一定水平，有了社会分工和生产剩余后的产物。春秋战国时期市场经济有了长足发展，出现了中国历史上市场经济的第一次飞跃。与之相应，人们对社会分工及其经济发展的认识逐渐深入。《史记·货殖列传》：“农不出则乏其食，工不出则乏其事，商不出则三宝绝。”[②]《六韬·文韬》：“大农，大工，大商，谓之三宝。”[③]管仲认为，商是社会基本分工之一，在中国历史上第一次提出了“士农工商四民分业”的观念。他认为，商人对于国家而言，绝不是可有可无、无所作用的人，他们居不则乡，事不选主，买进卖出，谋利的同时使得商品得以流通，国家税收成倍增长，朝中上下的消费得到满足，君臣上下的关系因此融洽，贫民也因此有了更多就业机会。所以，管仲指出：“士农工商四民者，国之石民也。”[④]在这种观念下，“以粟易械器，以其械器易粟”，城乡的商品经济获得第一次飞跃性发展，城市间的商品交换更是占据主要地位，各国都城成为繁华之地。“临淄之途，车毂击，人肩摩，连衽成帷，

①《荀子·王制篇》

②《史记·货殖列传》

③《六韬·文韬》

④《管子·小匡》

举袂成幕，挥汗成雨，家敦而富，志高而扬”。[①]不仅如此，商品经济的发展还事关治国理政的大业，晏子认为：“民不迁，农不移，工贾不变，士不滥。”[②]士农工商各守常业，就能巩固统治。可见，商业作为一个重要的分工，其盛衰和国家强弱息息相关。

3. 物情之辩的供求规律和价值规律思想

春秋时期，私营工商业兴起，工商食官退居次要地位，市场经济得到飞跃性发展，人们对市场的规律有了一定认识。

一是对供求规律的认识。子贡被称为儒商鼻祖，孔子赞其“亿则屡中”，以至“结驷连骑，束帛之币以聘享诸侯，所至，国君无不分庭与之抗礼。夫使孔子名布扬于天下者，子贡先后之也”。[③]“君子之所以贵玉而贱珉者何也？为夫玉之少而珉之多邪”，[④]子贡意识到商品价格的升降和商品供给数量之间的关系，以此预测市场供求状况，贱买贵卖，转易取赢。范蠡运用计然之策，形成了“积著之理”，通过“知斗则修备，时用则知物”[⑤]，预测商品供求的长期变化，“旱则资舟，水则资车”，“论其有余不足，则知贵贱”，“贵上极则反贱，贱下极则反贵”，“贵出如粪土，贱取如珠玉”[⑥]，十九年三致千金。

二是对价值规律的认识。《孟子 · 滕文公上》：“夫物之不齐，物之情也；或相倍蓰，或相什百，或相千万。子比而同之，是乱天下也。巨屦小屦同贾，人岂为之哉？从许子之道，相率而为伪者也，恶能治国家？”商品的价格不一是由于商品的“情”不同造成的，“情”也就是“实”，是和“名”相对的。可见孟子是把商品的价格看成“名”，而认为它是由商品内在的“情”决定的。这个“情”，又是什么？有人说是使用价值，这

① 《战国策 · 齐策一》

② 《左传 · 昭公二十六年》

③ 《史记 · 货殖列传》

④ 《荀子 · 法行》

⑤ 同上

⑥ 同上

看来不是。孟子说："巨屦小屦同贾，人岂为之哉？"巨屦、小屦的差别，并非使用价值上的差别，因为大鞋、小鞋的使用价值是不可比的，可比的只是量上的差别，大小的差别。我们知道，这种差别是价值上的差别。孟子的这个论点，表明他已经触及商品的价值问题。这就比那种认为商品的价格是由供求决定的理论要深刻。当然，这个"情"，也就是价值是什么，孟子没有讲，他也不知道。马克思曾经指出："亚里士多德在商品的价值表现中发现了等同关系，正是在这里闪耀出他的天才的光辉。"[①]而孟子把商品的价格或价值看成是由商品内在的"情"决定的，并认为这种"情"有着倍蓰、什百、千万的通约关系，同样闪耀出他的天才的光辉。孟子和亚里士多德一样，由于他所生活的社会历史条件的限制，不可能发现成为通约关系的基础的东西由什么构成。但可贵的是，孟子强调，如果人为地强行统一物价，不允许价格随着物的"情"的不同而变化，就会造成"相率而为伪者也，恶能治国家"。可见孟子是非常重视合理价格在治国中的作用的。

4. 惠而不费的政府与市场关系思想

政府与市场的关系是市场经济的核心问题。春秋时期重商思想及其政策是主流。一方面，坚持市场配置资源的思想；另一方面，坚持和发展了政府对市场监管的思想。

一是坚持市场配置资源。孔子说："天何言哉？四时行焉，百物生焉，天何言哉！"[②]孔子用天不言，而四季照样运行、百物照样生长的现象作比喻，向学生阐释一切规律、法则皆无言而自化。由此观之，就经济发展而言也是如此。在绝大多数情况下，人们通过资源交换以互利，既有效配置了资源，又促进了大家的福利。对于儒家的这种观念，司马迁在《货殖列传》中进行了进一步的阐发："故待农而食之，虞而出之，工而成之，商而通之。此宁有政教发征期会哉？人各任其能，竭其力，以得所欲。故

① 《马克思恩格斯全集》第23卷，人民出版社1975年版，第75页。

② 《论语·阳货》

物贱之征贵，贵之征贱，各劝其业，乐其事，若水之趋下，日夜无休时，不召而自来，不求而民出之。岂非道之所符，而自然之验邪？”①当然，司马迁也并非自由放任主义者。所以，他也指出：“故善者因之，其次利道之，其次教诲之，其次整齐之，最下者与之争。”②这是说，掌权者最好顺应经济发展，由市场配置资源，听任人们从事追求利益的经济活动，不与民争利；但是，也要“利导之、教诲之、整齐之”，甚至要“严削之”。所谓“利导之”，就是在听任人们从事追求利益的活动的前提下，国家以一定的政治经济利益来引导人们从事某些经济活动。所谓“教诲之”，就是要采取说教的办法来引导人们从事某些经济活动。所谓“整齐之”，就是要由国家采取行政、法律手段，干预经济活动，对私人的经济活动加以调节和限制。而“严削之”，是因为“民倍本多巧，奸轨弄法，善人不能化，唯一切严削为能齐之”。③这是说，对于背弃根本，虚伪狡诈，以及从事违法活动获利的人，是不能依靠“教诲”的，只能采取措施严加管理。

二是政府监管市场的思想。第一，有效管理，惠而不费。孔子认为：“因民之利而利之，斯不亦惠而不费乎”。这是说，政府顺应人民追求利益的行为，不做过多的干预，百姓就可以得利，而政府就能惠而不费。当然，政府也要发挥其规范市场的积极作用。孔子为政，就曾整顿市场，禁止市场欺诈行为。“粥羔豚者弗饰贾”，就是其重要政绩。第二，轻徭薄赋，取消关税。《孔子家语》中说：“省力役，薄赋敛，则民富”④，主张将十二税率减为十一税。不仅如此，孔子反对置关收商税，认为置关收税为“不仁”。可见，孔子对商业并不轻视，对经商求利也是认可的。管仲、孟子等人基本上遵循了上述扶持商业的思想和政策。《孟子·公孙丑上》：“市廛而不征，法而不廛，则天下之商，皆悦而愿藏于其市矣。关，讥而不

① 《史记·货殖列传》
② 同上
③ 《史记·太史公自序》
④ 《孔子家语·贤君》

征，则天下之旅，皆悦而愿出于其路矣。耕者，助而不税，则天下之农，皆悦而愿耕于其野矣。”[①] 如此，“则无敌于天下。无敌于天下者，天吏也，然而不王者，未之有也。”[②] 管仲实行盐铁等重要资源产业的官营，在此基础上，设市场、铸钱币、修道路、设驿站、建宾舍、便关市、减赋税，吸引各国的客商。同时强化市场的有效监督，加强商品质量的制度监管。管仲的上述政策既有利于加强官营工商业，也大力发展私营工商业；既发挥市场配置资源的重要作用，也加强政府的宏观监管，促使齐国民富国强，并帮助齐桓公成就霸业。

（四）春秋战国时期有利于中华商道的政策制度

春秋战国时期，城市里有固定的交换场所，设官管理；市内列肆成行，分置商品归类；因民之利而利之，政府监管“惠而不费”；税赋方面，轻徭薄赋、取消关税；重视盐铁官营，但大力发展私营工商业；重视对外贸易，丝织品远销至波斯、印度和希腊。[③] 更为重要的是，一些诸侯国制定了促进商业发展的法律。如春秋时期郑国名相子产制定了保护商人利益的《质誓》，并将其镌刻在青铜器上。《质誓》是中国历史上第一部保护商家利益的法典。“尔无我叛，我无强贾，毋或丐夺。尔有利市宝贿，我勿与知”[④]，这是子产保护商人利益的名言，体现了政府对商业利益保护的坚决态度，有力地促进了郑国商业的发展。郑国多贾，乃至鼎盛。而“子产为相，市不豫贾”[⑤]，得以名传至今。甚至有人认为，《质誓》是保护私有财产的重要法典，其贡献不亚于《汉谟拉比法典》，它们都是今人研究市场经济法治化的重要史证。[⑥] 所以，当子产去世后，郑国商人如丧父母，

①《孟子·公孙丑章句上》

② 同上

③ 吴慧：《中国古代的商业》，中国经济出版社2010年版，第17页。

④《左传·韩昭公十六年》

⑤《史记·循吏列传》

⑥ 杞子兰：《子产：恪守中国的“汉谟拉比法典”》，《躬耕·天下豫商》2008年第7期。

哭之于市。[①]另外，值得一提的是，魏相李悝集诸国刑典而制作了《法经》，分盗、贼、囚、捕、杂、具六篇。这六篇就是六个方面的法律。“盗”律主要是关于财产保护的法律，贼律主要是关于人身安全的法律，囚捕两律主要是关于刑事诉讼和狱政的法律，杂律主要是关于治安、行政和等级制度的法律，具律主要是关于定罪量刑的轻重衡量的法律。《法经》是中国历史上第一部比较系统的成文法典。从秦汉至明清，以《法经》为基础，中国法律体系有许多变化和发展，形成了独具特色的、影响深远的中华法系。[②]当然，尽管《法经》提出了“不别亲疏，不殊贵贱，一断于法”的“法治”原则，但是，因为皇权凌驾于法律权威之上，治官之法与护官之法存在深刻矛盾，诸法合体导致法律之间内部不协调，量刑的随意性损害法律权威和稳定性，特别是法律没有基于人民的权利，更容易成为君主驭民之术，而非保护人民的权利的宣言书，最终走向人治。[③]

二、春秋战国时期儒商传统的形成

春秋战国时期，百花齐放、百家争鸣，儒家学说脱颖而出，形成了相应的儒家的济世伦理思想，赋予中国商业文明独特的精神气质，其人本观、义利观、诚信观、创新观、集体观、家国观，深刻影响了中国的商业伦理，并涌现出一批令世人高山仰止的儒商，其中的典范包括商圣子贡、商神范蠡、商祖白圭等。这些儒商灿若星辰，为后世所尊崇。

（一）商圣子贡：端木生涯

商圣就是子贡，后世又称子贡为儒商鼻祖。子贡，复姓端木，名赐，字子贡，是孔子最为得意的弟子之一，在《论语》中出现了38次。在《史记》中，司马迁惜墨如金，对亚圣孟子仅仅着墨215字，但用5 000

① 吴慧:《中国商业政策史》，社会科学文献出版社2014年版，第23页。

② 夏勇:《法治源流：东方与西方》，社会科学文献出版社2004年版，第172—173页。

③ 夏勇:《法治源流：东方与西方》，社会科学文献出版社2004年版，第177—178页。

余字来为子贡树碑立传。[①]后世君主不但祭祀子贡，还不断追加谥号。唐开元二十七年（739），追封子贡为“黎侯”；宋大中祥符二年（1009），加封子贡为“黎阳公”，后又改封为“黎公”。可见子贡的历史地位和影响。

如何来描述子贡呢？一句话，杰出的政治家、伟大的外交家和儒商鼻祖、商业之圣。

说他是杰出的政治家，真是名不虚传。尽管史籍上关于子贡从政情况着墨极少，没有记载他的政绩，更没有政绩大小多少的记录，但是，司马迁在《史记·仲尼弟子列传》中对子贡从政情况进行了描述。说子贡“常相鲁卫”，尽管寥寥几个字，但可以推测，他一定是执政有方，能富国强兵的人才。所以，才会被卫国和鲁国争相聘请来作丞相。

说他是伟大的外交家，更是令人叹服。据历史记载，子贡受孔子之托出使齐、吴、晋、越四国，以拯救父母之邦鲁国。子贡只是潇洒地到各国转了一下，跟几个国君喝了两三盅酒，聊了几句话，就这么简单，鲁国就解除了迫在眉睫的灾难。并且，子贡这么一转，就长久地改变了整个“国际”形势及历史进程。司马迁在《史记》中对此大加赞赏地说：“故子贡一出，存鲁，乱齐，破吴，强晋而霸越。子贡一使，使势相破，十年之中，五国各有变。”[②]子贡这一外交才能，纵观中外几千年的历史，还真的找不出更强的。当然，子贡还凭借其外交才能多次使孔子摆脱困境。

说他是儒商鼻祖、商业之圣，其来有自。这既来自子贡的经商天赋，更来自子贡对儒家“仁义礼智信”的遵循，把儒和商有机结合起来。对于他的经商天赋，孔子对子贡“亿则屡中”大加赞赏，说子贡善于把握供求规律，预测市场行情往往很准。关于儒商结合，子贡力行“己所不欲，勿施于人”，“己欲立而立人，己欲达而达人”，不仅坚持富而无骄，而且坚持富而好礼，为富当仁；不仅坚持“富与贵，人之所欲也”，而且坚持“不以其道得之，不处也”，做到君子爱财，取之有道；不仅坚持“诚者，

① 姜正成主编：《儒商鼻祖子贡》，中国财富出版社2015年版，第46页。

②《史记·仲尼弟子列传》

天之道”，而且坚持“诚之者，人之道”，做到诚信为本。正因为如此，子贡货殖多，家累千金，富比陶朱公。子贡到各国做买卖，往往“结驷连骑，束帛之币以聘诸侯，所至，国君无不分庭抗礼”。这就是说，他做买卖需要进见诸侯时，各国的君主都以平等的礼节来会见他，可见子贡的富有和声望达到了什么程度。但他“富而不骄”“富而好礼”，自己斥巨资，赎回一批鲁国奴隶，还拒绝了鲁国君主的奖赏。可见，子贡是一个“博施于民而能济众”的儒商。更可贵的是，子贡以商兴儒，用自己的财富支持了孔子的毕生事业，并广泛宣传孔子的学说。司马迁说：“夫使孔子名布于天下者，子贡先后之也。”这就是说，在传播儒家思想方面贡献最大的，当为子贡。子贡儒而商的形象是中国高层次商人所追求的榜样。子贡作为商圣，实至名归。

（二）商神范蠡：陶朱事业

有人说，范蠡拥有中华 5 000 年来最完美的人生。做官，两次官至极品，但都功成身退；经商，三致千金、三散千金，富而行德；晚年呢，儿孙满堂，88 岁无疾而终，真可谓人生无憾。后人赞誉范蠡说：“忠以为国，智以保身，商以致富，成名天下。”[①]

范蠡经商之所以成功，除了掌握“水则资车，旱则资舟”的待乏方法，除了善用“贱取如珠玉，贵出如粪土”的供求规律，更重要的在于范蠡以德行商、诚信经营。范蠡经商诚实不欺。传说范蠡发现有些心术不正的商人，卖东西时缺斤少两，克扣百姓。为杜绝奸商的恶行，范蠡在南斗六星和北斗七星之外，在秤杆头上加福、禄、寿三颗金星，使秤变为十六两为一斤。范蠡告诫商人，缺一两折福，缺二两折禄，缺三两折寿。这种镶嵌着良心印记的十六两秤，一用就是 2 000 多年。另外，范蠡指出，“积著之理，务完物，无息币，以物相贸易，腐败而食之货勿留，无敢居贵”。[②]这说明，范蠡极其重视货物质量，不买腐烂变质的食物，不谋求

① 韩永学：《浙商文化研究》，哈尔滨地图出版社 2007 年版，第 77 页。

②《史记 · 货殖列传》

暴利，只取十一利。当然，范蠡最令人称道的是他经商的人道。范蠡富而行其德，十九年之中，三致千金，三散千金，把财富都给那些贫困的百姓和乡亲。对于自己辛勤创造的财富，范蠡“三聚三散”，人称史上最早的裸捐企业家，而且是三次裸捐，成为后世佳话。

（三）商祖白圭：白圭仁术

白圭是士大夫出身，曾任魏国的丞相，后来下海经商，往来于中山、齐国，买卖丝漆谷物。白圭不仅是当时的著名商人，而且是范蠡之后最大的商业理论家，他提出了一套比较系统的经商之术，后世称为白圭仁术。司马迁称赞他是“治生之祖”。

白圭的经营为什么被赞誉为“仁术”呢？这要从他的经营原则说起。首先，白圭的经营原则是：人弃我取，人取我与。就是当商品供大于求时，价格下降时买进，但不是一再压价，从而减少了生产者的损失。而供小于求时，要及时卖出，而不是囤积居奇，减少了消费者损失。正因为这种“取予”之术，白圭的经营才被称为仁术。这应该是非常人道的儒商。

其次，白圭采用“欲长钱，取下谷”的经营策略，就是说，企业要想获得长期可持续发展，就要经营“下谷”这样的生活必需品，虽然利润较低，但是消费弹性小，成交量大，以多取胜，一样可以获取大利。同时，这也体现了以人为本的商道。此外，白圭“能薄饮食，忍嗜欲，节衣服，与用事僮仆同苦乐”，这同样备受后世称道。白圭与员工同甘共苦、节用爱人的品格，保证了劳资和谐，对于今天的企业家来说无疑具有借鉴意义。

最后，值得一提的是，白圭提出了商人的四个基本素质，即智、勇、仁、强。“智”就是通“权变”，要有灵活性。“勇”就是善“决断”，要当机立断，敢于冒险。“仁”就是前面所说的能“取予”，满足人们的需求，而不是谋取暴利。“强”就是能持守，有耐心和毅力，自强不息。智勇仁强成为后世衡量儒商的基本标准，为历代商人所推崇。

当然，除了“商圣”“商神”“商祖”这三位儒商，还有一些爱国商人，也被后世所尊崇，如郑国爱国商人弦高。当然，子贡、范蠡、白圭这三位更为人所熟知，他们对中国商人影响极大。“端木生涯”“陶朱事业”“白圭仁术”，为历代商人所乐道，为儒商所追求。

第二节 秦汉时期中华商道的潜行

秦汉魏晋南北朝时期，儒商发展相对沉寂，处于隐形发展时期。这一时期既没有出现像先秦子贡、范蠡、白圭那种杰出的代表人物，也没有形成群体性的儒商现象。在历史上流传下来、为后世所称道的“良贾”“义商”也不多。那么，是什么原因造成这种状况的呢？下面主要从思想和政策制度两个方面进行分析。

一、秦汉时期经济社会发展状况

秦汉是中国建立中央集权制度的前期。自秦统一中国后，经两汉时期，中央集权制的统一国家维持了近四个半世纪，尽管有重农抑商的思想及其政策，但由于农业个体经济这种新生产方式占据了支配地位，生产力水平有了极大提高，特别是大一统国家的建立，度量衡和文字的统一，为经济及工商业的发展打下了坚实的基础。

（一）秦王朝时期经济社会发展状况

秦始皇统一中国，结束了长期的战争，特别是中央集权制、郡县制的建立，以及相关的经济文化政策，有利于经济的恢复与发展。

一是强化个体农业经济的支配地位。战国时期经济社会发生了重大变革，各诸侯国通过一系列的改革，以一家一户为生产单位、男耕女织自给自足的农业个体经济占据支配地位。这种新的生产方式显示了极大的优越性，生产力水平有了极大提高。尽管战国时期频繁、剧烈的战争对生产的破坏十分严重，但是一旦社会稳定，环境宽松，经济就会较快恢复并发展起来。秦始皇大一统国家的建立，为这种新生产方式的恢复和发展提供了有利条件。这可以通过秦王朝粮食的丰裕和手工业的发达得以说明。秦王朝在不长的时期内积累了大量粮食，如在关中，“仓粟多”在陈留，“多积粟”。这些丰裕的粮食，有力地支持了后来的刘邦伐楚战争。事实上，秦的敖仓存粮如此之多，甚至到楚汉战争时尚且取之不尽。①另外，秦王朝的手工业已发展到相当高的水平。从秦王朝留下来的手工业品，如秦始皇陵园出土的铜车马，兵马俑坑的兵马俑，都可看出当时的冶铸业和制陶业具有极高的水平。秦国本来就多贾和大贾，大一统为商业的发展提供了良好的条件。战国时期的一些都会在新的条件下，恢复了过去的繁荣，同时，又产生了许多新都会。秦王朝的首都咸阳，不仅是全国的政治中心，而且也成为商业中心 。秦始皇“徙天下豪富于咸阳十二万户”。②咸阳成为富商大贾的麇集之所。③

二是实施个人土地所有权的法律保护。秦王朝在发展个体农业经济的基础上，进一步从法律上肯定和保护土地私有制，对推动经济发展起到了重要作用。公元前216年，秦始皇“使黔首自实田”④，在全国范围内承认百姓的土地所有权。对于新开垦的荒地可以永久占有，即“久并来田”。另外，给予到地广人稀之地的移民以优惠政策，如在一定时期免除徭役等。这对于经济的发展产生了积极作用。

三是制定有利于国家统一和经济交流的经济文化措施。“一法度衡石丈尺。车同轨。书同文字”，统一了法律、度量衡、车轨、文字。同时，还统一了货币。“秦兼天下，币为二等；黄金以溢为名，上币；铜钱质如周钱，文曰‘半两’，重如其文。而珠、玉、龟、贝、银锡之属为器饰宝藏，不为币，然各随时而轻重无常”。⑤另外，秦王朝还建造道路，修筑灵渠。

① 石世奇、郑学益主编：《中国古代经济思想史教程》，北京大学出版社 2008 年版，第 133—134 页。

②《史记 · 秦始皇本纪》

③ 翦伯赞：《中国史纲》第二卷，大孚出版社 1947 年版，第 47 页。转引自石世奇、郑学益主编：《中国古代经济思想史教程》，北京大学出版社 2008 年版，第 134 页。

④《史记 · 秦始皇本纪》

⑤《汉书 · 食货志》

所有这些，不仅有利于国家的统一，也有利于经济及其工商业的交流和发展。

总之，大一统国家的建立，特别是政治上的中央集权、郡县制的一体性，以及文官治国制度的确立（特别是察举制的实行），有效地解决了中央与地方、上层和基层的关系，强化了大一统的政治体；经济上，多种经济共存的网络式一体经济，形成笼罩全中华天下的经济交换网，特别是法律、度量衡和货币的统一，将中国有效地构建为一个持久的共同体[①]；文化上，书同文、行同伦，形成了文化的同一性和延续性，成为大一统最坚实的文化基因，有利于国家的统一和经济的发展，对后世产生了决定性影响。

但是，秦始皇统一天下不久，没过几年安定的生活，就开始欲壑难填：一是军事上大征伐，妄图统治更广大的地区；二是经济上大兴造，追求穷奢极欲的享受。为此，政治上专制独裁、严刑峻法、吏治刻深，人人自危；经济上赋敛过重、徭役过繁，民不聊生，甚至破坏了农业根基，致使民不堪受，揭竿而起，暴秦十四年而亡。

（二）汉朝时期经济社会发展状况

汉朝取代暴秦，重新统一了中国。但是，汉朝却是建立在一片废墟之上的，经济废弛，民生凋敝，以至于“人相食，死者过半”[②]。为此，汉初实行休养生息的政策，放松对经济的管控，民间可以铸币、开采山泽、经营盐铁，等等。但对于工商业，汉高祖仍是延续了秦朝的重农抑商政策，除了实行重税，还实行商人不得衣丝乘车、商人子孙不得为官的政策。但是，为了恢复和发展经济，西汉初期实行无为放任的经济政策，所谓抑商，仅仅偏重于在政治上抵制商人，经济上私营商业的限制十分有限。[③]所以，抑商政策实际上无法落实，几年之后成为一纸空文，仅剩下

① 许倬云：《中西文明的对照》，浙江人民出版社2016年版，第74—75页。

② 《汉书·食货志上》

③ 吴慧：《中国商业政策史》，社会科学文献出版社2014年版，第33页。

商人子孙不得为官这一条得以残存。[①]因此，在西汉初期，由于采取了有利于经济发展的措施，经济很快得到恢复，工商业得以发展，以至“汉兴，海内为一，开关梁，弛山泽之禁，是以富商大贾周流天下，交易之物莫不通，得其所欲”。[②]到了西汉末期，人口已达6 000万，三倍于战国时代，商品流通规模扩大是自然之事。[③]另外，汉朝还开创了举世闻名的丝绸之路，对外贸易发展强劲，为中西文明的交流创造了条件。

但是，东汉时期豪族当政，豪强地主大量兼并土地，自给自足的田庄兴起，削弱了商品经济。所以，尽管东汉的农业和手工业生产技术在某些方面比西汉有所提高，但总的看来，即使在全盛时期，其人口、垦地、粮食产量都没有超过西汉的最高水平。[④]而东汉末期，军阀割据，战乱不止，经济遭到破坏、城市被摧毁，工商业骤然衰落。虽然在三国、两晋时期有短暂的恢复，但其后南北朝的分裂、对峙，工商业发展受到严重打击。

二、秦汉时期中华商道潜行的思想原因

重农抑商的思想，是秦汉时期中华商道及其儒商潜行重要的原因。但是，在秦汉时期，相关的重农抑商政策都没有能够严格持久地实行下去。[⑤]秦国统一天下之前，商鞅实行变法，变法重点是重农抑商。秦始皇建立帝国，依然遵循了这一思想。当然，要指出的是，抑商并不是废商和轻商，而是抑商人存商业，退私商而进官商。[⑥]汉朝初期也实行重农抑商政策，但同样没能持续下去，没几年就“驰商贾之律”[⑦]。真正严厉的抑商

① 吴慧:《中国商业政策史》，社会科学文献出版社2014年版，第35页。

②《史记·货殖列传》

③ 吴慧:《中国古代商业》，中国经济出版社2010年版，第28页。

④ 吴慧:《中国古代商业》，中国经济出版社2010年版，第30—31页。

⑤ 石世奇、郑学益主编:《中国古代经济思想史教程》，北京大学出版社2008年版，第107页。

⑥ 吴慧:《中国商业政策史》，社会科学文献出版社2014年版，第30页。

⑦《资治通鉴·汉纪》

政策开始于汉武帝时期。

（一）秦王朝时期中华商道潜行的思想原因

秦汉时期的重农抑商思想是有其根据的。商鞅认为，富强是治国的目的，而富是强的基础，“国富者强”。[①]但是，只有重农才能富国。“壹之农，然后国家可富”。[②]集中力量搞农业，才能使国家富足。另外，商鞅还认为，秦国要长期实行农战政策，才能成就强国霸业，统一天下。而农是农战的基础。一是战争所需军粮和其他重要军用物资，都要农业来提供。二是农民占人口大多数，安土重迁，易于驱使，是兵员的基本来源。因此，如果农业凋敝，农民流散，战无以支撑，必然处于劣势，以致败亡。基于富强和农战的目的，商鞅把农业称为“本事”，而把工商业看成“末业”，提出“能事本而禁末者富”。[③]所谓事本禁末，就是勤于农耕，限制工商业的发展。禁，这里是限制之意，而不是禁止之意。事本禁末，国家才能富强，而从事农业生产者越多，国家就越富强。客观地说，这种认识符合当时的社会经济状况。[④]

事本可以富强，而逐末则会影响富强。商鞅认为，工商业的发展会诱使农民脱离农业，“怠于农战”。因为“商贾之可以富家，技艺之可以糊口”，农民“用力最苦而赢利少”，“则必避农”。[⑤]另外，商鞅还认为商会害农。因为，“食贱则农贫，钱重则商富”[⑥]，造成“农困而奸劝”。[⑦]

但是，需要强调的是，商鞅对商业的作用是肯定的。他认为，“农辟地，商致物，官法民”，并且“农、商、官，国之常官也”。这是说，商可以通有无，并且和农、官一起，是必需的职业。因此，商鞅并不是要禁

①《商君书·去强》

②《商君书·农战》

③《商君书·壹言》

④ 石世奇、郑学益主编:《中国古代经济思想史教程》，北京大学出版社 2008 年版，第 68 页。

⑤《商君书·农战》

⑥《商君书·外内》

⑦《商君书·去强》

止工商业，而是“令商贾、技巧之人无繁”[①]，即要限制工商业人数，尤其是要限制中小工商业者。

（二）汉王朝时期中华商道潜行的思想原因

汉朝时期，贾谊是重农抑商思想的代表。贾谊认为，重农抑末才能富安天下。对此，贾谊提出了积贮理论。贾谊认为，富安天下的“富”，就是指国家和个人储备较多的剩余产品，主要是粮食，这种储备就叫作“积贮”。“夫积贮者，天下之大命也”。[②]因此，国富而强，“苟粟多而财有余，何为而不成？以攻则取，以守则固，以战则胜。怀敌附远，何招而不至？”[③]至于民富，贾谊认为，“以末予民，民大贫，以本予民，民大富”。[④]所以，只有重农抑商才能国强民富。之所以末贫而抑商，是因为“背本而趋末，食者甚众，是天下之大残也”。[⑤]所以，贾谊是主张重农抑商的。另外，当时的现实令贾谊忧心忡忡。因为，“汉之为汉几四十年矣，公私之积尤可哀痛”，[⑥]国家和个人的储备都少得可怜。贾谊一则担忧百姓遇天灾，卖儿卖女；二则担忧国家遇兵旱之灾，无以为救。之所以出现这种现状，贾谊认为有两个原因。一个原因是上面所说的，背本趋末而食者众；还有一个原因就是奢侈之风日长。要解决奢侈之风，关键在于制定制度。“去淫奢之俗，行节俭之术，使车舆有度，衣服器械各有制数”。[⑦]

那么，如何改变当时背本趋末的情况呢？贾谊提出了两个重要的方法：一是驱民归农。这就要变无为政策为有为政策，实行国家强制干预，使“末技游食之民转而缘南亩”。二是控制货币。贾谊认为，改变“除盗铸令，使民放铸”的政策，就要实行“上收铜勿令布”的政策。贾谊认

①《商君书·外内》
②《论积贮疏》
③《汉书·食货志》
④《新书·瑰玮》
⑤《论积贮疏》
⑥ 同上
⑦《新书·瑰玮》

为，收紧民间铸币，不能简单地禁止民间铸币，而要控制铸币的材料，将铜收归国有，从而杜绝民间铸币。贾谊认为，国家控制货币，可以获得七福。这七福概括起来是三个方面：第一，可使货币稳定，有利于户籍秩序和等级制度的稳定，以及社会经济正常运行。第二，政府可以利用掌握的货币，调节物价，控制市场，并可直接从事商业经营活动，不仅可以调节供求，而且可以赢利，增加财政收入，打击商人的投机活动。第三，有利于利用经济手段与匈奴贵族作斗争。[①] 此后，贾谊的重农抑商思想成为西汉时期的主流思想，无为放任政策发生了逆转。

三、秦汉时期中华商道潜行的政策制度

秦汉时期实行的与重农抑商思想相对应的政策制度，尽管其效果不彰，而且无法持续，特别是汉武帝时期实行"罢黜百家，独尊儒术"政策，导致秦汉时期中华儒商和中华商道处于潜行状况。

（一）秦帝国时期的重农抑商政策及制度

具体来看，秦帝国时期的重农抑商政策及制度主要包括以下几方面：一是加强过去秦国发展个体农业经济的政策，承认农民的土地所有权，特别是对新开垦荒地的永久占有权。另外，对于向地广人稀地方的移民给予优待，在一定时期免除徭役。这些政策有利于农业发展。二是实行"上农除末"政策，在征收徭役上加重商人负担，并将六国的富商作为打击对象，迁徙到边远地区。但是，对于秦国本土的富商却给予照顾和荣誉。比如对从事畜牧业及商业经营的乌氏倮，令其"比封君，以时与列臣朝请"；对经营丹砂矿的巴寡妇清，"以为贞妇而客之，为筑女怀清台"。他们都是以富"礼抗万乘，名显天下"。[②] 这样看来，秦始皇对待富商并非是一概排斥的。他打击六国富商，可能更多的是从政治上考虑。但不可否认的

① 石世奇、郑学益主编：《中国古代经济思想史教程》，北京大学出版社 2008 年版，第 147 页。

②《史记 · 货殖列传》

是，秦帝国的重农抑商政策抑制了人数众多的小工商业者。[①] 三是加强官商。总体来看，秦朝时期对于商人和私商的态度是，排斥商人但不废除商业，排斥私商但不排斥官商，所以，采取的是抑商人而存商业、退私商而进官商的政策。在限制中小工商业的同时，加强官营商业的发展，甚至官营商业占据了主导地位。具体来看，第一，政府专门规定了"关市律"和"金布律"，对官营工商业现金收入严加管理。第二，扩大官营范围，从粮食、衣着、畜类到陶、木、铁器，官家都在经营。第三，继续实行廪衣廪食制度，对吃官饭人家加强管理。[②] 上述措施对中小工商业者排挤打击较大，但是，在官营工商业占据主导地位的同时，商品价高质次的问题也随之出现，成为不可避免的现象。[③]

（二）汉朝时期的重农抑商政策及其制度

秦灭汉兴后，汉高祖刘邦又发布了"贱商令"，规定商人"不得衣丝乘车"，"不得操兵器"，"子孙不得为吏"，并以"重税困辱之"。前面说过，在汉朝初期，这些抑商政策很难实行下去。到了汉武帝时期，为了抗击匈奴，甚至出现剥夺富商财富以充国库之需的情况，抑商政策才得以严厉执行。但是，正如前面说过的，汉武帝时期抑商人存商业，退私商而进官商，近因是为了筹措军费，抗击匈奴；远因则是为了打击富商大贾，抑制兼并。具体政策是：一是改变了汉前期的开放盐铁官营、铸币权给民间的经济放任主义，实行以盐铁专卖为核心的抑商政策。二是推行均输法和平准法。均输法是指，官府利用各地的贡赋收入作底本，进行某些大宗商品的地区间远程贩运贸易，以调剂物资余缺。平准法是指，由官府来吞吐物质，平抑物价。平准是调节商品价格，均输是调剂物质余缺。前者管理零售市场，后者掌管批发环节。两者相辅相成，互为基础，构成了统一体系。平准法和均输法的推行，在一定程度上打击了商人的投机和兼并活

① 石世奇、郑学益主编：《中国古代经济思想史教程》，北京大学出版社 2008 年版，第 135 页。

② 吴慧：《中国商业政策史》，社会科学文献出版社 2014 年版，第 31 页。

③ 同上

动，使富商大贾无所牟大利了。[①]

综上所述，因为思想观念和政策制度的原因，秦汉时期儒商的发展相对沉寂，处于潜行状态。这一时期既没有出现先秦时像子贡、范蠡、白圭那种杰出的代表人物，也没有形成群体性的儒商现象。尽管汉武帝“罢黜百家，独尊儒术”，儒学成为正统思想，备受推崇，士被列为四民之首，享尽尊荣，但是，商人被列为四民之末，成为社会底层，备受歧视。这样，儒与商成了社会荣辱的两极，两者的结合当然就非常困难了。因此，儒与商的分离，儒商的潜行就是必然的了。

但是，秦汉时期儒与商并非完全没有结合，中华商道及其儒商的发展也并非就此中断了，只不过处于潜行状态而已。汉武帝之后，儒学成为社会正统思想，经统治阶级的大力宣传与弘扬，逐步成为整个社会生活中的主导思想意识。由于儒家核心价值观与老百姓生活的一致性，它逐步成了老百姓自觉的生活准则和文化传统，自然也会对商人特别是中小商人产生很大影响，产生了一些运用儒家核心价值观指导自己经营的“良贾”“义商”。如司马迁在《货殖列传》中记载的“贤人致富者”：冶铁的卓氏、程郑、孔氏、曹邮氏，盐商刁间，粮商任氏，牧商无盐氏，等等。另外，《后汉书》所记载的“享有义声”的卜式、韩康、任暇等人，他们在商业经营活动中力求使自己的行为符合儒家的核心价值观，把义与利结合起来，贤而致富。中华商道在他们当中存续并发展着。

第三节　唐宋时期中华商道的发展

唐宋时期，由于国家统一，特别是生产关系的调整，促使生产力提高，我国古代中央集权社会进入了一个鼎盛时期，商品经济有了很大发展，这为唐宋时期中华商道的发展提供了难得的机遇。

① 吴慧:《中国商业政策史》，社会科学文献出版社 2014 年版，第 40—47 页。

一、唐宋时期经济社会发展状况

唐宋时期，特别是在宋代，由于国家政治成熟、经济繁荣、贸易昌盛，尤其是科技发达，开创了中国历史上伟大的商业革命，实现了中国古代商品经济发展的第二次飞跃。遗憾的是，这场商业革命和技术革命对中国产生的爆炸性影响，远远不如对西方产生的爆炸性影响，为16世纪的西方商业革命奠定了坚实的基础。[①]

（一）唐朝时期经济社会发展状况

隋唐终结了南北朝近360年的分裂局面，重新统一中国。此后三个多世纪，社会经济由恢复到发展，市场经济再次迈开前进的步伐。究其原因，除了国家统一，交通畅通，免除关税，币制健全，更重要的是生产关系的调整，促进了生产力的发展，扩大了商品流通的基础。唐朝初期实行均田制，大力扶植自耕农；同时，放松对手工业者的控制（无偿服役时间由过去的2个月减至20天），加上兴修水利，开垦荒地，改进工具，提高技术，农业和手工业生产有了较快增长。相应地，商业也加快了它的发展进程。[②]

到了盛唐之时，长安发展成为国际性商业都市。以唐都长安为中心，"东至宋（商丘）汴（开封），西至岐州（凤翔），夹路列店肆，待客酒馔丰溢。每店皆有驴，赁客乘，倏忽数十里，谓之驿驴。南至诣（江陵）襄（襄阳），北至太原、范阳（北京），西至蜀川、凉州（武威），皆有店肆，以供商旅，远适数千里，不持寸刃。"[③]另外，农业逐渐商业化，促进了国家和家庭内部生产的专业化，出现了专门以交换为目的的规模化商品生产，以及商品种类繁多的区域化和全国性的市场。[④]海外贸易繁荣，出现

① 斯塔夫里阿诺斯：《全球通史：从史前史到21世纪》，北京大学出版社2006年版，第260—267页。

② 吴慧：《中国古代商业》，中国经济出版社2010年版，第35页。

③ 吴慧：《中国古代商业》，中国经济出版社2010年版，第34页。

④ 万志英：《剑桥中国经济史：古代到19世纪》，崔传刚译，中国人民大学出版社2018年版，第194页。

了丝绸之路盛景，促进了东西方经济和文化交流，成为今天“一带一路”的基础。

（二）宋朝时期经济社会发展状况

宋朝是中国中央集权社会发展的中期。北宋王朝结束了五代十国群雄割据、军阀割据的局面，为经济社会的发展提供了有利的环境。尽管社会经济有曲折，但总还是呈现出上升的趋势，工商业也有长足的发展，并进入一个新的阶段。一是宋朝农业生产发展到新水平。农业发展主要变化是以下几个方面：耕地增加，耕作制度改进，生产技术进步，单位面积产量提高，以及经济作物种植面积扩大。二是手工业兴盛。农业的发展推动手工业的进步，矿冶、纺织、制瓷、造船、造纸等行业迅速发展。三是技术取得长足进步。除了著名的造纸、印刷术、火药和指南针这四大发明，还有造船、制瓷等技术的突破，中国的技术发展全面领先世界。斯塔夫里阿诺斯认为，从隋唐至宋元，在整整上千年时间里，中国始终居于世界领先地位。① 四是商业空前繁荣。北宋首都开封不仅是全国的政治中心，也是一个繁华的商业城市。开封以外的各地区还形成了许多商业发达的城市，特别是出现了以商业为主而不是以行政管理为中心的大城市。② 另外，中小城镇的贸易活动十分活跃，广大农村的集市也很普遍。由于工商业的发达，促进了货币的流通，出现了世界上最早的货币——交子。宋朝引爆了中国古代市场经济的第二次大飞跃。

二、唐宋时期中华商道发展的思想原因

国家统一，农业发展，技术进步，造就了发达的工商业，而经济和工商业发展的背后，有利于工商业发展的思想，是推动唐宋市场经济发展以及中华商道发展的重要因素。

---

① 斯塔夫里阿诺斯：《全球通史：从史前史到 21 世纪》，北京大学出版社 2006 年版，第 253 页。

② 斯塔夫里阿诺斯：《全球通史：从史前史到 21 世纪》，北京大学出版社 2006 年版，第 260 页。

（一）唐朝时期中华商道发展的思想原因

唐朝时期，随着商品经济在社会生活中作用的增强，人们对商业和商人的观念，也在逐步发生变化。此时，朝廷的抑商政策也在逐步宽松，人们的轻商观念也日趋淡化，儒与商、士与商的分隔不断被打破，相互间的转变和融合逐步变得普遍。一方面，商人通过各种途径和手段，进入官僚士大夫阶层，到武则天时期甚至出现了“富商豪贾，尽居缨冕之流”的情况；另一方面，士大夫经商也活跃起来，一些士子儒者也加入经商的行列。《旧唐书·高士廉卷》记载山东士族“曾贩卖木材以获利”，相国韦宙也以善于经商而闻名。

另外，唐朝时期，一些思想家主张大力发展工商业。如，刘晏重视商人的作用，将私商作为官商的助手和合作者，主张积极发展私营商业。如改革食盐由民制、官收、官运、官销的垄断体制，实行民制、官收、商运、商销的体制。白居易认为，农工商是不可缺少的经济分工，“谷帛者，生于农也；器用者，化于工也；财物者，通于商也”[①]，反对抑商，主张利商。

值得一提的是，唐代出现了一些著名的“义商”，宋清就是典型。宋清的事迹在《唐国史补》中有记载，大文豪柳宗元还专门写了一篇《宋清传》，可见宋清在当时的影响是很大的。宋清是长安的一位药商，他坚守药材货真价实，诚信不欺，更以“仁义”享誉当时。“人有义声，卖药宋清”传遍了整个长安城。宋清如何行义的呢？贫穷人家生病，来店买药付不起钱，可以打白条。到了年底呢，看实在无力支付，宋清就将白条一火焚之，不要了。不仅如此，宋清还急公好义，“人有急难，倾财救之”。大家可能会想，这样做药店岂不要关门大吉了。但是，宋清的“义”举并未影响他的利润收入，反而“岁计所入，利也百倍”。宋清可以说是“义利统一”的一个典型，既善于经营，又力行道义。所以，他义声遍于当时，流芳后世。

---

① 白居易：《策林·二十·平百货之价》

（二）宋朝时期中华商道发展的思想原因

宋朝时期，重本抑末的轻商观念更加淡化，甚至开始被怀疑和否定。一些著名的思想家，像叶适等人对抑商思想就提出了反对意见。叶适说："抑末厚本，非正论也。"苏轼等正统派也主张"农末具利"。理学大师朱熹甚至提出经商无害论，并以心学大师陆九渊家也曾做过买卖为例来说明经商无害。可见，当时人们的抑商轻商观念开始转化。

要指出的是，宋朝时期轻商观念之淡尤盛，还在于残酷的现实。当时一些士大夫开始从事经商活动，是因为"宋太祖乃收尽天下之利归于官"。这导致士大夫无以生存，只能兼做工商经营才能养家糊口。于是"货殖之事益急，商贾之事益重。非父兄先营事业于前，子弟则无由读书以致身通显……古者士之子恒为士，后世商之子方能为士"。[①] 可见，从宋代起，四民界限开始不那么明确，士而商、商而士的现象开始普遍出现，商人在服饰、户籍、人格、入仕等方面得到了尊重。

三、唐宋时期中华商道发展的政策制度

唐宋时期商品经济及其中华商道的发展，不仅得益于思想观念的变化，也得益于有利于工商业发展的政策及其制度。

（一）唐朝时期中华商道发展的政策制度

汉朝后，中国进入魏晋南北朝的长期分裂割据时期，国家的分裂、田庄经济的强化、税赋的实物化、税敛繁多以及逼遏商贾，严重阻碍市场经济的发展。隋唐一统天下，特别是唐朝采取了一系列有利于市场经济发展的政策和制度，几经波折的市场经济又得到一个向上发展的机会，呈现出空前繁荣的景象。这些政策和制度包括：⑴健全币制，免征关税。⑵实行均田制，扶植个体经济。⑶减轻劳役，放松对手工业者的控制。⑷兴修水利，畅通交通。⑸开垦荒地，改进工具，提高技术。⑹政府加强对商品质量、规格、度量、物价的市场监管，以及强化对市场管理者营私

① 沈垚：《落帆楼文集》，嘉业堂刻吴兴丛书本卷24。

舞弊的惩罚等措施。上述措施，促进了农业、手工业的发展，相应地也加快了市场经济的发展，同时也促进了国际贸易的发展，甚至产生了便利交易的“飞钱”这一早期汇兑制度。

有利的商业政策制度促进了唐朝商品经济的发展。盛唐之时，长安发展成为国际性商业都市，“重装富贾，周流天下，道无不通”的盛况复见于大唐。另外，农业渐进商业化，促进了国家和家庭内部生产的专业化，出现了专门以交换为目的的规模化商品生产，以及商品种类繁多的区域化和全国性的市场。[①] 海外贸易繁荣，出现了丝绸之路的盛景，促进了东西方经济和文化交流。

但是，唐中叶以后，土地兼并日炽，均田制遭到破坏，租庸调制崩溃，田庄经济日兴，加上安史之乱，市场经济凋敝。唐朝后期实行两税法，有利于市场经济发展，但藩镇割据，特别是均田制、租庸调制崩溃，复征关税，以及病商政策层出不穷，市场经济发展受到极大限制。

（二）宋朝时期中华商道发展的政策制度

北宋王朝的建立，结束了五代十国的分裂局面，虽因辽和西夏的对峙，全国并未统一，但是在 100 多年内，中国社会相对稳定，劳动力增多，生产经验积累，自耕农增加，商品性农业扩大，手工业更加兴盛，为市场经济新的飞跃创造了必要条件。此外，政府实行了一系列利商政策和制度，使得市场经济发展到一个新阶段。这些政策和制度包括：⑴ 采用“和雇”“招募”政策，减少对手工业的束缚。⑵ 劳役货币化，提高农产品的商品化。⑶ 减免税赋，行“恤商”之政。⑷ 取消坊市分设，突破唐代对商业活动地点、时间的限制。⑸ 宋代商人不论在服饰穿着上，还是在户籍编制上，都从根本上突破了传统束缚和限制，获得了人格尊严。特别是宋代商人开始享有入仕资格，这成为社会地位提高的最显著体现。尽管这些挤进仕途的商人大部分是财势雄厚的大商人，而中小商

① 万志英：《剑桥中国经济史：古代到 19 世纪》，崔传刚译，中国人民大学出版社 2018 年版，第 194 页。

人一般很难挤进仕途，但是中小商人的经商活动受到政府的鼓励和支持，同样体现了社会地位的提高。[①](6)尊重私人合同的效力，保护私人的产权。[②]

宋朝的利商政策及其制度技术进步和商业革命。[③]宋代市场活跃，买卖通宵达旦，庙市、百货市场等专业性市场大大发展起来，摊贩、沿街叫卖货郎活跃于市场，《清明上河图》就生动刻画了这种繁荣的景象。对于世界而言，宋代的科技发明是世界文明史上最令人震撼的事件。1620年，英国哲学家弗朗西斯·培根写道：印刷术、火药（宋代进一步改进了火药）和指南针，首先在文学方面，其次在战争方面，再次在航海方面，改变了世界许多事物的面貌和样态，并由此产生无数变化，以致似乎没有任何帝国、任何派别、任何名人，能比这些技术发明对人类事务产生更大的动力和影响。[④]斯塔夫里阿诺斯更是明确地指出，中世纪主要的技术发明大多数出自中国。但遗憾的是，不像在西方，商业革命和技术进步都未能给中国带来彻底改变社会的革命性影响。[⑤]这些科技为16世纪西方的兴起和全面领先世界、殖民世界创造了重要条件。另外，由于指南针、带有可调中心垂直升降板的平底船，以及代替竹帆的布帆等航海技术的发展，国际贸易获得长足发展，海上丝绸之路开辟，开放的港口贸易从南向北发展。中国人大规模从事海外贸易，不再依靠外国中间商。同时，出口的商品大多是制成品，进口的商品则多半是原材料。冶铁中心佛山、陶瓷中心景德镇、商贸中心汉口和朱仙镇等数十座以商业为主的大城市崛起。[⑥]这

① 郑颖慧:《论宋代商品经济的新发展》,《保定学院学报》2009年第5期。

② 万志英:《剑桥中国经济史：古代到19世纪》，崔传刚译，中国人民大学出版社2018年版，第230页。

③ 费正清、赖肖尔:《中国：传统与变革》，陈仲丹译，江苏人民出版社1992年版，第438页。

④ 斯塔夫里阿诺斯:《全球通史：从史前史到21世纪》，北京大学出版社2006年版，第203—204页。

⑤ 斯塔夫里阿诺斯:《全球通史：从史前史到21世纪》，北京大学出版社2006年版，第266页。

⑥ 许倬云:《中西文明的对照》，浙江人民出版社2016年版，第123页。

是一场对整个欧亚大陆有着重大意义的商业文明事件。[①]“宋朝经济的大发展，特别是商业方面的发展，或许可以恰当地称为中国的‘商业革命’。这一迅速发展使中国经济发展水平显然高于以前，并产生出直至19世纪在许多方面保持不变的经济和社会模式”。[②]南宋时期行业多达440个，商品种类繁多，绝大多数是日用必需品。商业已开始改变其为少数人服务的狭隘性，这是宋代市场经济发展的一个进步表现。由于市场经济的繁荣，宋代的金银匠、钱商、当铺老板，以及茶引、盐引等汇票和商业票据的交易兴盛起来[③]，还创行了世界上最早的纸币——交子。

但是，南宋后期统治者加重剥削，阻碍了社会生产和商品经济的进一步发展。尽管南宋统治地区不到北宋的三分之二，但朝廷的剥削收入却相当于或超出了北宋，特别是从商业方面以及通过商业方式掠夺来的货币收入，成为南宋政府财政收入猛增的主要因素。具体盘剥手段有：一是苛捐杂税多如牛毛。南宋后期，纲纪紊乱，商税苛繁，衣食住行无所不征，正税之外，连行人穿的衣服、背的行囊，空回的船、食用的米菜，都要征税，甚至私设税场，随意加税，民不聊生。[④]二是扩大商品专利范围。除了传统的盐、酒专利，又增加了茶、矾、香税，实行专卖制度，苛征商税，且屡次调高税率。另外，货物交易、金钱出纳要加征经制钱、总制钱等附加税。商税苛繁，税场成为“法场”。[⑤]三是和籴、和买的剥削。和籴、和买本来都是官家通过商业方式从农民手中购买，但这时却变成不出钱的赋税，给农民加上了沉重的负担。四是滥发纸币引发严重通货膨胀。北宋出现交子纸币，仅在部分地区使用；但南宋时期，出现了淮交、川

① 斯塔夫里阿诺斯：《全球通史：从史前史到21世纪》，北京大学出版社2006年版，第260—261页。

② 费正清、赖肖尔：《中国：传统与变革》，陈仲丹译，江苏人民出版社1992年版，第438页。

③ 万志英：《剑桥中国经济史：古代到19世纪》，崔传刚译，中国人民大学出版社2018年版，第229页。

④ 吴慧：《中国商业政策史》，社会科学文献出版社2014年版，第128—130页。

⑤ 吴慧：《中国古代商业》，中国经济出版社2010年版，第54页。

引、会子等纸币，并在各地广泛流通。为了弥补财政亏空，官府不备本钱，滥发纸币，且无法兑现，造成严重的通货膨胀。更为严重的是，通货膨胀导致币值下跌，物价上涨，财政收入虚增，赤字无法平衡，结果就再发纸币，物价再涨，形成通货膨胀的恶性循环，使农民、工匠、小商人生活困顿。社会经济陷入崩溃的绝境，腐朽的南宋政权到了覆亡的地步。[①]

第四节　元朝时期中华商道的被抑制

元朝时期蒙古人入主中原，起初对农耕文明并无特别深厚的感情，在政策上也没有重农抑商思想的束缚。由于发展商业比发展农业能带来更多财政收入，元朝统治者采取鼓励发展商业的政策，元代重商风气超过历代。但是，元朝的民族歧视思想及其政策制度，以及官府和特权商人对商业的垄断，摧毁了元朝的经济基础和社会根据，抑制了中华商道的发展，最终被农民革命埋葬。

一、元朝时期经济生活发展状况

蒙古人依靠强大的军事力量，公元1234年灭金，1279灭南宋，统一了中国，建立了元朝。元朝初期，蒙古人固守落后的生产方式，毁田放牧；后来接受许衡、卢世荣等人的建议，采纳中原先进的经济、文化和政治制度，[②]逐渐恢复了农业生产，发展了庞大的手工业，开辟了由国内以至中亚的陆路交通，疏凿了由大都至杭州全长3 400余里[③]的大运河。按理说，这为元朝商业发展提供空前有利的条件，但实际上这一时期的工商业发展却是畸形的，与南宋相比非但没有发展，反而出现了倒退。究其原因，一

① 吴慧：《中国商业政策史》，社会科学文献出版社2014年版，第130—135页。

② 石世奇、郑学益主编：《中国古代经济思想史教程》，北京大学出版社2008年版，第289—290页。

③ 里为非法定计量单位，1里=500米。——编者注

是元朝的商业主要是为统治阶级穷奢极欲和谋取暴利服务的。各个城市里奢侈品商业特别繁荣，同一般人民关系较大的商业则呈逆转趋势。奢侈品供需市场有限，一方面出口国内的奢侈品，另一方面则要进口国外的珍奇物品，以满足统治阶级的需要，导致国外贸易领先于国内贸易，形成了内外贸易跛行状态。二是滥发纸币，造成物价飞涨，通货膨胀严重。三是元朝政府为了敛财，加强对主要商品的专卖专利；同时，对非专卖商品和私人经营的商业课以重税。四是元朝政府给予色目商人特权，垄断商利，操纵市场，汉族商人备受排挤和限制。上述原因导致了元朝商品经济的畸形和倒退。

二、元朝时期中华商道被抑制的思想原因

元朝为什么还会抑制儒商的发展呢？究其原因在于民族歧视思想及其政策。元朝统治者歧视汉人，认为“汉人无补于国”[①]，不信任汉族士大夫阶层，这抑制了士人的发展，从而抑制了儒商的发展。同时，元朝统治者赋予色目人特权，把持和垄断商业，通过专卖政策控制国内贸易，民生日用必需品，从盐茶酒醋到农具竹木无不插手经营；对非专卖商品、私人经营的商业，也都课以重税，使得正当商人断绝生计，生产者弃家逃亡，从而不断加速社会矛盾的尖锐化，最终导致朱元璋依靠农民革命，推翻了残暴的元朝的统治。[②]

三、元朝时期中华商道被抑制的政策制度原因

元朝时期的主要经济政策和制度大都不利于市场经济的发展，极大地抑制了中华儒商及其中华商道的发展。这些政策制度具体如下：(1) 掳掠、拘役大量手工业者，官府和贵族的作坊垄断和控制重要的生产部门，民间手工业发展受到极大限制。(2) 赋予色目人特权，操控商品流通。(3)

① 《元史 · 耶律楚材传》

② 吴慧：《中国商业政策史》，社会科学文献出版社 2014 年版，第 136 页。

加强商品专卖制度，所有公私冶铁鼓铸统统由官府专卖。(4) 实行扑买法，随意增税。(5) 滥发纸币，物重币轻，公私俱弊。(6) 任意增加税种税额，以至“税人白骨”。在上述经济政策和制度下，元朝的市场经济出现大幅度倒退。只有金银珠翠等奢侈品和高档手工品充斥市场，供统治阶级消费和国际商人转贩。但大都的经营以及漕运的开凿，便利了明清两代市场经济的发展。[①]

第五节　明清时期中华商道的兴盛

明清时期，是中国中央集权制大一统国家发展的末期。明朝在经历了经济恢复与发展的前期后，明中叶到清中叶，迎来了社会经济的进一步发展，市场经济随之进入一个更高的发展阶段，继春秋时期、唐宋时期之后，出现了中国历史上市场经济发展的第三次飞跃。相应地，明清时期是中华商道及其儒商兴旺发达时期。大批儒士纷纷“弃儒就贾”，投身商业。他们“以儒术饰贾事”，“用儒意以通积聚之理”，把儒家文化精神与商业经营法则结合起来，形成了独具特色的商业经营风格，取得了卓越的商业成就。这一时期，商人地位上升，商人道德感提升，儒商意识增强，儒商群体形成，浸润着中华商道精神的十大商帮粉墨登场，特别是商业资本及其自由雇佣制度的出现，标志着在旧制度的内部出现了资本主义新制度的萌芽。

一、明清时期经济社会发展状况

明清时期是我国商品经济以更大规模向前发展的时期，逐渐形成了全国性的商品流通网络，商人资本开始进入生产领域，对生产过程进行直接控制。商业资本与产业资本相结合，资本主义生产方式开始萌芽，出现了中国古代市场经济发展的第三次飞跃。相应地，儒商兴盛，出现了“士与农商常相混”的局面，形成了一些著名的“商帮”，如徽商、晋商、陕

① 吴慧:《中国古代商业》，中国经济出版社 2010 年版，第 55—56 页。

商、浙商等著名的十大商帮。这些商帮纵横全国，促成了商人群体的形成，有利于国内统一市场的形成和商人的自由发展。

具体来看，明清儒商之所以兴盛，存在着经济社会方面的现实原因。一是科学技术的发展。一些新的科学技术开始运用，生产力有了很大的提高，产品不断丰富，这为商业兴起提供了前提。一个典型的例子就是先进纺织技术的推广。自黄道婆向中原地区推广先进的纺织技术，中原地区纺织水平大为提高，棉纺织制品大量增加，刺激了贩运商人的大量涌现。随着商品贸易的不断繁荣，商人财富也在不断地增加，“资本二三十万的还只算中等商人，多的竟达百万，至于富达千万者也不是个别的”。[①]巨商大贾的社会示范效应，商业利润的巨大诱惑，促使社会上经商的人越来越多。明朝中叶以后，全国上下都生活在一种经商致富的氛围之中，上至皇亲贵戚下至贩夫走卒无不热衷经商致富，就连皇帝都向往商人生活。明朝正德皇帝在北京、临清等地开设许多商铺，自己还装扮成商人在店中与人讨价还价，体验商业活动。官僚、士大夫经商更是比比皆是。“民之贾十三，而官之贾十七，近而广之十郡，远而东西两洋，无不有也”。[②]军人也不甘落后，非法经商，农民也“多去本求末，以商贩为利”。山西“民多商贾”，江南地区“吴民不置田亩，而居货招财”。总之，当时全国上下一派经商风气，经商逐利成为一股时代潮流。在商品大潮的冲击下，在商业厚利的引诱下，一些儒士也不再甘守清贫寂寞，转而投身于商品经济大潮之中。

二是制造业的兴盛。明朝时期，诸如纺织、冶炼、制陶等制造业加工，技艺提升，推动商品经济的发展。就纺织业而言，官方纺织业分布全国，同时民间纺织业竞相发展。以苏州盛泽镇为例，大家小户，人为杼轴，“以其工巧”“衣被天下”。同时，各地均有其特产纺织品，而且分类众多，有丝、绢、绫、罗、绸、缎、锦、绒、纱……，单在“罗”这一

① 胡寄窗:《中国经济思想史》，上海人民出版社 1981 年版，第 314 页。

② 屈大均:《广东新语》卷九。

类，即可有五六十种专项产品。各以地易，成为专业的产品。同样，冶炼业也极其发达。当时已经使用了竖炉熔炼、焦煤生产以及世界上功率最佳的大型风箱助力。[①]令人赞叹的是，明朝发达的生产制造业及其工艺水平，都记载在《农政全书》《天工开物》等著作中，成为明朝制造业兴盛的最好证明。对此，许倬云指出："综合观察明代中国的工艺水平，盱视当时的其他文明。"[②]

三是明清科举之路越走越窄。明中叶后，人口不断增多，相应读书的人数也在不断递增。"据统计，明朝初年全国生员有3万人，到了明朝末期生员则达50万之众"。[③]与生员不断增加相冲突的是，科举选拔官员的名额却没有增加，读书人考中举人、进士的机会越来越小。大批读书人屡试不中，考生越积越多。面对仕途的渺茫，一批读书人迫于生计，开始放弃科举，步入商业领域。相对于仕途的难进，从商就相对容易获得成功，"士而成功者十之一，贾而成功者十之九"。科举做官道路难以走通，而经商致富之路宽广宜行。另外，这一时期抑商政策基本废置，专卖制度范围已经很窄，加上虽儒而贾，但贾而好儒，"非惟良贾，亦且良士"，商人道德提升，地位上升，所以明清社会就出现儒士"弃儒就贾"的现象。

二、明清时期中华商道兴盛的思想原因

明清时期中华商道及其十大商帮的兴盛，除了经济社会的原因，关键在于"士商"观念发生深刻变化。明代大儒王阳明提出了"四民异业而同道"的思想。[④]另外，明朝的王献芝提出"士商异术而同志"的观点。[⑤]

① 许倬云：《万古江河：中国历史文化的转折与开展》，湖南人民出版社2017年版，第347—352页。

② 许倬云：《万古江河：中国历史文化的转折与开展》，湖南人民出版社2017年版，第353页。

③ 林大雄：《传统中国商人的文化洞察》，海天出版社1993年版，第27页。

④ 王阳明：《阳明全书》卷二十五

⑤ 王献芝：《休宁汪氏统宗谱》卷一一六，《弘号南山行状》。

而清朝颜李学派的王源更是重本而不轻末，并以此为基础，提出在政府六部中设立商部机构，统一管理全国商业事务。[①] 上述思想观念的变迁，对儒和商的结合产生了积极影响和推进作用。

（一）明朝时期中华商道兴盛的思想原因

明朝时期，人们对市场经济和商人认识更加深刻，超越前人的认识。王阳明提出了“四民异业而同道”的思想，而丘浚更进一步，不再从四民分业的角度看待商业，直接提出“民自为市”的思想[②]，反对政府直接经营或者控制工商业，与民争利。丘浚认为，私人之间的市场自由竞争，就能使商品的价格、数量得到合理调节。他指出，“民自为市，则物之良恶，钱之多少，易以通融，准折取舍”，“其价自然不甚贵”[③]，根本不需要人为地干预市场、平抑物价。他强调，包括盐在内的绝大多数商品要听任“民自为市”，允许私人自由经营。另外，丘浚认为，民自为市要与政府的适当调控相结合。私人自由经营，并不意味着对整个市场经济听之任之。尽管绝大多数商品可以放开经营，准许私商自由经营和竞争，听其自发调节，但谷物要有政府控制和掌握，以稳定和调节粮食价格。[④]

黄宗羲也超越了原来的社会分工观点，反对工商为末的观点，提出工商皆本的思想，相比前人更有理论高度。“夫工固圣王之所欲来，商又使其愿出于途者，盖皆本也”。[⑤] 他认为，国民经济各部门之间存在着有机联系，本来就不存在何谓本、何谓末的问题。本末不应该按农业和工商业来区分，而应该按某个行业是否有利于社会财富的增长来划分，凡是有利于社会财富增长的生产和流通，都是本业；反之，浪费和耗损社会财富的行业都是末业。

对于如何利商，丘浚、黄宗羲提出了自己的观点。丘浚认为，“谷于

① 李塨：《〈平书〉订》卷十一。

② 丘浚：《大学衍义补》卷二十五，《市籴之令》。

③ 同上

④ 石世奇、郑学益主编：《中国古代经济思想史教程》，北京大学出版社 2008 年版，第 394 页。

⑤《明夷待访录 · 田制三》

人为最急之物，而不可一日无者”[①]，并且各种商品的价格“恒以米谷为本”。因此，为了使民自为市的活动顺利进行，国家必须从三个方面来保障粮价稳定：⑴根据谷物生产的丰歉情况，政府运用轻重敛散之术调节市场供求，实现“米价常平”。⑵建立谷物价格上报制度，以便政府及时了解谷物价格及其在各地的动态，可以随时采取措施，在各地调剂盈虚，平抑谷价。⑶国家要控制货币流通量，协调货币投放于谷物供求之间的关系。“务必使钱常不多余，谷常不至于不给”[②]，货币的供应量与粮食供求相适应了，就不会造成粮价过大波动，使“其价常平”。黄宗羲认为要界定浪费和损耗社会财富的末业，把奢侈品和有害物品行业视为末业。此外，反对田税之外的税收，即使是田税，也必须减税，按十一税率征税。[③]

（二）清朝时期中华商道发展的思想原因

清朝时期人们对市场经济和商人的认识继续深化。唐甄认为，商品生产和流通具有创富作用，不再是农村自然经济组成部分的副业，而是“操一金之也，可致白金之利”的商品生产、专业经营。[④]之所以能一本百利，是因为这种生产是通过市场服务于社会的生产，“此藉一室之富可为百室养者也”。[⑤]有些商品生产者或雇佣十余人、或雇佣百余人进行生产，明显是资本主义性质的工场手工业主。王源认为，民分为士、农、军、商、工，一改将商居于末的传统，既反映他的重商倾向，也反映了当时商的社会和经济地位的提高。不仅如此，王源将商与农相提并论。“嗟夫，重本抑末之说固然，然本宜重，末亦不可轻。假令天下有农而无商，尚可以为国乎”？[⑥]将农商同视为立国之本。重商是王源经济思想的一大特色。

① 丘浚：《大学衍义补》卷二十五，《市籴之令》。

② 丘浚：《大学衍义补》卷二十六，《铜楮之币上》。

③ 石世奇、郑学益主编：《中国古代经济思想史教程》，北京大学出版社2008年版，第421页。

④ 唐甄：《潜书》下篇，《富民》。

⑤ 同上

⑥ 李塨：《〈平书〉订》卷十一。

至于如何利商，唐甄认为，要听民自利，即市场调节是利商富民的根本途径。他认为财富的产生和增殖是一个自然而然的过程。“海内之财，无土不产，无人不生，岁月不计而自足，贫富不谋而相资”[①]，这一过程不需要国家插手。国家应该做的，就是听任这一过程的自然进行。因为，“圣人无生财之术，因其自然之利而无以扰之，而财不可胜用矣”[②]。俨然是斯密之“看不见的手”在发挥作用。当然，王源非常重视政府的利商政策：⑴ 革除就货物征收过往关税的重税，实行以资本的盈利额征收商税，且仅对盐、茶、酒等少数商品实行按物征税的制度。⑵ 政府要重视商业，加强对商业的管理和保护，设立专管商业的“大司均”。[③]

三、明清时期中华商道兴盛的政策制度

明清时期，出现了中国古代市场经济发展的第三次飞跃，推动了中华商道的兴盛，除了思想观念上的进步，关键还在于实行了有利于经济发展的相应政策制度。

（一）明朝时期有利于中华商道兴盛的政策制度

明朝建立后，面对凋敝的经济，采取了一系列有利于传统农业经济以及市场经济恢复发展的政策和制度。具体有以下几方面：第一，实行短期轮班服役，很大程度上恢复了手工业者的自由身份，有利于商品生产。第二，准许民间开矿冶炼，民矿生产蓬勃发展。第三，减轻商税为三十税一，增加免税品种。第四，裁撤税局十之有九，禁止向商人低价抑买官府所需商品。第五，设立官营仓库，供外来商人储货。第六，实行开中法，以利于商品流通的发展。第七，田赋货币化，扩大交换关系，有利于农产品商品化。[④]

---

① 唐甄：《潜书》下篇，《富民》。

② 同上

③ 石世奇、郑学益主编：《中国古代经济思想史教程》，北京大学出版社 2008 年版，第 442—444 页。

④ 吴慧：《中国古代商业》，中国经济出版社 2010 年版，第 66—69 页。

上述政策和制度，带来了明前期至宣德景泰时期市场经济的繁荣。特别是郑和七下西洋，促进了国际贸易进一步发展。随着商品贸易的不断繁荣，商人财富也在不断地增加，出现了富豪聚集之地。“富室之称雄者，江南则推新安，江北则推山右。新安大贾，鱼盐为业，藏镪有至百万者，其他二三十万，则中贾耳。山右或盐，或丝，或转贩，或窖粟，其富甚于新安”。[①]“平阳、泽、潞，豪商大贾甲天下，非数十万不称富”。[②]商业的繁荣及其财富的增长，吸引着各个阶层的人们竞相追逐于经商致富。官僚、士大夫也热衷于此。归有光说，徽州地区，“虽士大夫之家，各以畜贾游于四方”；黄省曾也指出，“至今吴中缙绅大夫，多以货殖为急，若京师官店，六郭开行债典，兴贩盐酤，其术倍于齐民”[③]对农民而言，因田少、税重，转而经商者日多。“自四五十年来（指正德、嘉靖年间）赋税日重，民命不堪，遂皆迁业，……昔日逐末者之人尚少，今去农而改业为工商者，三倍于前矣”[④]以至“富者皆弃本逐末，各以服贾起家”。[⑤]原先种地的农民也纷纷离开土地外出经商。山西“民多商贾”，江南地区“吴民不置田亩，而居货招财”，出现了商业资本投资于生产的现象，形成了商人与生产者之间的自由雇佣关系，出现了资本主义的萌芽。但是，明朝万历皇帝的中晚期，贪得无厌的统治者加紧了对商业的掠夺，遍设栏卡，重捐叠税，横征暴敛。结果是行旅艰难，市井萧条，机户改业，“佣工无所趋食”，特别是公元1433年的海禁政策，沉重打击了发展中的资本主义性质的市场经济，使新生的资本主义萌芽受到摧残。[⑥]

（二）清朝时期有利于中华商道兴盛的政策制度

清朝前期政权不稳，特别是为了防范郑成功的抗清力量，实行了严

① 谢肇淛：《五杂俎》卷四。

② 沈思孝：《晋录》。

③ 归有光：《震川先生集》卷十三，《白庵程翁八十寿序》。

④ 何良俊：《四友斋丛说摘抄》卷三，《纪录汇编》卷十六。

⑤ 《同州府志》卷二十一，《风俗》。

⑥ 斯塔夫里阿诺斯：《全球通史：从史前史到21世纪》，北京大学出版社2006年版，第267页。

厉的海禁政策和制造沿海无人区的迁界措施。同时，清朝慑于聚众而引发抗清运动，封禁矿山，限制东南城市丝织业发展，监视织工和市民活动，等等。这些政策使市场经济恢复缓慢，到康熙中期发展也还很有限。白银短缺，并因海禁恶化，致使流通中货币不足，物价下跌，市场疲软，交易死滞，给市场经济的发展带来消极影响。[①]清朝政权稳固后，采取了一系列政策，推动了市场经济的发展。第一，开放海禁，停止迁界。第二，解除丝织业对于织机的限制，并减轻其税额。第三，实行摊丁入亩政策，赋税和地租货币化。第四，缩小官营手工业，民间丝织业、制瓷业等手工业发展迅速。第五，减免商税，鼓励粮食跨省贸易。第六，解除矿禁，白银供应得以增加。第七，发展对外贸易，低价白银大量流入，完全扭转通货不足的状况。种种有利的政策和制度的实行，促使市场经济迅猛发展，特别是赋税和地租的货币化，将农产品商品化推向了一个新的高度。这一时期，人口暴增至三亿之多，粮食生产远超明朝鼎盛时期，丝绸、蔗糖、茶叶远销海外，与此相应的古代市场经济也进入它的黄金时代。[②]清朝诗人赵翼在《风气》中咏赞："城多新样髻，窖有不时蔬。饮坊喧夜肆，游舫泛春渠。翡翠镶花钿，玻璃嵌绮疏。厨羹穷雉兔，灯事舞龙鱼。"[③]更重要的是，商业资本在地区上、行业上、商业上与生产结合的形式上都比明朝有所发展，一度夭折的资本主义萌芽重新茁壮成长起来。

但是，到了乾隆六十年（1795），也就是乾隆后期，盛世衰微迹象已显，中国文化活力枯竭，经济实力不进反退。嘉庆、道光年间，国力捉襟见肘，官吏贪渎，治理绩效极差。[④]经济上的表现是财政收不抵支，剥削苛重，税赋增加，农民生活更加困苦，购买力萎缩，商品量减少。同时，清政府加强对矿业、手工业、沿海贸易的限制，加重商税，法外横取多于

① 吴慧：《中国古代商业》，中国经济出版社2010年版，第69页。

② 吴慧：《中国古代商业》，中国经济出版社2010年版，第70—71页。

③ 吴慧：《中国古代商业》，中国经济出版社2010年版，第71页。

④ 许倬云：《万古江河：中国历史文化的转折与开展》，湖南人民出版社2017年版，第473页。

正课，清朝的盛景不再。在西方列强入侵中国前的1820年，表面上，中国看似辉煌。当时中国的GDP占全球的份额达到了33%，超过了欧洲的27%。但是，实际上这一增长只是人口巨幅增加的结果，而人均GDP的增长从1700年就已经停止了。这与欧洲形成了鲜明的对比。根据麦迪逊的计算，1820年，中国的人均GDP已经仅为欧洲的55%。[①]这样看来，明清时代的市场经济，夕阳无限好，只是近黄昏。

清朝的黄昏时刻，却是西方的腾飞时刻。在商业利益的推动下，西方历经文艺复兴、宗教改革和启蒙运动的洗礼，在商业革命、科学革命、政治革命和工业革命的相互促进下，西方走出了黑暗的中世纪，挟带着“四大文明”的成果，用坚船利炮横扫天下，打造了一个殖民全球的资本主义世界体系。而此时的清帝国，对世界文明的变化一无所知，闭关锁国又盲目自大，在1840年鸦片战争后，一再惨败于西方列强，一次次签订丧权辱国的不平等条约。直到1894年中日甲午海战，偌大帝国被弹丸小国轻易击溃，中国的傲慢和自满心理受到毁灭性打击。[②]再经八国联军的侵略和《辛丑条约》的瓜分，国破山河碎，内忧外患深，晚清仁人志士在“千年变局”下纷纷寻求救亡图存之道。

一是自强的洋务运动。两次鸦片战争的惨败以及太平天国的沉重打击，以曾国藩、李鸿章、张之洞等为代表的洋务运动派兴起，开始着手进行自强运动。洋务派继承了魏源等“经事派”提出的“师夷长技”思想，利用西方工业技术设立兵工厂和造船厂，实现清军的现代化。1870年，洋务派不仅希望现代军备工厂保卫领土完整，而且提出通过“商战”来恢复中国的经济主权。在此观念下，洋务派创办了江南制造总局、福州船政局、天津机械制造厂等一系列军用工业生产厂。另外，通过官督商办、官商合办等方式，洋务派兴办了轮船、铁路、电报、采矿、纺织等

① 万志英：《剑桥中国经济史：古代到19世纪》，崔传刚译，中国人民大学出版社2018年版，第307—308页。

② 斯塔夫里阿诺斯：《全球通史：从史前史到21世纪》，北京大学出版社2006年版，第587页。

各种新式民用工业。如在上海创办了最大的民用企业轮船招商局，推动了近代中国民族工业的发展。但是，在1894年甲午中日战争中，北洋海军全军覆没，标志着历时30余年的洋务运动破产。而官督商办的民用工商业深受官员的掣肘和侵占，私人投资者不断出逃，影响和打击了民族工商业的发展。[①]

二是救国的实业运动。甲午战争的惨败，激发了近代中国民族资产阶级的爱国主义精神，以张謇为代表的近代民族企业家，希望通过发展民族资本主义经济以拯救民族危亡。近代民族企业家，以传统儒家伦理道德为基本依据，将儒家伦理与资本主义工商经营思想相融合，更加重视推广新式教育，更加自觉地追求外国先进的科学技术和管理科学，更加强调缔造商人社团，实行商人自治，有着更为强烈的救亡图存意识。他们不仅积极兴办实业，还踊跃发起和领导收回路权和矿权运动，谱写了一曲近代儒商可歌可泣的实业救国赞歌。

四、明清儒商对中华商道的传承和弘扬

明清时期，随着工商业的发展，出现了不少以地域为中心，以血缘、乡谊为纽带的商人群体，称之为商帮。[②]著名的有山西、徽州、陕西、山东、宁波、广东、福建、洞庭、龙游和江右（江西）等商帮，号称十大商帮。其实，有名的商帮远不止十个。苏商、绍兴商帮、北京商帮、南京商帮也很强大。[③]在十大商帮中，晋商、徽商实力最强、活动最广、影响最大。晋商、徽商崛起于明中叶，清中叶为其鼎盛时期，鸦片战争后趋于衰败。商帮的兴起与资本主义萌芽同步，意味着商人阶层以群体的力量登上了历史舞台。商帮活跃于明清两代达四个多世纪，对16世纪后的社会产

① 万志英：《剑桥中国经济史：古代到19世纪》，崔传刚译，中国人民大学出版社2018年版，第326页。

② 吴慧：《商业史话》，社会科学文献出版社2011年版，第180页。

③ 唐力行：《商人与中国近世社会》，商务印书馆2017年版，第41页。

生了巨大影响[①]，特别是在传承和弘扬中华商道方面，以晋商、徽商为代表的明清儒商在历史上留下了荣耀的一页。

（一）传承和弘扬中华商道更自觉

不同于以往历史上的儒商，明清时期的儒商能够清楚地认识自己，在身份和文化方面有着更加自觉的意识，因而在传承和弘扬中华商道方面也就更加自觉。

1. 明清儒商身份的自觉意识

从先秦到宋元这段时期中，虽然出现了不少儒商，但总体上看，儒商的存在和发展带有明显的自发性。儒商并没有自觉地意识到自己与其他商人的本质区别，社会上也还没有出现与儒商相当的概念。而明清儒商则不一样，他们大部分是由儒而商，对自己儒的身份很明确，儒商意识走向自觉。当时社会上各个阶层都热衷于经商，儒商能够很清楚地把自己“儒而商”与“农而商”“官而商”的商人区别开来，他们都努力保持自己作为“儒而商”的独特气质。明清儒商中普遍存在的“贾而好儒”“亦贾亦儒”的现象，在经商行为中，他们非常自觉地“以儒术饰贾事”，“用儒意以通积聚之理”，不忘以儒行商。另外，明清时形成了儒商概念，即“士商”“儒贾”“儒商”，把儒商与“官商”“劣贾”等类别区别开来，强调儒商的特质。

2. 明清儒商文化的自觉意识

明清儒商虽弃儒从贾，但以儒贾自居，热衷于儒家文化的研究和传播。如徽商汪鈜，“居尝精研理学，欲希圣超凡”；汪志德，“虽寄迹于商，尤潜心学问无虚日”；汪应浩，“虽游于贾人乎，好读书其天性，雅善诗书，治《通鉴纲目》《家言》《性理大书》诸书，莫不综究其要，小暇披阅辄竟日”。[②] 更能说明问题的是，当时的儒商已经有意识地整合儒家思想，阐述士商相通的观念。如辨析名利相通，认为儒名贾利，儒贾一致，士商

① 唐力行:《商人与中国近世社会》，商务印书馆 2017 年版，第 42 页。

② 唐力行:《商人与中国近世社会》，商务印书馆 2017 年版，第 190 页。

异术而同志；辨析义利相通，认为士商职业不同，求利并不害义，在道义上求利的商人更胜于贪墨的士人。在商业行为中，徽商黄玄赐在礼仪之邦的山东经商，他“临财廉，取与义”，当地人评价他“非惟良贾，且为良士”。[①]客观地说，尽管明清儒商整合儒家思想有其目的性，即服务于自己的经济利益；但是，他们在整合儒家思想的过程中也形成了体现自身价值观和审美情趣的商人文化。这既体现在他们刻印的大量戏曲、文学、诗歌中，也体现在饮食、服饰、园林、建筑等方面，为商人文化增添了新的内涵。一个明证是，明清儒商的活动渗透到社会生活的各个方面，他们的形象活跃在《醒世恒言》《初刻拍案惊奇》《二刻拍案惊奇》《古今小说》等明清小说之中。另外值得一提的是，当时的徽商还编写、刊行了不少商业书，如《新刻增订释义经书世事通考杂字》《士商要览》《商贾要览》等。这些商业书从天文、地理、道路、风俗、语言、物产、异国土产、算法、书信契约，以至商业道德和防骗之术等无所不包，既有实用性，又具科学性。实际上，当时的儒商及其商业活动不仅推动了儒学的考证转向，而且还促进了明清的科技发展和科学精神的提升。[②]这一切都充分表明，在明清时儒商已由自发走向了自觉，成为一个自觉的商人群体。

（二）传承中华商道更典型

从形式上看，明清儒商是“儒而从商”“贾而好儒”“亦儒亦商”，但实质上，他们是“用儒意以通积聚之理”，“以儒学饰贾事”，自觉地把儒家优秀传统文化与商业经营法则统一起来，在传承和弘扬中华商道方面更加典型，是有中国传统特色商人的典型代表。

1. 以义为利

“义利之说，乃儒者第一义”。[③]儒商义利统一原则，来自儒家的义利观，是儒家义利观在商业活动中的体现。儒家不仅重视“见利思义”“义

① 唐力行：《商人与中国近世社会》，商务印书馆 2017 年版，第 191 页。

② 唐力行：《商人与中国近世社会》，商务印书馆 2017 年版，第 202—211 页。

③ 朱熹：《朱子文集》卷二十四。

然后取”，[①] 而且强调“富而好行其德”。明清儒商“轻财重义”“轻利重义”“尤多义举”。一是以义取利为底线。如徽商黄应宜“师计然之策，商隐江湖，能任人趋时，入什一之利以自给。生平不设机智、仰利巧以网利。乡人有以窘急，求济其门具贷券，处士欣然出金赒之，却其券而不受”。[②] 徽商舒遵刚谨遵儒家商道，“尝语人曰：‘圣人言，生财有道，以义为利，不以利为利。’”[③] 晋商同样强调，“君子爱财，生财有大道”。嘉庆年间，《休宁县志》记载了商人吴鹏翔的义行，“尝市椒八百斛，或辨其有毒，售者请毁议，鹏翔卒与以直而焚之，盖惧其他售而害人也”。[④] 这表明，见利思义、以义取利，是儒商最基本的道德底线。二是富而行德是追求。儒商的义利观不止于以义取利的底线要求，更强调富而行其德，即“达则兼济天下”，成为一名义商。明朝嘉靖年间的儒商李大祈，就是一位典型的义商。他自己生活节俭，“食不兼味，衣不重彩”，但急公好义，乐于助人。“邻里之急，辄应之恐缓。至于驾桥梁，辟道路，筑梵宇，备赈仓，类多争先义助”[⑤]。这体现了明清儒商更高的道德追求。总之，明清儒商能够秉承正确的义利观，自觉地传承和弘扬以义取利的中华商道精神。

2. 诚信为上

“诚者，天之道也；思诚者，人之道也”。[⑥] 诚实守信是中华商道的内在要求，明清儒商对此深有所得。一是以诚待人。徽商许宪在总结经商经验时指出：“惟诚待人，人自怀服；任术御物，物终不亲。”意思是，只有以诚待人，人家才会信服你，跟你做生意；倘若只顾耍弄歪术搞算计，那么不用说是人，就是连物都会对你敬而远之。许宪则“其经商也，湖海仰

① 《论语 · 宪问》

② 唐力行：《商人与中国近世社会》，商务印书馆 2017 年版，第 212 页。

③ 唐力行：《商人与中国近世社会》，商务印书馆 2017 年版，第 191 页。

④ 唐力行：《商人与中国近世社会》，商务印书馆 2017 年版，第 212—213 页。

⑤ 张海鹏、王廷元主编《明清徽商资料选编》，黄山书社 1985 年版，第 470—471 页。

⑥ 《孟子 · 离娄章句上》

德”，“出入江淮间，而资益积”。[①] 明朝陕西商人樊现对此也有深刻的体会。他在总结自己经商成功之道时说：“贸易之际，人以欺为计，予以不欺为计，故吾日益而彼日损；诚为天之道，岂难信哉？”[②]道光年间，徽商胡荣命经商于江西吴城五十余年，向来童叟不欺，名声大噪。待年老还乡，有人“以重金赁其肆名”，胡荣命毅然拒绝。他说：“彼果诚实，何藉吾名也。”这里的意思很明确，创经商的金字招牌并不难，唯有诚信为上。否则，借用别人的招牌，也是徒然无用的。[③] 二是以信待物。诚信为上不仅要以诚待人，还要以信接物、童叟无欺，处处从顾客的角度来考虑问题。这样做，反而是“信义所孚，人不忍欺”。徽商许文才因为“贸迁货居、市不二价”，以至人们入市购物，“有不愿之他而愿之公者，亦信义服人之一端也”。还有个徽商胡仁之，经营粮食，诚信不欺。某年天下大饥，有商人在米中掺假牟利，还让他加入其中，他断然拒绝，坚决不赚昧心钱，损害商誉。实际上，“平则人易亲，信则公道著，到处树根基，无往而不利”。[④] 以信接物，公平交易，是明清儒商成功之道。这说明，诚信就是信用，信用就是资本，就是金字招牌。市场经济是法治经济，也是信用经济。诚实守信的中华商道无疑与市场经济是相契合的。

3. 家国情怀

修齐治平是儒家文化的核心特征，家国天下情怀成为中国优秀传统文化的根本底色，这同样体现在中华商道和儒商精神中。创业立家，经世济民，爱国如家，是儒商安身立命的第一要义。自春秋以来，爱国商人一直成为后世尊崇的典范和楷模，活跃于明清时期的儒商就有着突出的表现。一是为维护统一费心尽力。明初东自辽蓟，西至甘肃，修筑长城，驻军二三十万，需要借助商人输纳粮草等军用物资以补充军屯和税粮的不

① 唐力行：《商人与中国近世社会》，商务印书馆 2017 年版，第 211 页。

② 吴慧：《中国古代商业》，中国经济出版社 2010 年版，第 150 页。

③ 唐力行：《商人与中国近世社会》，商务印书馆 2017 年版，第 213 页。

④ 吴慧：《中国古代商业》，中国经济出版社 2010 年版，第 149 页。

足，山西、陕西商人积极参与其中，甚至就地屯田，产粮输边，进行“高屯”，开发边疆、保障军需，为明朝巩固国防发挥积极作用。康熙三十五年（1696），康熙亲征平叛噶尔丹，但路途遥远，粮草运输困难重重。山西介休商人范氏兄弟舍财为国，不畏艰苦，辗转沙漠万里，克期必至，省国费以亿计。几次运粮不仅没有发财，甚至倒贴不少钱财。①二是抵御外侮不遗余力。明朝倭寇入侵东南，生灵涂炭，徽商奋起，尽力参加抗倭斗争。他们捐献巨资，招募勇士，修建城池，守卫国土，承担起了保卫地方安全的重任。关键时刻为国分忧，明清儒商的家国情怀足以流芳后世。②

4. 以人为本

在商业经营中，讲义讲诚讲爱国，都出于对人的仁爱之心。仁者爱人、以人为本，是儒家思想的核心，也是中华商道的根本理念和核心价值。儒商鼻祖子贡坚守“薄施于民而能济众”的理念，不仅以儒行商，更难能可贵的是，他追随老师，弘扬儒家人本精神，以商行儒，拯救天下苍生。白圭认为，治生有四德，即智、勇、仁、强，但最重要的是仁。所以，他不搞压价拒收，不搞囤积居奇，以“知取予”，行仁术，重视扶植生产，调节供求，以仁行商。明清徽商吴鈵秉承人本商道，为其子立下了以仁经商的十二字训言：“存好心，行好事，说好话，亲好人”，教导后辈经商要存仁爱之心，宽厚之德。事实上，以人为本不仅仅是道德问题，而且是经商成功的根本之道。前面说过，人本精神正是现代商业文明的本质要求。这说明，人本观是应当也必须普世的价值观。而明清儒商的认知和实践表明，他们已经开始自觉地传承和弘扬以人为本的中华商道。

应当说，明朝到清期中叶，经济发展，社会进步，特别是士商相通理念的扩散，商人地位上升，商人道德提升，明清儒商自觉传承和弘扬中华商道精神，成为中国历史上儒商发展的重要时期。

① 吴慧：《中国古代商业》，中国经济出版社 2010 年版，第 141—142 页。

② 吴慧：《中国古代商业》，中国经济出版社 2010 年版，第 142 页。

第六节　近代中华商道的新发展

鸦片战争后，列强环伺，侵华战争不断，特别是西方工业化对中国农业文明以及儒家文化传统带来的严重冲击，中国深处“三千年未有之变局”，不仅面临日益深重的经济、政治、社会危机，更面临日益深重的文明危机，富强、保国、保教成为民族复兴三大任务。为此，除了有“中体西用”的保国派、变法维新的改良派、政治革命的革命派（资产阶级革命派）、庶民革命的革命派（无产阶级革命派）等主张，还有主张实业救国的商战派知识分子和近代企业家，其中企业家的典型就是富有特色的近代儒商。近代儒商以传统儒家伦理道德为基本依据，融入了爱国、强国、商战等近代思想因素，力图将儒家伦理与资本主义工商经营思想相融合，培育出一种适合时代需要的新的近代儒商传统，具有新的时代特点。身处“千年大变局”，近代儒商有着更为强烈的救亡图存意识，他们以实业救国为使命，传承和弘扬了中华商道精神，对于当今商业道德和企业家精神的重建有着重要的借鉴意义。

一、近代儒商发展的经济社会原因

1840 年鸦片战争后，清帝国一再惨败于西方列强，一再签订丧权辱国的不平等条约。但是，败于西方强权，还不至于心理崩溃。直到 1894 年中日甲午海战，偌大帝国被弹丸小国轻易击溃，帝国的傲慢和自满心理受到毁灭性打击。[①] 再经八国联军的侵略和《辛丑条约》的瓜分，中国被帝国主义强行拖进了西方主导的殖民体系，彻底沦为半封建、半殖民地社会，陷入了政治、经济、社会、文明的全面危机。

（一）严重的经济危机

鸦片战争以前，中国是一个自给自足的封建经济占统治地位的国家；鸦片战争以后，西方资本主义国家挟持工业化，利用侵略特权，疯狂地向

① 斯塔夫里阿诺斯：《全球通史：从史前史到 21 世纪》，北京大学出版社 2006 年版，第 587 页。

中国倾销商品和掠夺原料，逐渐把中国市场卷入世界资本主义市场。尽管中国自给自足的小农经济逐步解体，但客观上促进了中国商品经济的发展，有利于中国民族资本主义的兴起，但鸦片战争后，中国面临严重的财政、货币危机，经济危机日益深重。

一是财政危机。鸦片战争后，对外贸易权丧失，洋货大量进口，尤其是《马关条约》允许外国人在华开办工厂的规定，更是使中国变成了列强们的原料产地，他们利用先进的生产技术、雄厚的工业资金和廉价的劳动力，直接对中国的民族工业进行经济压迫，传统小手工业、小商业大量破产，自给自足的传统经济破产，利源大量外流，民生凋敝。清末财政收支失衡，从“量入为出”变成“入不敷出”。另外，从鸦片战争到清政府垮台的70年时间里，中国给帝国主义列强的战争赔款竟高达14亿两白银，政府陷入财政危机。[①]为了解决财政危机，清政府开始加征里金和口子税，致使民间经济和民生更加凋敝，破坏了中国社会原有的经济结构和经济网络[②]，引发太平天国等内乱，形成了恶性循环。

二是货币危机。鸦片战争前，对外贸易长期巨额顺差，包括新大陆在内的大量白银流入中国，解决了“银荒”问题。但鸦片战争后，鸦片贸易的兴起，导致贸易巨额逆差。1847年，外国输入中国货物，不包括鸦片，价值两千余万元，而中国外销货品，价值将近三千六百万元，如果没有鸦片输入，中国还有巨额顺差。[③]但是，据估计在1808—1856年间，仅鸦片一项，就有近4亿银圆流到国外，导致19世纪上半叶发生了白银出超和银贵钱贱问题。当然，这种现象有主观因素。历史上，包括清政府在内，政府没有货币主权的意识，并不限制民间铸币权，甚至对于银的供应也一直依赖于商人，以致“天下制权者在商贾市井”。这在清朝尤为严重，致使清政府力量与社会商业力量之间逐渐失衡。对此，清咸丰三年

① 张星：《鸦片战争后中国政治发展的特点及现实启示》，《忻州师范学院学报》2020年第6期。

② 许倬云：《万古江河：中国历史文化的转折与开展》，湖南人民出版社2017年版，第481—483页。

③ 许倬云：《万古江河：中国历史文化的转折与开展》，湖南人民出版社2017年版，第481页。

（1853）进行货币改革，希望扭转民间铸币、私人发行的历史，掌握货币主权。但是，因为国库空虚，滥发货币，信用破坏，改革失败。此后，中央权力式微，地方各自为政，货币改革举步维艰。这种状况一直持续到民国30年（1941）法币发行为止，货币危机延续了百年有余。

（二）严重的政治危机

鸦片战争以前，中国是一个独立自主的封建国家，清政府行使全部主权；但是，鸦片战争后，由于不平等条约，中国的领土、领海、司法、关税、贸易等主权，开始遭到严重的破坏，中国政治危机日益深重。

一是主权危机。19世纪中叶至20世纪中叶，中国经历了中英鸦片战争、英法战争、中法战争、中日甲午战争、八国联军侵华战争，以及日本侵华战争。这些外患一次比一次巨大，对中国造成的伤害也一次比一次严重。相应于外患，中国内战也不断。外患与内战是呼应的关系，后者似乎是前者引发的结果。[①] 当然，鸦片战争后最严重的危害就是主权危机。这体现在，协定关税，破坏中国关税自主权；废除公行制度，破坏了中国贸易主权；领事裁判权，破坏了中国的司法权；领海和内河自由出入，破坏了中国的航运主权。

二是领土危机。一次次侵华战争，一张张不平等条约，一次次的割让土地，中国先后失去了300多万平方公里国土：《南京条约》租借香港给英国；俄国通过《瑷珲条约》《勘分西北界约记》等条款，强占中国外兴安岭、库页岛、巴尔喀什湖等150多万平方公里的土地；《马关条约》使得中国台湾和澎湖列岛被日本殖民统治达50年之久；民国初年的军阀混战更是使得北洋政府无暇顾及“外蒙”政务，“雅尔塔会议”导致“外蒙古”150万平方公里的大好河山被帝国主义列强分裂出去。同时，新疆、西藏、内蒙古等沿边地区，以及南北沿海地区的领土主权被威胁和侵害，造成了严重的领土危机。而这种危害延续至今。加上前面说到的主权危

① 许倬云：《万古江河：中国历史文化的转折与开展》，湖南人民出版社2017年版，第474—478页。

机、经济危机，中国一步步从一个独立国家走向了半殖民地半封建社会，中华民族面临亡国灭种的危机。当然，鸦片战争后，帝国主义不断侵占、殖民我国周边国家，破坏了中国与周边国家原有的朝贡体系。在这一过程中，不可避免地侵害到中国的领土主权。同样，这种危害也延续至今。

（三）严重的社会危机

满族入关中国，在统治初期，政治上清政府沿用外族统治的二元机制，直到太平军晚期，因形势危机，曾国藩等汉人才得以重用。所以，在清朝，族群矛盾一直都是存在的。其中文化认同问题可能更为突出。清朝统治后，强迫汉人剃发改服，触动的不是“亡国”之痛，而是“亡天下”之痛，这种痛楚不限于知识分子，遍及普通百姓。因此，汉人群起抗争达十年之久。但是汉人抗清运动此起彼落，或潜伏山林，或寄居海隅，星火未灭。[①]这在天地会尤其如此。其后，经康熙时代的休养生息，特别是沿袭明人科举政策，以朱子注解的《四书》为主，八股取士，重在伦常纲纪、君臣名义，族群血统认同有所淡化，上层知识分子开始安于现状。但是，民间的反清复明活动并未完全消失。[②]鸦片战争后，清王朝的腐败无能，激发了原有的社会矛盾，导致社会崩溃，以及辛亥革命，社会危机深重。

一是社会崩溃。鸦片战争惨败于西方列强，固然有武器不如人的问题，但关键在于社会的崩溃和解体。这体现在，“政府缺乏相互呼应的机制，官民城乡之间也缺乏沟通与联系，事实上当时的中国已不是一个整体性的国家，因为已没有可以动员的机制，也没有认知敌我情况的信息。中国是一个已经解体溃散的社会，不堪外来一击。”[③]这表明，清政府已没有任何社会组织动员能力，特别是基层组织动员能力。加上惨败后横征暴

① 许倬云：《万古江河：中国历史文化的转折与开展》，湖南人民出版社2017年版，第412页。

② 许倬云：《万古江河：中国历史文化的转折与开展》，湖南人民出版社2017年版，第395—432页。

③ 许倬云：《万古江河：中国历史文化的转折与开展》，湖南人民出版社2017年版，第475—476页。

敛，民不聊生，激发了原有社会的不满。太平天国、捻军等底层抗争不断。当然，太平天国运动以“拜上帝”为号召，反映了社会意识共识的缺失，凸显了社会的溃散。这种“拜上帝”意识与中国文化无法交融，自然不能吸引知识分子的参加，这是太平天国运动最终失败的重要原因。这也表明，凝聚思想共识，组织基层人民，是解决中国问题的关键。①

二是辛亥革命。鸦片战争后，清政府一败再败，直到败于日本，特别是在戊戌变法失败和义和团运动失败后，清政府基本失去了统治的资格。此时，对于清廷的诏命，地方行省拒不执行，甚至在慈禧太后和光绪皇帝“不保”的情况下，仍然保存实力，敷衍应付。这样，面对“千年大变局”，洋务运动成泡沫，改良运动无出路，革命潮流已势不可挡。先进的中国人认识到，仅有器物层面（物质文化）的革命是不够的，必须进行制度（组织）层面（制度文化）的革命，要推翻清政府，建立民主制国家，进行社会制度变革和政治制度变革。②这成为包括孙中山在内的革命派凝聚人心、组织动员的思想意识。而腐朽不堪的清政府，经不得辛亥革命的摧枯拉朽，很快就被推翻了。

但是，“孙中山的革命理念，若单纯在于驱逐满人，未必能超越太平天国运动”。③而且，辛亥革命后，列强依旧残暴，咄咄逼人。最可悲的是，中国作为第一次世界大战战胜国，列强并没有平等对待中国，反而将战败国德国在中国山东的权益转让给日本，中国继续遭受列强凌辱，引发了最终席卷全国的反帝反封建的五四运动，资本主义虚伪的民主制度被唾弃。所以，新的共和国面临政治整合、统一国家的重大内外挑战，放弃排满主张，高举“五族共和”；反对帝国主义，追求民主与科学（精神文化），成为各种政治力量的逻辑和实践的必然抉择。换言之，在近代救亡图存中，单一的器物革命、制度革命、精神革命是不行的。因为，从文化

① 许倬云：《万古江河：中国历史文化的转折与开展》，湖南人民出版社 2017 年版，第 475—476 页。

② 林毅夫：《解读中国经济》，北京大学出版社 2018 年版，第 61—62 页。

③ 许倬云：《万古江河：中国历史文化的转折与开展》，2017 年版，第 477 页。

的结构看，这三者是有机统一体，必须是物质文化、制度文化和精神文化三位一体。这无论是从国家宏观层面看，还是从企业微观层面看，都是如此。即使在现代化历史的进程中三者有时不是同步进行的，但是，要推动现代化历史进程，首先要在逻辑层面意识到这三者的统一，即应当以以人为本的精神为基础，以体现人本精神的制度（组织）为保障，以服务人本精神的先进科技物质发展为支撑。当然，作为后发展国家，经过革命或改革确立新制度后，就必须在实践上将这三者逐渐统一起来。当然，就一个国家而言，虽然微观层面企业的三位一体的变革对宏观层面有积极作用，但宏观层面国家的三位一体的变革是基础，它最终决定着微观层面的三位一体的变革命运。

（四）严重的文明危机

直到 17 世纪末，中国还被认为是一个强大的国家，周遭国家都来中国朝贡，中国成为它们的宗主国。[①] 但是，鸦片战争后，中国一步步走向了半殖民地半封建社会，朝贡体系崩塌，天朝上国权威不再，面临的不仅是经济危机、政治危机、社会危机，更重要的是文明危机。

一是大一统文明危机。鸦片战争前，中国的儒家天下是一个普世的秩序。在这个秩序下，包含着许多族群。[②] 但是，鸦片战争后，西方近现代文明的民族国家体系不断地冲击着儒家的天下观，大一统文明面临深重的危机。此时，我们的艰巨任务是要把自身从无外的多元一体、混以宇内的大一统转化为内外分明的单一主权国家和民族国家。但是，由于中国多民族、多语言、多宗教的现实，如何建构起现代民族国家，同时又维系住这种多元一体的大一统格局，这在当时是一个极为艰难的任务。这也正是前面说的，孙中山由排满兴汉，演变为反对西方帝国主义，又转变为“内部各族平等”及“联合世界平等对我之民族”两项诉求。最终，中国没有

① 林毅夫：《解读中国经济：解读新时代的关键问题》，北京大学出版社 2018 年版，第 57—58 页。

② 许倬云：《万古江河：中国历史文化的转折与开展》，湖南人民出版社 2017 年版，第 478—479 页。

四分五裂，“成为多元一体的庞大共同体，实为世上所仅见”。[①]这正是得益于中华传统的大一统文明。从此，中国不必再完全套用西方狭窄的族群观念，也不必借助信仰以笼罩诸族，更不必以选民自居而排他。这是一条可以与今日“全球化”接轨的途径，也是一条可继续开展的途径。[②]从这个意义上说，今天的世界，既要坚持现代民族国家的现实，也要努力推动人类命运共同体发展，这需要传承和弘扬中华大一统的文明精神。

二是儒家伦理道德危机。鸦片战争以来，西方文明对中华文明的最大冲击是儒家伦理道德，这是最根本的文明危机。面对儒家伦理道德危机，张之洞提出了“中体西用”论，认为中国的问题在于器物层面，特别是军事武器的落后，而不在于以儒家思想为主的社会体系和伦理价值标准。相反，中国在文化的社会制度（组织）和价值体系上都具有优越性。所以，曾国藩、李鸿章、左宗棠、张之洞等“中兴名臣”发起了洋务运动。经过三十多年的努力，从某种角度上说，洋务运动确实取得了相当的成果，在中国建立了北洋、南洋以及福建水师，拥有了以山东威海卫、福建泉州和马尾为基地的三支现代化的海军舰队。中日甲午战争前，与日本相比，中国的军舰是当时世界上最新型的军舰，使用的武器是从英国、法国买回来的最先进的武器，而且中国的军舰吨位也比日本的大。所以，战争开始前，国际舆论普遍认为中国应当能打赢这场战争。但是，中日战争的结果却以中国的惨败告终。这次战败的危害，不仅仅在于割地赔款，更在于心理方面。被弹丸小国打败，天朝上国的傲慢和自满心理受到毁灭性打击。痛定思痛，人们进行深刻的反思，认为仅仅是器物层面的改革还不够，还要向日本学习，进行制度（组织）层面的改革，采取君主立宪制，废除科举制。实际上，这就否定了“中体西用”论中制度（组织）和伦理价值的优越性。这里有必要指出的是，科举制的问题主要在于考试的内容，而不在于考试的形式。英国建立的文官制度，就是学习了的中国科举

① 许倬云：《万古江河：中国历史文化的转折与开展》，湖南人民出版社 2017 年版，第 480 页。

② 同上

考试制度。这个形式能够挑选有能力的人进入政府作为治国安邦的人才，所以总体上说还是好的。[①]

为了建立君主立宪制，在改良派的主导下，清王朝进行了戊戌维新变法运动，但很快就被保守派镇压下去。唯一得以保留的成果就是京师大学堂，即今天的北京大学。改良派失败，只有革命一途。所以，不同于改良派的主张，革命派认为，要推翻清政府，建立民主制国家，必须进行革命。孙中山领导的辛亥革命迅速推翻了清政府，但是，接踵而来的打击：1915 年袁世凯复辟，1917 年张勋复辟，这迫使先进的中国再次反思，只有器物、制度（组织）改革也还不够，还必须有现代的精神和价值观，这就是民主和科学。至此，人们认为，真正制约中国发展的，是儒家伦理道德价值观。换言之，文化是器物（物质）、制度（组织）、价值（精神）三位一体的，[②]仅仅学习借鉴西方的器物、制度（组织）是不够的，还必须学习西方的民主和科学观，彻底清除中国的儒家伦理道德观念，否则就不能阻止帝制的复辟。这是对中华文明最根本的冲击，是最严重的文明危机。

那么，为何及如何清除中国儒家伦理道德呢？对此，作为新文化运动的旗手，陈独秀提出两个原则。一要彻底清除“三纲”。陈独秀指出：“三纲之根本义，阶级制度是也。所谓名教，所谓礼教，皆以拥护此别尊卑、明贵贱制度者也。近世西洋之道德政治，乃以自由、平等、独立之说为大原，与阶级制度极端相反。”[③]“如今要巩固共和，非先将国民脑子里反对共和的旧思想，一一洗刷干净不可。因为民主共和的国家组织、社会制度、伦理观念，和君主专制的国家组织、社会制度、伦理观念全然相反，一个重在平等，一个重在尊卑等级，万万不能调和的”[④]，因此，“存

① 林毅夫：《解读中国经济：解读新时代的关键问题》，北京大学出版社 2018 年版，第 61 页。

② 文化是器物、制度和价值三位一体的有机整体，这同前面说的文化是物质文化、制度（组织）文化和精神文化三位一体的有机整体是同一回事。

③ 陈独秀：《吾人最后之觉悟》，《独秀文存》，安徽人民出版社 1987 年版，第 41 页。

④ 陈独秀：《旧思想与国体问题》，《独秀文存》，安徽人民出版社 1987 年版，第 103 页。

其一必废其一”。[①]“要拥护德先生，便不得不反对孔教、孔法、贞节、旧伦理、旧政治”。[②] 所以，必须清理以旧礼法、旧伦理、旧艺术、旧宗教、旧文学、旧政治等为代表的传统的社会制度及其纲常伦理观念，以民主精神改造中华文明，破除封建士大夫对国家政治的独占，把广大民众从封建等级压迫中解放出来，才能建设成真正的共和国和国民政治。二要彻底清除旧礼教。陈独秀认为，儒家礼法基于独断的伦理道德观念，压抑了对知识的尊重和纯粹求知热情，因而中国难于产生基于知识论的大胆怀疑精神，而这是近代中国落后于欧洲列强的重要原因。“要拥护赛先生，便不得不反对旧艺术、旧宗教”[③]，必须以科学精神改造中华文明，破除封建迷信和蒙昧主义。

总之，拥护民主和科学，适应时代的演进，是挽救中国于危亡、实现振兴发展的必由之路。因此，陈独秀坚定地指出：“我们现在认定，只有这两位先生，可以救治中国政治上、道德上、学术上、思想上一切的黑暗。若因为拥护这两位先生，一切政府的压迫，社会的攻击笑骂，就是断头流血，都不推辞”。[④]

毫无疑问，要拯救中国，必须进行“器物、制度和精神”三位一体的改革或革命，反对和清除洋务派宣扬的“三纲”及其旧礼教，但“打倒孔家店”，还要“拯救孔夫子”，这就要明确地区分何谓儒家的根本精神和品格，何谓被扭曲的伦理和纲常。前面说过，人本精神是中华文化的根本精神和品格。但是，汉武帝时期，董仲舒献策“罢黜百家、独尊儒术”，为了讨好皇帝，董仲舒擅自将“五伦”变为“三纲”，把君、父的权力绝对化，而把臣、子的义务绝对化。到了南宋，朱熹解释的儒家伦理，将“五伦”相对的互动关系变成固定结构。人与人的关系，就成为不容颠覆

① 陈独秀：《吾人最后之觉悟》，《独秀文存》，安徽人民出版社 1987 年版，第 41 页。

② 陈独秀：《本志罪安之答辩书》，《新青年》第 6 卷第 1 号。

③ 同上

④ 同上

的格局，臣、子彻底听命于君、父，成为人间伦常秩序。[①] 至此，孔子努力倡导的权责对等关系，从此寿终正寝。被扭曲变形的儒家思想成为服务帝王特别是无道帝王统治的工具。所以，我们要拯救的是儒家以“仁”为核心的人本精神，要唾弃的是扭曲僵化的“三纲”及其礼教。

另外，五四运动深刻教育了国人，自身文化的根本精神不能丢。第一次世界大战结束后，中国是战胜国，正当要欢欣鼓舞地收回被侵占的领土时，却被列强无情地再次凌辱，资本主义民主制度的虚伪性暴露无遗，彻底摧毁了当时国人的希望，爆发了反帝反封建的五四爱国运动。这是中国人的一次重要觉醒。对于西方文明国家发动的第一次世界大战以及对中国的凌辱，严复极端绝望，他悲愤地指出，西方国家在 1919 年的行为表明，西方三百年的文明发展到最后只归结为两句话，“利己杀人，寡廉鲜耻”。[②] 对西方文明的幻灭，特别是对西方民主的幻灭，使垂暮之年的严复回归中国传统。他相信，孔子之道才具有永恒的价值。“鄙人行年将近古稀，窃尝究观哲理，以为耐久无弊，尚是孔子之书”[③]。在他看来，“中国目前的危难，全由人心之非，而异日一线命根，仍是数千年来先王教化之泽”[④]。当然，这里再次强调，实现现代化，必须学习借鉴人类一切优秀的文明成果，但前提是传承和弘扬中华文明的人本精神。因为，人本精神是普遍的，也应当和必然是人们共同的价值和精神。

总之，鸦片战争后，随着中国陷入半殖民地、半封建社会的深渊，中国面临着日益严重的政治、经济、社会和文明危机。但是，也正是在这种危机下，“千年大变局”激发起中国人前所未有的爱国热情，仁人志士提出了各自的救国方案。这些救国主张有：“中体西用”的保国派、变法维新的改良派、资产阶级革命的革命派、无产阶级革命的革命派，以及主

① 许倬云：《中西文明的对照》，浙江人民出版社 2016 年版，第 204 页。

② 严复：《与熊纯如书》七十五，《严复集》第 3 册，中华书局 1986 年版，第 692 页。

③ 严复：《与熊纯如书》七十五，《严复集》第 3 册，中华书局 1986 年版，第 668 页。

④ 严复：《与熊纯如书》七十五，《严复集》第 3 册，中华书局 1986 年版，第 678 页。

张实业救国的商战派知识分子和近代企业家，其中企业家的典型就是富有特色的近代儒商。具体看：一是以曾国藩、李鸿章、左宗棠、张之洞为代表的洋务派，主张“中学为体、西学为用”，通过“师夷长技以制夷”，特别是通过军事和工商业现代化，进行器物层面的革命，实现自强救国。二是以康有为、梁启超、严复为代表的资产阶级改良派，主张变法维新，通过戊戌变法，建立君主立宪制，进行制度层面的改革，实现保皇救国。三是以章太炎、孙中山为代表的资产阶级革命派，先提出排满革命，后主张“五族共和”，通过辛亥革命，建立资产阶级民主共和国，进行制度层面革命，实现革命救国。四是以陈独秀、李大钊为代表的无产阶级革命派，主张引进马克思列宁主义，主张通过无产阶级革命，实现新民主主义革命和社会主义革命，建立社会主义制度，实现革命救国。五是以张謇、卢作孚、范旭东为代表的商战派，主张实业救国，通过以器物层面革命为基础的多层面改革，实现实业强国。

这些救国方案的结果如何，历史的进程已经告诉了我们。从逻辑上看，只有进行“器物、制度和精神”三位一体的改革或革命，才能拯救中国。从历史的实践看，也证明了这一逻辑，并一再得到证明，即只有始终坚持以民为本的理念，为了人民，依靠人民，进行“器物、制度和精神”三位一体的无产阶级革命，才能凝聚社会意识共识，组织基层人民，实现中国历史上最伟大的变革，力挽狂澜，拯救近代百年来的苦难中国。也正因为秉持这种以人为本的理念，进行“器物、制度和价值”三位一体的变革，我们又通过 70 多年的艰苦建设和改革，实现了全面建设小康社会的目标，现在又开启了全面建设社会主义现代化国家的伟大新征程。

另外，这里必须要作一个说明，简单地说，洋务派、改良派以及革命派的救国方案是宏观层面的，那么，近代企业家的实业救国之路则是微观层面的，两者不具有可比性。但是，从“器物、制度和精神”的三位一体看，也就是从物质文化、制度文化、精神文化的三位一体看，无论是宏观的国家层面，还是微观的企业层面，都必须要遵循“器物、制度和精神”三位一体的变革。同时，与微观的企业层面三位一体变革的积极作用相比，宏观的国家层面三位一体的变革是基石，最终决定着微观的企业层面三位一体变革的成败。这在前面一再强调过。

就本书的主题而言，我们要落脚于近代儒商，还需要在经济层面简单说一下他们当时所面临的大环境。除了前面说的四大危机，在“千年大变局”下，近代儒商面临着今天的企业家难以想象的困难环境，那是九死一生的苦难：资本的极端短缺，人才、技术、设备、原料的极度缺乏，官僚资本、外国资本的残酷压榨，人身和财产安全的任意侵犯，市场极端狭窄，等等。除了这些，最大困的难就是连绵不断的外患内乱。试想，中国历史还有比这更糟糕的营商环境吗？若是考虑到这些史无前例的困难，我们近代的企业家，特别是以张謇等人为代表的儒商所创造的奇迹，以及最后结局，就更让人感慨万千。

二、近代中华商道新发展的思想基础

明清之际，士与商合流，经商与业儒融为一体，亦商亦儒的儒商已经开始兴盛。进入近代，在西方工业化的冲击下，在“千年大变局”的推动下，中国儒商的人数有所扩大，并最终形成了以张謇为代表的近代儒商群体。近代儒商群体的形成，除了前述的经济社会条件，还与当时重商思潮的兴起有关。重商思潮经历了商战救国和实业救国两个发展阶段，有力地推动了近代儒商的发展。

（一）重商与商战救国思想

鸦片战争后，19 世纪 60 年代至 90 年代，洋务派掀起了自强运动，但现实是，列强施加的外侮依旧，中国权利的沦丧继续，特别是甲午战争的惨败，迫使人们开始更深刻反思，中国如何才能走向自强这一问题。这一时期，受西方重商主义的影响，包括郑观应在内的一些早期维新人士，开始摒弃传统的“重农抑商”观念，提出必须仿效列强“以商立国”“以商强国”，强调尊商、敬商，与西方列强进行商战，走商战救亡之路。当时的王韬、马建忠、薛福成、陈炽都有过相关论述。比较而言，郑观应的论述最为全面系统。

一是以商富国。郑观应认为，通商对富国具有重要意义。“商务者国家之元气也，通商者疏畅其血脉也”①，所以，“盖西人尚富强最重通商”②。因此，要学习欧洲各邦，“以通商为大径，以制造为本务”③。由此，这一时期的仁人志士产生了“以商立国”“以商强国”的思想。

二是商战救国。因为富强在于商，所以，郑观应进一步指出，“欲制西人以自强，莫如振兴商务”。由此，他明确提出商战思想：中国要与列强进行经济较量，必须发展中国工商实业，抵御列强经济侵略，这是争取自强的必由之路。其实，在郑观应之前，曾国藩、李国播、薛福成等人都提出过商战思想，但都是泛泛而谈。郑观应的商战思想比较系统全面，影响深远。他指出，西方列强不仅以商富国，而且以兵卫商；不独以兵为战，而且以商为战。兵战是短暂的，而商战是持久的；商战是目的，兵战是保障。不仅如此，商战还是兵战的原因。他指出：“昔英、法屡因商务而失和，英迭为通商而灭人国。初与中国开战，亦为通商所致。”④所以，国家之间的较量，最终是经济实力的较量。⑤

三是尊商和敬商。若要以商富国、以商为战，就要尊商、敬商。所以，“振兴中国首在商民”⑥，“故商人者，实立国之要素也”⑦。“今之世界，

① 夏东元编：《郑观应集》(上)，上海人民出版社 1982 年版，第 604 页。

② 夏东元编：《郑观应集》(上)，上海人民出版社 1982 年版，第 607 页。

③ 夏东元编：《郑观应集》(上)，上海人民出版社 1982 年版，第 73 页。

④ 夏东元编：《郑观应集》(上)，上海人民出版社 1982 年版，第 596 页。

⑤ 虞和平：《资产阶级与中国近代经济及社会》，中华工商联合出版社 2015 年版，第 4—5 页。

⑥ 郑大华点校：《新政真诠——何启 胡礼垣集》，辽宁人民出版社 1994 年版，第 194 页。转引自马敏：《近代儒商传统及其当代意义——以张謇和经元善为中心的考察》，《华中师范大学学报》2018 年第 2 期。

⑦ 《商务总会欢迎海军大臣感书》，《申报》1909 年 9 月 1 日第 3 版。转引自马敏：《近代儒商传统及其当代意义——以张謇和经元善为中心的考察》，《华中师范大学学报》2018 年第 2 期。

商之世界也”[①]，“我们经商的人，生在这西历一千九百余年，叫什么二十世纪实业竞争的时代，也真尊贵得很了……天下最有活泼的精神，最有发达的能力，能够作人类的总机关，除了商，别的再也没有这种价值”[②]。正是在这种尊商、重商思潮下，商人的社会地位日益提升，经商成为一项重要的社会职业选择。这为近代儒商的崛起创造了有利的思想条件。

（二）重商与实业救国思想

19世纪90年代至20世纪20年代，重商思潮有了新的变化和发展。“重商”向“重工”转变，“商战”向“工战”转变，“实业”逐渐浮出水面，实业救国成为重商思潮的核心。

一是商战转向工战。在中国近代重商思潮中，“商”的概念是一个泛化的概念，工和商都包含在内的。所以，这个所谓的商，既不完全等同于中国古代之商，也不等同于西方重商主义时代之商。19世纪90年代至20世纪20年代，人们逐渐认识到“工”的重要性。这一时期，郑观应认为，应该“以工翼商”。因为“若有商无工，纵令地不爱宝，十八省物产日丰，徒弃已利以资彼用而已”。[③]张謇比较了日本明治维新与中国清政府洋务运动的成效差别后，他认为，外洋富强之本在于工。“方日本之始维新也，中国前清政府亦尝言维新矣。而收效迥异者，则以日本人能窥知西洋富强之由来，竭全力以整兴工业。中国但知西洋之有坚甲利兵，而竭全力以练兵，舍本求末，故至今犹陷于困境也。”[④]日本人清楚西方富强的根本所在，所以全力整治和振兴工业。中国政府则只知道西方人强在坚船利炮，所以全力发展军事工业和武装军队，舍本求末，因此两者差别迥异，成效立见。基于这种认识，人们开始从商战转向工战。1906年，章京柏锐提

① 《成都商报》，第二册，“杂俎”，三。转引自马敏：《近代儒商传统及其当代意义——以张謇和经元善为中心的考察》，《华中师范大学学报》2018年第2期。

② 张枬、王忍之编：《辛亥革命前十年间时论选》，生活·读书·新知三联书店1997年版，第890页。转引自马敏：《近代儒商传统及其当代意义——以张謇和经元善为中心的考察》，《华中师范大学学报》2018年第2期。

③ 夏东元编：《郑观应集》（上），上海人民出版社1982年版，第588页。

④ 曹从坡等主编：《张謇全集》第1卷，江苏古籍出版社1994年，第37页。

出："广兴教育，以培人才，以为工战之基。""工战"口号的提出，表明商战思潮已出现一个重大的思想转折，即由重商向重工的思想转换。"重工"和"工战"思想对商人有着直接的影响。如1905年拟定的苏州商务总会《试办章程》指出："农、工、商三者实相表里，今商界风气渐开，农、工尚少讲求，顾工与商尤有直接之关系，工以商为尾闾，商以工为源头也。……工固不可不重。"[①]工战思想表明，人们已经认识到，近代工业是机器化大生产，而非单纯的商业流通。近代工业化思潮呼之欲出。

二是重工与实业救国。在工战思想的推动下，人们的主张也从重工向实业救国方向发展。特别是20世纪20年代，实业一词已经广泛流行。尽管实业首先是指以资本主义生产方式来经营的近代工业，但这一时期所说的实业，并非仅限于工业，而是对农工商等生产和流通事业的总称。张謇认为："实业者，西人赅农工商之名，义兼本末"[②]。而"实业之兴衰，关乎国势之存亡是也。"[③]张謇和孙中山皆为"实业救国"论的力倡者。张謇认为只有通过振兴实业才能救国救民，"救穷之法惟实业"。[④]为此，他提出著名的"棉铁主义"，试图通过重点发展棉纺织和钢铁业来推进中国的工业化。孙中山也认为，实业建设是救国的根本之道，"发展实业，乃振兴中华之本"[⑤]。为此，他专门拟定了宏大的《实业计划》，拟通过重点发展铁路、公路交通和港口，全面发展中国经济，实现中国的工业化。张謇的"棉铁主义"与孙中山的"实业计划"互为补充，为中国的工业化和近代化指出了具体路径，是晚清以来重商思潮发展的高峰，也是"商战""工战"和实业思想的集大成者。在商业启蒙意义上，张謇和孙中山的实业救国思想分别实现了商战思想、实业思想、救亡思想、改良思想、革命思想的大汇

① 章开沅等主编：《苏州商会档案丛编》第1辑（1905—1911），华中师范大学出版社2012年版，第730—731页。

② 曹从坡等主编：《张謇全集》第5卷（上），江苏古籍出版社1994年，第151页。

③《论实业所以救亡》，《东方杂志》1904年第8期。

④ 曹从坡等主编：《张謇全集》第1卷，江苏古籍出版社1994年，第38页。

⑤《孙中山全集》第2卷，中华书局1981年版，第341页。

聚、大整合，初步回答了中国工业化和近代化如何实现的时代课题，为后来中国经济思想的发展奠定了思想基础，值得今人重视和反思。

总之，鸦片战争后，在重商思潮的推动下，随着商人社会地位的提升，明清以来的儒与商、士与商、绅与商的融合趋势更加明显，近代儒商崛起。据估算，晚清仅绅商的人数就在5万人左右，相当于绅士阶层人数的3.3%。儒商与绅商有差别，但他们的共同特征则是“言商仍向儒”，“商”“儒”不分家。其中，尤以张謇等人最具有代表性。[①]

三、近代中华商道发展的政策制度

鸦片战争失败后，外患日深，西方的工业化推动着人们面向世界，向西方列强学习近代经济发展与国家富强之道成为主流。在这一过程中，随着经济社会条件和思想认识的变化，人们采取了不同的政策和制度。甲午战争失败后，洋务运动走向终结，加快了其后的经济法治化进程，特别是民国时期，由于企业家的积极参与，经济法治化尤为突出，为近代儒商的发展创造了有利条件。

（一）洋务运动及其相关政策

鸦片战争后，面对落后挨打和内忧外患的局面，以曾国藩、李鸿章、左宗棠、张之洞为代表的洋务派，主张“中学为体、西学为用”，通过“师夷长技以制夷”，特别是通过军事和工商业的现代化，进行器物层面革命，以实现自强救国。洋务运动是近代中国第一次大规模模仿西式工业化的运动，其具体政策包括以下几个方面。

一是通过官办军事工业求强。19世纪70年代之前，洋务运动的目的是求强，途径是着力发展军事工业，组织方式是官办企业。1861年，曾国藩攻下太平天国占领的安庆，随即在安庆设立了安庆内军械所，建立了第一家洋务企业。此后，直到19世纪90年代，湘、淮系洋务派及各省

① 马敏：《近代儒商传统及其当代意义——以张謇和经元善为中心的考察》，《华中师范大学学报》2018年第2期。

督抚开办了19家军工企业，雇用工人1万余人，投入经费5 000余万两。这些企业由政府投资、政府所有和政府经营，是略带若干资本主义因素的封建官营企业。[①]客观地说，尽管这些官办企业存在种种弊端，但它开启了中国近代工业化进程。事实上，由于当时人们的认知、资本、技术等因素制约，官办方式具有一定的合理性，在世界上也并非个案，当时的德、日近代化均是如此。当然，一些官办工业适时民营化具有关键意义。

二是通过官办、官督商办和官商合办民用工业求富。19世纪70年代至90年代，洋务派在经营军用工业的同时，陆续建立轮船、煤矿、冶铁、纺织、铁路、电报等民用工业和近代交通运输业。建立这些企业，既是为了军用工业的需要，也是为了谋取利润，即为了求富。企业的组织方式包括官办、官督商办和官商合办三种，但官商合办的尝试均告失败，实际上并无官商合办企业。官办民用企业的性质与官办军用企业的性质相同，而官督商办的民用企业，则是继承了中国古已有之的招商政策，即将官府经办的经济事业招商人承办。唐朝刘晏改革盐法，以官盐招商运销，可视为招商之始，此后中国历代均袭此制。清末的官督商办企业治理权是二元结构：一方面，官方委派督办、会办等经理人，掌握企业经营大权；另一方面，企业中拥有较多股份的“商董”，参与企业管理。[②]在这种畸形治理结构下，企业深受官员的掣肘和侵占，导致私人投资者出逃，影响和打击了民族工商业的发展。[③]当然，因为官办的保护、优待及其给予的垄断经营权，有些企业的发展也曾得益于这种方式。[④]但终是弊大于利，以至于曾经反对商办企业的张之洞，后来也改变了对商办企业的偏见，主张对经

---

① 邹进文主编：《新编经济思想史 · 中国近代经济思想的发展》第6卷，经济科学出版社2016年版，第61—62页。

② 邹进文主编：《新编经济思想史 · 中国近代经济思想的发展》第6卷，经济科学出版社2016年版，第63—64页。

③ 万志英：《剑桥中国经济史：古代到19世纪》，崔传刚译，中国人民大学出版社2018年版，第326页。

④ 邹进文主编：《新编经济思想史 · 中国近代经济思想的发展》第6卷，经济科学出版社2016年版，第64页。

营不利的官办企业实行民营化改革。另外，这里要指出的一点是，洋务运动举办的这些企业，特别是官督商办的企业，也培养出了一批近代儒商，如经元善、郑观应等人。

（二）清末时期的经济法制化建设

正如前面一再强调的“器物、制度和价值”（即物质文化、制度文化和精神文化）是三位一体的，就现代经济（器物）发展而言，以法治为基础的制度是不可或缺的；当然，其核心的人本价值则是根本。甲午战争失败以及洋务运动走向终结后，要推动经济发展，特别是商办企业的发展，就不能不进行与之相应的法制建设。20 世纪初，清末新政时期，清政府开始制定经济法规，企图建立和完善经济社会秩序，维持千疮百孔的统治。然而，最终失败的结局是确定的。因为，无论是洋务运动，还是经济法制化运动，其出发点和立足点都应当也必须是以人为本的价值或精神。舍此，最终都无法行稳致远的。

一是专断下的经济法规制定。1904 年至 1907 年，清政府制定和颁布了一大批新法规。这些法规基本上由清政府一手包办，仅聘请了少数中外法学家，民族企业家被完全排除在外。新经济法规有《公司律》《奖励公司章程》《商会简明章程》《公司注册试办章程》《商标注册试办章程》《矿务暂行章程》《重订铁路简明章程》《试办银行章程》《破产律》等。这些法规涉及了新式工业、商业、矿业、铁路、银行、运输、展销、奖赏、商人社团等方面，在一定程度上改善了民族企业家发展经济的环境。但是，由于没有民族企业家的参与，其制定过程、科学性和可行性方面，远远不能适应当时资本主义经济发展的需要。①

二是参与下的经济法规制定。清末新政时期，近代民族企业家开始通过商会参与经济法规的制定。1904 年至 1907 年全国共成立商会 210

① 虞和平：《资产阶级与中国近代经济及社会》，中华工商联合出版社 2015 年版，第 23—24 页。

个。[①]1907 年 11 月 19 日，上海商务总会联合地方及海外华商共 85 个商会 143 名代表，召开了第一次全国商会商法讨论会，开始参与经济法规的制定。1909 年 12 月 19 日，上海商务总会又召集全国各商会代表，在上海举行第二次商法讨论会，对已完稿的《公司法》《商法总则》进行逐章逐条的商讨，提出不少修改意见，并经全体代表一致通过，将其递交政府并获采纳。1910 年，吸纳商会意见并稍作修订后的《公司法》《商法总则》，作为《大清商律草案》，呈请资政院审议颁布。后因辛亥革命爆发，未及颁布，但为"中华民国"成立后的经济法制建设作了准备。[②]

但是，我们也要清楚地看到，有法律不等于有法治，法制化不等于法治化，没有以人的权利和利益为基础的法制，无法保证企业家发挥自己的创造性作用。当然，清末民族企业家通过商会参与经济法规的制定，不仅有利于促进和完善商法建设，也有利于提高商人的地位。清王朝在辛亥革命的洪流中走向历史的终结，中国历史和中华商道（商业文明）将翻开历史新的一页。

（三）民国时期的经济法制化建设

民国时期经济发展曾有过短暂的黄金期，从内部看，这同经济法治化水平提高和民族企业家地位提升密切相关；从外部看，则同第一次世界大战西方列强无暇中国市场密切相关。上面说过，清末，民族企业家就通过商会积极参与经济法规的建设。民国初期，民族企业家进一步参与到经济法规的制定、修订和政府经济决策中来，对民国时期经济法制化作出重要贡献。1912 年 12 月，中华全国商会联合会（以下简称"联合会"）一经成立，就积极投入到经济立法活动中来。

一是舆论呼吁。在联合会所办的《中国商会联合会会报》上大力宣传经济法治思想和理论。该报社论指出：在人们的社会生活中，最重要的

① 虞和平：《中华全国商会联合会的成立与中国资产阶级完整形态的形成》，《历史档案》1986 年第 4 期。

② 虞和平：《资产阶级与中国近代经济及社会》，中华工商联合出版社 2015 年版，第 25—27 页。

是生命、财产和自由，尤其是自由，因为只有有了自由，生命、财产才能安宁和巩固。但要获得真正的自由，唯一的途径是建立健全法律制度。外国人经营商业，无论是在国内还是在国外，皆有法律保护，一举一动是极自由的。而我国商人，事事与他们相反，也没有保护的法律，商业衰败一日不如一日，所以，商业没有法律保护是万不能发展的。对于制定经济法规的方法，该报认为，一要参考外国的先进商法，吸收其合理之处；二要适合中国的实际商情，符合中国社会的要求和习俗惯例。①

二是积极行动。1914 年至 1925 年，联合会共举行 9 次全国商会代表大会，主要议题就是经济法制建设问题。在商会的努力下，民国政府工商部、农商部广采众议，促成了民国初年的经济法制建设高潮，初步形成了资本主义经济法制体系。1912 年至 1923 年，不包括重新修订的法规、命令、纲要、政要，先后颁布的经济法规达 70 余种，涵盖了工商、矿产、交通、权度、农林、金融税收、经济社团、利用外资和侨资等方面。民国时期的经济法律体系有以下特点：第一，种类比较齐全，包括商法、劳动法、经济统治法和民法中的公民经济权利等四个主体部分。商法中主要包括一般商事、破产与司法管理、票据、海商、商事管辖，等等；劳动法主要包括工会、工时、工人赔偿等等；民法中的公民经济权利包括专利、商标、版权、财产继承等。第二，内容比较周详。如《商人通例》，由清末的《商律总则》9 条增至 73 条；《公司条例》，由清末的《商律》67 条增至 251 条；《商会法》，由清末的 26 条增至 46 条，等等。②

总体来看，民国时期的经济法规，已包括了社会经济的各主要部门和类别，且不同程度地涉及资本、产权、生产、经营、流通、消费和政府经济管理等领域，可以说已包括了资本主义商法的基本内容。③资本主义性质商业法律体系的建立，开启了近代中国商业法制化的进程，这是近现

① 《无商法之弊害》，《中国商会联合会会报》，第 1 年第 1 号。转引自虞和平：《资产阶级与中国近代经济及社会》，中华工商联合出版社 2015 年版，第 27—28 页。

② 虞和平：《资产阶级与中国近代经济及社会》，中华工商联合出版社 2015 年版，第 43—44 页。

③ 虞和平：《资产阶级与中国近代经济及社会》，中华工商联合出版社 2015 年版，第 44—45 页。

代中华商道（商业文明）最大的特点。

客观地说，在民国时期，经济社会仍然处于剧烈动荡时期。前期是军阀割据和混战，中期后期是抗日战争和国内战争，所以，总体上看，这一时期对经济发展的有利条件十分有限。但是，因为第一次世界大战的原因，西方列强无暇中国市场，特别是经济法制化水平的提高，民族企业家地位的提升，以及振兴实业潮流日盛，1912 年到 1936 年，中国出现了一个资本主义经济发展的“黄金时代”。1913 年，中国在全球商品出口所占比重是日本的两倍，到 1929 年时又出现了 50% 的增长。1912 年至 1936 年，中国现代工业的年平均增长率超过了 8%。即便如此，工业在 1933 年的 GDP 的占比也仅有 2.5%，相比之下，手工业在这一时期一直占 GDP 的 7.5%。尽管在 1870—1929 年间，出口增长了近五倍，但中国占全球商品出口的比重一直维持在 2%。[①] 所以，整体上看，现代工商业的发展仍然非常落后。另外，中央政府的孱弱，地方政府事实上的割据，导致中央政府在社会服务、共同投资、社会福利等方面几乎毫无建树。同时，政府既无法实现对民众的福利承诺，又不能改善经济让中国脱离战争、动荡加上全球萧条，这些都严重地削弱了民国政府统治的合法性，难以逃脱最终被抛弃的命运。[②]

但是，就是在这样一个政局不稳定、法治化水平有限，以及民族企业家权益保障不力的情况下，这一时期也产生了一批令世人尊崇的儒商群体，创造了惊人的中国近代工业化奇迹，张謇、范旭东和卢作孚就是其中的典范人物。这说明，儒家思想并非工业化发展的阻碍。近代儒商作为中国企业家群体，其独特精神和价值已经在与“西方式”企业家的比较中凸显出来。张謇强调的“旧伦理新知识”，就是既秉持儒商核心价值，又积极汲取西方的新知识和新技术，以开放、包容的儒家精神引领了中国近代化发展

① 万志英：《剑桥中国经济史：古代到 19 世纪》，崔传刚译，中国人民大学出版社 2018 年版，第 339—340 页。

② 万志英：《剑桥中国经济史：古代到 19 世纪》，崔传刚译，中国人民大学出版社 2018 年版，第 340 页。

潮流。以张謇为代表的近代中国儒商，具有西式企业家典型的冒险和创新精神，但更多地体现出以人为本的中华商道精神。这种差异性，主要表现为近代中国儒商不是单纯地为自己聚敛财富，也不同于西方的“经济人”，把追求利润作为主要目标，更不是为了实现某种生活、消费或享受方式，而是非常注重儒家道德和伦理价值，崇尚“仁义礼智信”和“勤苦简朴”，反对奢靡消费、不劳而获、唯利是图，强调服务国家、反哺社会，创造了这一时期经济发展的辉煌历史。下面我们将对他们进行重点的介绍。

四、近代儒商对中华商道的传承和弘扬

20 世纪 50 年代中期，毛泽东对张之洞、张謇、范旭东和卢作孚等四位近代民族企业家给予了高度评价，指出他们是我们中国人民不能忘记的民族企业家。历史进入 21 世纪，习近平总书记在企业家座谈会上高度评价张謇、卢作孚等近代民族企业家，赞扬他们是爱国企业家的典范。[①] 回首历史，在任人宰割、百年屈辱的近代，在内外营商环境极端恶劣的条件下，张謇等近代民族企业家克服今人难以想象的困难，公而忘私，矢志于实业救国，造就了可歌可泣的中国近代工业化奇迹，将爱国主义精神弘扬到了极致，堪称近代中国伟大的儒商典范，无愧于今天中国民营企业家的先贤和楷模之誉。对于这些伟大的儒商，我们今天更加不能忘记，应当更好地传承和弘扬他们所体现的儒商精神。下面我们将重点介绍张謇、范旭东和卢作孚这三位近代伟大的儒商典范。

（一）不能忘记的近代三位伟大儒商典范

张謇、范旭东、卢作孚是近代伟大的儒商的典范。有意思的是，他们三人都是书生企业家。张謇可谓是“一代儒商、万世师表”，[②] 范旭东被赞誉为“工业先导、功在中华”者[③]，而卢作孚则被称誉为“胸怀高旷，

① 习近平:《在企业家座谈会上的讲话》，人民日报 2020 年 7 月 2 日，第 2 版。

② 寿乐英:《一代儒商 万世师表——第三届张謇国际学术研讨会综述》，《中国工商》2000 年第 10 期。

③ 张春华:《工业先导——记早期化学工业先驱范旭东先生》，《中国农资》2005 年第 5 期。

公而忘私，为而不有，庶几乎可比于古之贤哲焉”者。[①] 三位近代伟大儒商，立足于中华商道，博取西方新知，积极投身实业救国，为中国近代化开辟了新路，是中国近代化的开拓者。近代儒商的探索充分说明，儒家并不阻碍工业化，也能学习工业化、发展工业化甚至能够更好地促进工业化。

1. 张謇：“一代儒商、万世师表”

张謇（1853—1926），字季直，号啬庵，江苏南通人，清末状元，近代著名的企业家、政治家、教育家，一生追求实业救国、教育救国。章开沅认为，从儒商角度看，他毋庸置疑地可以被称为“一代儒商、万世师表”。从学问上说，张謇是一个百科全书式的人物。无论是经济、文化、政治、军事乃至外交都有深入的研究，至今能望其项背者也是很罕见的。[②] 相应地，从实践上看，他不仅是近代著名的企业家，还是近代著名的政治家、教育家。

张謇是政治家。1894 年张謇状元及第，官授翰林院修撰；民国初年，就任政府实业总长、农商总长，积极推进经济体制改革，促进经济法制建设，为民国时期经济发展作出重要贡献。当然，更为重要的是，他被尊称为近代立宪之父。1903 年，张謇访日，认识到议会和政党政治优于集权政体，便开始积极投身立宪运动。清末新政时，张謇是预备立宪公会的会长、各省咨议局联合会的实际领袖。他第一次将西方议会政治引入两千多年的中央集权政体；他领导发起的国会请愿活动，客观上促进了革命的到来；同时，他还是民国初年的议会政党领袖，一系列新观念引领了政治潮流。有人可能要说，张謇的政治主张和立场总是在变。他曾是帝党的骨干，却第一批投向了共和；他起草了清帝退位诏书，被保皇党斥为“张、汤之罪”；他作为立宪派的领袖，却支持了袁世凯；在袁称帝后，又转而支持蔡锷的护国运动。从这一系列变化看，张謇的政治立场的确总是在变

① 卢国纪：《我的父亲卢作孚》，四川人民出版社 2003 年版，第 450 页。

② 崔之清：《张謇与海门——早期现代化思想与实践》，南京大学出版社 2010 年版，第 2 页。

化。[①]

但是，细思下，他的变是与时俱进的变。在每一个历史关节点上，他总是选择了正确的方向。同时，他又是不变的，是万变不离其宗。这就是大一统和共和。他的政治理想是大一统下的共和，共和下的大一统，两者不可分离。既要保证中华民族的大一统，国家不能被分裂，又要推进国家共和制度建设，不能倒退回帝制。所以，当袁世凯维护大一统，张謇就支持袁；当袁世凯反对共和，妄想复辟，张謇就反对袁。很可惜，在张謇的时代，拥有统一能力的人，没有共和之灵魂；拥有共和灵魂的人，又没有统一之能力。[②]即使如此，他也没有完全气馁。1916 年，他回到南通之后，凭借一己之力，将自己的政治理想实践于南通，开创了地方自治的南通模式。南通的地方自治事业包括实业、教育、慈善三部分，所追求的是以“自存立、自生活、自保卫”为基础的民治。[③]张謇创造了一个近代化的城市，在一定意义上继续推进了清末立宪运动的发展。就此而言，他的良苦用心和苦心孤诣，永远感动着中国。[④]

张謇是教育家。秉持着“父教育而母实业”“实业与教育迭相为用”的理念，在发展实业初见成效后，1902 年，张謇着手兴办教育事业。实际上，教育救国是张謇的主要使命，而从某种意义上来说，从事实业就是为了筹措教育经费。[⑤]为了推进教育事业发展，他制定了一个全面系统的教育规划。一是师范教育。他认为“师范为教育之母”，办学须从师范开始。1902 年，他在中国首创通州师范学校，1905 年，又首创通州女子师范学校；其后，还设有乡村师范、甲种师范、乙种师范、盲哑师范、单级

① 潘岳：《张謇是谁》，转载自庄安正：《张謇与近代百位名人》，环境科学出版社 2020 年版，序，第 2 页。

② 潘岳：《张謇是谁》，转载自庄安正：《张謇与近代百位名人》，环境科学出版社 2020 年版，序，第 4—7 页。

③ 章开沅：《张謇与中国近代化》，《华中师范大学学报》1987 年第 4 期。

④ 章开沅：《张謇感动中国——纪念啬翁诞生 150 周年》，《南通师范学院学报》2003 年第 3 期。

⑤ 章开沅：《张謇与中国近代化》，《华中师范大学学报》1987 年第 4 期。

师范的讲习所以及幼稚园传习所等基层师范培训机构。此外，他还资助、帮助创建了东台母里师范学校、淮属师范学校、扬州师范学校、南京高等师范学校等。二是普通教育。他认为，“欲雪国耻而不讲求学问则无资，欲求学问而不求普及国民之教育则无与”，因此必须办普通的基础教育，于是在南通各地创办中小学。到1922年，他共创办高级小学60余所、初级小学350所，初级中学7所。三是职业教育。他在农垦公司附近设农业学堂，逐步发展升级为初等农校、乙种农校、甲种农校，直至大学农科；在大生纱厂设立纺织传习所，后改称通州纺织学校，其后又升格为南通纺织专门学校。此外，他还先后开设了商业学校、医学专门学校、镀镍传习所、河海工程专门学校、蚕桑讲习所，等等。四是特殊教育。他创设盲哑学校，授以力所能及的谋生手艺。创设伶工学社，旨在改良旧戏剧，创造新戏剧。五是社会教育。创建南通博物苑，创建南通图书馆。另外，他还开办更俗剧场，以“破旧俗，立新风”为宗旨，破除宣扬迷信、不讲公共卫生等陋习。张謇所办学校多为全国首创，不仅使南通的教育发展领先于全国，形成了完整的教育体系，而且为全国的教育发展起到了引领作用。张謇发展教育事业方面所体现出的视野之开阔，气魄之宏大，构思之完整，措施之切实，就中国范围而言可以说是前所未有。“而张謇为兴办南通教育事业，耗费了大量的精力和财力，甚至负债近百万，年届70仍在卖字筹款，可谓置个人得失于度外，竭尽生平之全力。”[①]

张謇15岁参加科考，经过26个春秋坎坷曲折，年过不惑才状元及第。但是，在中华民族面临亡国灭种的历史关头，张謇弃仕从商，致力于实业救国、教育救国，但“言商仍向儒”[②]，秉承了儒家的担当精神。1896年，张之洞奏派张謇和陆润庠、丁立瀛分别在通州、苏州、镇江设立商务局，推动当地实业的兴办。三人中，除丁立瀛在镇江无所作为，张、陆两位长江南北的“文章魁首”各有建树。1899年，历经三年半，大生纱厂

① 虞和平：《张謇：中国近代“实业救国”和“教育救国”的拓荒者》，《旗帜》2020年第12期。

② 张謇：《张謇全集》卷5，江苏古籍出版社1994年版，第199页。

终于建成投产。开工一年后，大生纱厂就获得2.6万两白银的净利润。张謇创办的第一家纺织公司，名为大生，就来自于儒家经典《周易》，天地之大德曰生，张謇的儒商品格可见一斑。其后，以棉纺业为中心，张謇又先后创办了30多家企业，涉及的行业包括纺纱、面粉、榨油、轮船、肥皂、瓷业、电灯、垦牧、渔业、水利、地产等领域，形成了一个相当完整的经济体系。这些产业加在一起，构成一个庞大的大生民族资本集团，资产总额3 300多万元。[①]大生集团在全盛的时候，人称“南通是中国著名的实业模范区”。张謇成为清末民初享有盛誉的“实业领袖”，堪称近代第一实业家。

张謇的成就就是今天的企业家也难企及。这是因为他付出的努力无论是当时还是现在，也都无人能及。他历尽艰辛、九死一生、坚韧不拔、为商不有、全心为民，真正书写了一个大写的儒商。

2. 范旭东：“工业先导、功在中华”

范旭东（1883—1945），原名范源让，字明俊，为明救国之志，后改名锐，字旭东[②]，祖籍湖南湘阴，生于长沙，日本帝国大学化学系毕业，中国重化学工业的奠基人，被称为“中国民族化学工业之父”。

说起范旭东，作为中国人不能忘记他创办的久大精盐公司。1914年，范旭东在天津塘沽创办了久大精盐公司，立志“使人民有干净的盐吃，有便宜的盐吃”[③]。久大精盐首开中国精盐生产的历史，从此让中国人摆脱了吃土的时代。为什么这样说呢？在范旭东用现代工艺提纯食盐前，中国人一直使用土法提纯食盐。所以，因为范旭东，我们中国人开始吃上自己提纯的食盐。对此，我们什么时候也不能忘记他。

说起范旭东，作为中国人也不能忘记他创办的永利制碱公司。1918

① 马敏：《近代儒商传统及其当代意义——以张謇和经元善为中心的考察》，《华中师范大学学报》2018年第2期。

② 邓正琦：《中西企业家经营理念个案比较研究》，《重庆师院学报》1996年第4期。

③ 黄汉瑞：《回忆范先生》，《海王》旬刊18年第20期。转引自李玉：《传统文化与近代民族实业家的创业精神》，《中华文化论坛》1996年第2期。

年，范旭东创办永利制碱公司。其后靠着自强不息的创新精神，经过无数次失败，历经近九年的艰辛，终于掌握了当时最先进的制碱工艺，1926年生产出完全达标的纯碱，成为当时亚洲第一家、世界第三十家苏尔维法碱厂，一举打破了西方国家对纯碱制造的垄断。这可是足以令中国人自豪的奇迹。因为，正是在这一年的8月，永利的红三角牌纯碱在美国费城万国博览会上荣获金质奖章，并被誉为“中国近代工业进步的象征”。当然，鼓舞人心的还在后头，1933年，永利纯碱打入日本市场和南洋市场。① 其后永利的新产品硫酸铵、硫酸铔诞生，不断打破西方在化工业领域的垄断，造福着国人，也振奋着国人。所以，对于范旭东，我们中国人什么时候也不能忘记。

1922年创办的中国第一家民间化工研究机构——黄海化学工业研究社，推动了范旭东事业的发展。抗战爆发后，他拒绝日本帝国主义的威逼利诱，毅然迁厂入川，并在重庆设立永利铁工厂、全华酒精厂，为大后方工业建设作出重大贡献。1945年，范旭东在重庆病逝，重庆各界人士为他举行了两次隆重的追悼大会。毛泽东送了挽联：“工业先导，功在中华”。中华人民共和国成立后，他又被毛泽东赞誉为发展我国近代工业不能忘记的四位实业界人士之一。由于范旭东在重庆有较大影响，其传略收入《重庆市志》和《重庆名人辞典》。

当然，作为中国人更需要铭记的是范旭东以人为本的中华商道精神。范旭东强调以员工为本，先后兴建起了工人食堂、宿舍、职工消费合作社、运动场、图书室、附属医院、幼稚园、明星小学校，等等。1925年，公司开始实行职工三班工作制，成为中国企业界最早实行每日八小时工作制的工厂。当然，抚恤金、退职金、退休养老金、解职金，等等，也是明文规定，完全是一个现代的文明公司。② 工作在这样的公司，员工岂能不努力工作？而这样以人为本的公司，当时并不多见，今天可能也不多

① 李玉：《创业先驱：范旭东大传》，中华工商联合出版社1998年版，第363—364页。

② 张克生：《我国早期企业文化的结晶——“永久黄四大信条”》，《道德与文明》1994年第2期。

见。范旭东怎能不让我们由衷地钦佩呢？中国人不可忘记范旭东的伟业，更不可忘记范旭东的儒商精神。范旭东去世后，举国哀悼、公认伟大。那么，范旭东何以伟大呢？范旭东最重要的合作人、科学家侯德榜认为，范旭东除了创造能力，科学精神，眼光远大，艰苦奋斗精神，更重要的是“以富国而便民用”的人本精神，① 其“私德可与事业媲美”。②

3. 卢作孚：“公而忘私、可比贤哲”

卢作孚（1893—1952），重庆市合川人，近代著名爱国实业家、教育家、社会活动家，民生公司创始人、中国航运业先驱，被誉为“中国船王”“北碚之父”。

说起卢作孚，就两个字：救国。卢作孚 17 岁加入同盟会，革命救国；小学毕业后因家贫而辍学，自学成才之后，教育救国；最后又走上实业救国之路。卢作孚认为，运输业是经济命脉，因此创办民生船运公司。因为经营有方，当初东挪西凑 8 000 元购置的 70 多吨的一条小船，逐渐发展壮大，9 年后也就是 1935 年，卢作孚统一了长江上游航运，将曾经不可一世的外国轮船公司逐出了长江上游。他使民生公司崛起于长江，争雄于列强。到 1950 年，民生公司已拥有客货轮船 140 多艘，开辟了数千公里的内河航线，还拓展了港澳和东南亚航线，最远到过印度和非洲。另外，除了船运公司，卢作孚还独资或合资创建了 70 多家企业，涉及众多领域，公司总资产达到 8.437 亿元，净资产达到 2.915 亿元。但是，卢作孚却终身清贫，穿的甚至不如员工。有一次去见客户，客户竟然把手下员工当作卢作孚，而把穿着寒酸的卢作孚当作了手下员工。卢作孚身为企业创办人和总经理，最初并没有股权，仅仅拿着微薄的 30 元工资。后来，刘湘等人凑了一笔钱给他入股，股东大会为感激他对公司的贡献，赠送给他一些干股，这些股份仅占全公司的两千分之一。1949 年后，他名下股金折合 3

① 《久在精盐公司二十年来之回顾及将来之展望》，《海王》1934 年新年特刊，第 3 页，转引自曾凡英主编：《盐文化论丛（第一辑）》，巴蜀书社 2006 年版，第 37 页。

② 侯德榜：《追悼范旭东先生》，《科学》第 28 卷第 5 期，1946 年 10 月版，第 235 页，转引自曾凡英主编：《盐文化论丛（第一辑）》，巴蜀书社 2006 年版，第 42 页。

万元，全部交给国家，始终没拿过一文红利，而他兼职的钱也全数捐献。直到他生命的最后一刻，他从没有为自己谋过私利，没有财产，没有储蓄，没有片瓦，没有寸地。①

更让中国人不能忘记的是，卢作孚创造了“东方的敦刻尔克大撤退”。1938 年秋，宜昌沦陷前夕，民生公司运送部队、伤兵、难民和教育界人士和学生等各类人员，总计 150 余万人，货物 100 余万吨，其中包括两万吨空军器材和广东炮厂的物资，卢作孚和民生公司勇担国难，为保存当时中国的政治实体、经济命脉以及教育文化事业作出巨大贡献和牺牲。民生公司有 16 艘船只被炸沉炸毁，69 艘船被炸坏，117 名员工壮烈牺牲，76 名员工伤残。② 后人会永远铭记这次大撤退。因为，第二次世界大战期间曾经有过多次大规模的撤退，几乎每一次撤退都是由军事家或者政治家组织的，只有在中国，一位企业家组织了一次影响整个民族命运的这么一次大撤退。如果没有这次大撤退，中国的命运可能是另外一种状态。③

卢作孚留给我们的，不仅是他的事业，更是他为国为民的精神。如梁漱溟所说“作孚先生胸怀高旷，公而忘私，为而不有，庶几乎可比于古之贤哲焉”④。他是“一个未受过正规学校教育的学者，一个没有现代个人享受的现代企业家，一个没有钱的大亨”。⑤ 这也正是他的独特价值所在。卢作孚离世后，黄炎培所写的《哀词》里，提出了两个问题：“君为何生？”“君为何来？”回答是：“君应是为一大事而生”，君之来“为的是国家，为的是人民”⑥。卢作孚把以人为本的中华商道推向了极致。

（二）近代儒商典范对中华商道的弘扬

张謇、范旭东、卢作孚之所以成为中国近代工业化的开拓者，为中

① 卢国纪：《我的父亲卢作孚》，四川人民出版社 2003 年版，第 444—445 页。

② 凌耀伦：《民生公司史》，人民交通出版社 1990 年版，第 184 页。

③《中山舰及武汉会战国际研讨会会议论文集》，武汉出版社 2010 年版，第 399 页。

④ 卢国纪：《我的父亲卢作孚》，四川人民出版社 2003 年版，第 450 页。

⑤ 卢国纪：《我的父亲卢作孚》，四川人民出版社 2003 年版，第 263 页。

⑥ 卢国纪：《我的父亲卢作孚》，四川人民出版社 2003 年版，第 450 页。

国的工业化作出了巨大贡献，根源于他们灵魂深处的中华商道精神，在于对中华商道精神的传承和弘扬。张謇本身就是“言商而向儒”的儒商，是一代儒商、万世师表；而范旭东、卢作孚被称为书生企业家，两人还是惺惺相惜的志同道合者，深受张謇精神的影响，饱含儒家士人爱国担当的情怀，成就了他们伟大儒商的精神品格。

1. 高扬的以人为本精神

以人为本是中华文化的根本精神和品格，是中华商道的根本理念。作为近代伟大儒商，张謇、范旭东和卢作孚将人本的中华商道精神推向了极致。

张謇办实业、办教育、办慈善，秉持的是“天地之大德曰生”[①]。最低的期望，是“要使大多数百姓都能得到最低水平线的生活……换言之，没有饭吃的人要使他有饭吃，生活困苦的人使他能够逐渐提高”，张謇认为，这是“儒家的本分”而已。[②]正是这种儒家仁爱本分，始终激励着张謇在实业、教育、慈善等各方面创造了无数个第一，书写了无数个传奇。张謇的人本精神，除了让人有饭吃、有工做、受教育、受恤爱，还充分地体现在张謇的人性管理方面。一是以人才为本。世界的竞争，是人才的竞争，事业成功的关键在人才。为此，张謇在创业之初重用沈敬夫等人和留学生，网罗外国人才，等等。二是以员工为本。为工人建造工房，方便职工休息；安排女工照顾女职工的婴孩，解决孩子的喂养问题；为工人建造公园，怡情养性；为工人建设职工医院，解决看病难的问题；积极培训员工，学习技术技能，等等。就是以今天的标准看，这也是人性管理的典范。

同样，范旭东也是将人本精神灌注于自己的事业之中。范旭东坚守他提出的“永久黄四大信条”，即“原则上决定的相信科学；事业上积极的发展实业；行动上宁愿牺牲自己，顾全团体；精神上以能服务社会为最

① 《周易 · 系辞传》

② 刘厚生：《张謇传记》，上海书店出版社 1985 年版，第 251—252 页。

大光荣”。其核心是“以服务社会为最大光荣”[①]，充分体现了儒商的仁爱精神。具体来看，他历经艰辛地创办久大精盐公司，是为了让人民有干净的盐吃，有便宜的盐吃；百折不回地创办永利制碱公司，是为了中国的化工工业的发展；努力创办南京硫酸铵厂，是为了中国的农业发展。总之，范旭东创办实业，其根本出发点就是国家和人民的日常急需。

另外，范旭东人本精神的一个特点在于极其重视人才。范旭东深知，“事业的真正继承是人才”，“凡事待人而兴”[②]，因此，他不仅在国内物色人才，也积极在国外遍览人才。而众多人才也因范旭东的一腔爱国之志而愿意追随，其中就包括曾在国外留学的侯德榜。对于人才，范旭东给予事业、生活、精神等方面的关心照顾。永利、久大、黄海社规定对职工的房、煤、电、水、医疗、子女上学等全部免费。范旭东要求事务部对各厂(社)的技术人员更要实行全方位服务，以使他们有更多的时间用于钻研业务或科研攻关。20世纪30年代初，侯德榜在永利碱厂工作之余曾到天津北洋大学兼课，范旭东得知此事后，要求碱厂事务部：凡侯去天津讲课，一定用专车接送，以节省他珍贵的时间。[③]另外，对于作出贡献的人才给予高度表彰，如以贡献者名字“致本”（侯德榜的字）命名科研楼，以贡献者名字命名工艺法（侯氏制碱法），等等。功归人，过归己，范旭东的人本精神和高尚情怀，深深打动了众多科学家。侯德榜表示，“赴汤蹈火，亦所弗顾”，甚至四五年连家眷都顾不得接来，全力以赴，为事业而奋斗；任可毅至诚回报，“每早七点开始工作，晚十点前后还能继续工作”。[④]正是以人本精神对待人才，范旭东才创造了中国化工现代化事业的奇迹。

“求仁得仁”是卢作孚一生的写照。革命是为了仁爱众生，教育是为

---

① 张克生:《我国早期企业文化的结晶——“永久黄四大信条”》,《道德与文明》1994年第2期。

② 李祉川等:《祖国　事业　科学　人才——纪念实业家范旭东》,《纯碱工业》1984年第6期。

③ 熊秋良:《传统文化与范旭东的创业精神和经营思想》,《湖南师范大学社会科学学报》1997年第5期。

④ 李祉川等:《祖国　事业　科学　人才——纪念实业家范旭东》,《纯碱工业》1984年第6期。

了仁爱众生，实业同样如此。1925年，在创办民生公司之初，卢作孚就确立了“服务社会，便利人群，开发产业，富强国家”宗旨，而公司以“民生”命名，这既体现了“三民主义”，也反映了儒商的人本精神。卢作孚常对民生员工说：“一个人的成功不是要当经理、总经理，或变成拥有百万、千万的富翁，成就自己；而是盼望每一个人都有工作能力，都能成就所做的事业，使事业能切实帮助社会。”①卢作孚的高远理想是，建设一个物质和文化生活丰富、人与人之间平等、友爱的现代化的公平、公正、和谐的社会。

“求仁得仁”是卢作孚一生的写照。革命是为了仁爱众生，教育是为了仁爱众生，实业同样如此。1925年，创办民生公司之初，卢作孚就确立了“服务社会，便利人群”的宗旨，追求“个人为事业，事业为社会”的价值取向。公司以“民生”命名，充分体现了“三民主义”精神，也反映了儒商的人本精神。卢作孚指出，民生公司“不是一个自私自利的组织，绝对是一个帮助社会的事业”②，“民生公司最后的意义绝不是帮助本身，而是帮助社会”③。他强调，民生人从“今天以后，我们帮助社会的事情，要从适应社会各方面的需要上去着眼，去努力”。④卢作孚常对民生员工说：“一个人的成功不是要当经理、总经理，或变成拥有百万、千万的富翁，成就自己；而是盼望每一个人都有工作能力，都能成就所做的事业，使事业能切实帮助社会。”⑤卢作孚是这样说的，更是这样去做的，并把这种植根于为社会服务的民生精神，渗透到民生公司的经营管理、规章制度、思想教育、业余生活等各项活动之中，成为民生公司发展壮大的精神支柱，成为全体民生人的共识和追求目标，成为调动民生人积极性的原动力，使每一个民生人都有一种强烈的社会责任感和使命感，有一个为社

① 凌耀伦、熊甫编:《卢作孚文集》，北京大学出版社1999年版，第350页。

② 卢作孚:《卢作孚文选》，西南师范大学出版社1989年版，第127页。

③ 卢作孚:《卢作孚文选》，西南师范大学出版社1989年版，第114页。

④ 卢作孚:《卢作孚文选》，西南师范大学出版社1989年版，第128页。

⑤ 凌耀伦、熊甫编:《卢作孚文集》，北京大学出版社1999年版，第350页。

会、为国家服务献身的光荣感、自豪感，才使民生公司在为发展民族航运事业中创造了种种奇迹。

可以说，正是坚守“服务社会，便利人群”的人本精神，在面对太古、怡和与日清三大外轮的打压时，民生公司不畏不惧，依靠民众和员工的爱国热情，积极开展“改善服务”运动，在提升硬件服务的同时，不断提升软件服务，让旅客感受到一种清洁、快捷且“自尊的舒适”，外轮的降价拉客的阳谋和江水撞击的阴谋均败下阵来。在同处于垄断地位的外轮的竞争中，民生不但没有被外轮公司压垮，反而越战越强，随着收购美船捷江的成功，民生在与外轮公司争夺川江航权的较量中，取得了决定性的胜利，最终将清政府丧失的内河航权一举夺回，实现了卢作孚长期以来的愿望。

此外，作为儒商，卢作孚的人本精神集中体现在对员工的人本管理方面。卢作孚从创办民生公司开始，就把人的因素看作是企业生产中的决定性因素。卢作孚提指出：“我们缺乏技术人才，尤缺乏管理人才，如果这个根本问题不解决，则所有社会的一切问题都不能解决。”[①]重视人的因素，特别是重视人在企业生产中的地位和作用，成为民生公司在险恶环境中发展壮大的根本原因。具体来说，卢作孚的人本管理思想包含以下几个方面。

一是强调平等待人观念。卢作孚认为，所有人都是平等的，必须平等待人，这是卢作孚人本管理的核心。他强调：“事业是一群人的力量创造出来的，每一个人穿起不论他是什么职务，都是可以代表整个事业的精神……”[②]因此，从总经理到一般职工都是平等的。在民生公司，无论是总经理还是普通职工都统一着装，穿的是朴素的粗布“民生服”；在同一个食堂里同桌站着吃饭，没有高下之分。[③]更重要的是，这种平等还体现在员工的利益分配之中。1936 年冬，黄炎培参观民生公司后指出，民生

① 凌耀伦、熊甫编：《卢作孚文集》，北京大学出版社 1999 年版，第 294 页。

② 凌耀伦、熊甫编：《卢作孚文集》，北京大学出版社 1999 年版，第 371—372 页。

③ 卢国纪：《我的父亲卢作孚》，重庆出版社 1994 年版，第 172 页

公司“每年分红的方法，把3 000多人分作五级，不问职务高低，薪水大小，但按他劳逸和功过，列入某级…… 总经理这样，水手什役也是这样。所以去年卢先生分红得四十九元几角。这样实行平等，怕民生以外，还不容易找第二个公司吧。”[①]应当说，这种平等待人的观念，是民生公司具有凝聚力、向心力的深厚基础。

二是重视选才、用才、育才和利才制度。在选才和用才方面，他主张任人唯贤，反对用人唯亲。卢作孚认为“人事管理之第一要义在用人，用人之第一要义在为事择人”[②]。卢作孚尖锐地批判了任人唯亲的陋习，一针见血地指出，这是封建社会和小农经济时代的产物。他废除了这种制度，采取了“低级人员考，高级人员找”的用人制度。据1936年的统计，通过考核进来的职工占总职工的93%。保证了民生公司一般职工的素质。对于有真才实学的高级技术和管理人才，卢作孚则采取公开登报招聘、走访、托人代寻和请求学校科研单位派遣等途径，从而招聘了大批能人。据民生公司在1937年的统计，处级以上干部专家41人中。大学以上毕业者38人，占92%（其中留英、美、日、德者5人），年龄多在30到40岁之间，形成了一个年轻化、知识化、能力强、有事业心的民生领导集团。抗战时期，民生公司技术管理人才之雄厚，是其他任何公司望尘莫及的，这是民生公司不断壮大发展，战胜顽敌的根本保证。[③]另外，坚持德才兼备的选才用才标准，重才干和品行，不徇私情。在民生公司，凡有才干的，不论过去反对民生或是民生的竞争对手，都千方百计聘请重用、充分信任。对于无理想，工作马虎、不负责者，即使是亲戚(如胞弟卢魁杰)也要开除。这样形成的人才群体，攻破了不少技术和管理难关，作出了许多令同行惊讶的业绩。

在育才方面，实行“全员训练”与“全面训练”。所谓“全员训练”

① 刘重来、周鸣鸣:《三位耄耋老人的怀念和敬仰——卢作孚人格魅力一瞥》，《人物》1999年第11期。

② 凌耀伦、熊甫编 :《卢作孚文集》，北京大学出版社1999年版，第585页。

③ 凌耀伦:《卢作孚的管理思想及其在民生公司中的应用》，《中国经济史研究》1988年第2期。

是指，培训的对象覆盖公司所有工作人员；而“全面训练”是指，培训的内容覆盖思想、技术、管理、和军体等各个方面。公司不惜花费巨资开展职工培训工作，创办各种训练班，主要有：以爱国主义、集体主义、个人品德为主的精神教育培训班；以社会为课堂训练职工吃苦耐劳的义勇训练班；以提高文化知识水平和业务能力的训练班；以提高技术工人文化水平的艺徒训练班；以增长员工家属知识技能的培训班。这种把教育和事业结合起来的人才培训方式，在中外企业管理史上是一种创举，民生公司也因此而赢得“社会大学”的美称。[①]其中，精神教育贯穿于各种培训班之中，成为培训的核心和基础，目的是增强实业救国、现代集团生活和勤俭创业精神，打破员工缺乏为国家、社会、集体服务的思想和创业奋斗精神，树立“公司的问题职工解决”，以及“作息均与人群至乐，梦寐勿忘国家大难”的思想。

在利才方面，形成了独具特色的工资制度与福利制度。卢作孚指出，“人事管理的另一问题，在谋职工的福利，不仅为谋当前福利，并须为谋未来福利，不仅谋个人福利，并须为谋家庭福利”，强调“职工的问题公司解决”。[②]所以，重视员工的利益，是卢作孚人本管理的重要内容，这主要体现在工资和福利制度方面。在工资制度上，公司把技术、能力、贡献、表现和工龄结合起来，建立了有特色的逐年加薪、提职必提薪、借薪和减薪等工资制度体系。这种工资制的特点是既将工资与工龄、能力、表现等因素挂钩，又将工资与企业盈亏及经营状况结合起来，能够有效激发广大职工的工作热情、创造精神和进取心。在福利制度上，民生公司的福利制度涉及职工的生活、休假、医疗和养老保障等方面，不仅比较全面，更是当时其他企业所没有的，它主要体现为：职工膳食全部由公司负担，单身职工免费居住公司宿舍，到公司预约的医院免费就诊、免费体验、打预防针等。此外，公司还根据年终盈利情况发给职工红酬与双薪；为使职

① 凌耀伦：《卢作孚的管理思想及其在民生公司中的应用》，《中国经济史研究》1988 年第 2 期。

② 凌耀伦、熊甫编：《卢作孚文集》，北京大学出版社 1999 年版，第 586 页。

工有就业安全感，明确规定职工没有严重过失不准随意解雇。这一切使职工从工作到生活，从个人到家庭，以及生、老、病、死各方面都深切地感受到自己被尊重和自己在公司的地位，增进了职工的归属感，进一步调动起职工的工作热情，树立起热爱工作、热爱公司、视公司如家的思想，使民生公司职工精神面貌得到很大改善，文化技术素质也大大提高，推动了民生公司的快速发展。

三是建立科学管理和民主管理制度。卢作孚认为，管理的目的是提高效率，方法是建立秩序。[①] 为此，卢作孚从科学管理和民主管理着手，进行了一系列的制度创新。

第一，建立科学管理制度。一要坚持五项原则。这包括：根据事业的范围或性质划分部门；明确的分工；必须层层负责、层层节制；组织约束个人，个人服从组织；无计划即勿行动。[②] 二要废除“买办制”，实行“四统制”。“买办制”是中国航运界普遍实行的一种落后的管理体制，即公司将轮船上的驾驶、轮机和事务分别包给买办办理，层层买办，形成大小各种利益集团，互相倾轧。公司除了定期收费，他事概不过问，故而管理混乱，导致运私货、误航期、乱涨价、服务差、海损事故频繁等弊端层出不穷。鉴于此，民生公司实行“四统制”。具体内容是：船上人员统一由公司任用，任人唯贤，不准私人滥用；船上财务统一由公司掌握，一切收入归公司，不得营私舞弊；船上燃料、油料消耗统一由公司定额核发、节约有奖；全船由船长统一指挥。这样，人、财、物集于公司，而公司又以卢作孚为权力核心，从而确立了以总经理为首的总公司集权的管理体制。“四统制”极大地增强了公司的财力、物力和对外竞争力，从而为民生公司迅速发展和战胜强敌提供了制度和组织保证，并向中国航运界吹进了一股改革新风。[③] 三要分级管理与加强横向联系。在加强集权的同时，卢

① 凌耀伦、熊甫编：《卢作孚文集》，北京大学出版社 1999 年版，第 581—582 页。

② 凌耀伦、熊甫编：《卢作孚文集》，北京大学出版社 1999 年版，第 584 页。

③ 杨国誉：《卢作孚的创新管理及其思考》，《郧阳师范高等专科学校学报》2004 年第 4 期。

作孚认为必须进行分权。他指出，“不宜事事均达到上层，更不宜事事均到最上层”“必须每一阶层各有应负的责任，各有其负责处理的问题”。[①]因此，层层负责、层层节制的分级分权管理，使职员各司其职，保证了机构精干高效，避免人浮于事。与此同时，卢作孚认为，部门之间也要加强“横的联系”，明确相互关系，不至于职责混淆，系统紊乱。[②]为此，民生公司建立了联席会议制度和各种专业委员会等，协调解决部门之间的关系。

第二，建立民主管理制度。卢作孚主张依靠和发动职工参与管理，提倡民主管理，反对个人主观独断的领导方法，充分体现人本管理精神。他指出：“最高才能的领导者，不在其个人的天才监督群人，而在能建立群的秩序监督个人，不但应当发挥每个工作人员的能力，尤其应当发挥整个社会组织的能力”。[③]因此，“管理人员应寻找机会接近工作人员，与工作人员的商讨是促进工作的有效方法”。[④]为了有效实施民主管理，公司建立了相应的会议制度。如每天一次的联系会、每周一次的主干会、每周两次的朝会以及各种专业会议等制度。联系会由各部门参与，以互通情报、协调关系推动当天工作为任务；主干会由总经理和处级经理参加，研究总公司的重大决策或董事会的决策，并做出相应的执行方案和措施；朝会则由总公司全体工作人员参加，以讲形势，交换心得，听取群众建议和意见为目的。公司通过朝会，促进了干群之间、各科室之间、职工之间的交流和沟通；而主干会对总经理或董事会的统一指挥和正确决策、在防止公司产生重大失误方面起了重要作用。[⑤]另外，这些会议时间短，不超过一刻钟，且要有相应决议以及对决议执行的检查。所以，民生公司会议虽多，但时间不长，富有效率，结果显著。相比较而言，二十世纪三四十年

---

① 凌耀伦、熊甫编：《卢作孚文集》，北京大学出版社 1999 年版，第 584 页。

② 同上

③ 凌耀伦、熊甫编：《卢作孚文集》，北京大学出版社 1999 年版，第 585 页。

④ 凌耀伦、熊甫编：《卢作孚文集》，北京大学出版社 1999 年版，第 239 页。

⑤ 徐英华：《民生公司的人本管理》，《经济与管理》2007 年第 5 期。

代，西方实行的是独裁式管理，职工毫无民主权利可言。尽管到二十世纪四五十年代，民主管理理论风行一时，但管理实践却不多，而中国当时普遍存在家长式管理。因此，卢作孚的民主管理思想和实践，不仅在中国的企业管理上是创举，在世界上也是一大创新。①

2. 强烈的家国天下情怀

经世济民的家国情怀是中华商道最优秀的品质。儒家强调格物致知、诚意正心，目的不仅是修身齐家，更在于治国平天下，这也是中华儒商安身立命的核心要义。对于近代的儒商而言，其使命更是如此，就是实业救国。对此，国外学者指出，"20世纪中国的企业家把自己的成功看作是拯救国家命运的希望之举"②。可以说，爱国主义是张謇、范旭东和卢作孚儒商精神中最鲜明的特征。

在仁人志士救亡图存的近代，张謇弃仕从商，认为"天下将沦，唯实业、教育有可救亡图存之理，舍实业官不为，设至陆沉之日而相怨，当吾辈当日不一措手，则事已无及"③。为了救亡图存，张謇"不胜时世之愤欲雪书生之耻，慨然委身于实业"，不惜"忍侮蒙讥，伍生平不伍之人，道生平不道之事"。④在南通艰苦奋斗长达20多年，进行了全方位、系统性的早期现代化试验，在兴办实业、教育、公益慈善事业方面，创造了无数个第一，使偏居江北一隅、闭塞落后的小城，演变成初具近代规模的新型城市，成为享誉全国的"模范县"，其早期现代化的雏形甚至在国际上也产生了一定影响。王光英评价说："张謇先生就是那个时代的一位典型的爱国主义实业家和教育家，一位推进中国早期现代化的思想者和倡导者，更是一位推进中国早期现代化的实干家。我们今天研究张謇，就是

① 凌耀伦：《卢作孚的管理思想及其在民生公司中的应用》，《中国经济史研究》1988年第2期。

② 汪洋：《近代企业家的社会责任——以张謇和卢作孚为中心的考察》，《湖南医科大学学报》2010年第2期。

③ 张謇：《张季子九录 · 实业录》（卷1），中华书局1931年版，第11页。

④ 张謇：《张季子九录 · 专录》（卷1），中华书局1931年版，第32页。

要学习他的爱国主义精神和勇于创新实践的实干精神。”[①]李德生将军也指出：“为什么张謇能够在我国近代史上占有如此重要的地位？ 纵观他的一生，可以说最根本的是他的爱国主义思想和实践……他是热爱祖国、报效祖国的爱国者。像许多历史上建功立业的人士一样，爱国主义是张謇成就其事业的强大精神动力。”[②]

同样，范旭东、卢作孚也是满怀一腔爱国心，投入到实业爱国事业中。在日本留学时，范旭东就经常探索反帝救国、振兴中华之道，他在一张照片背后所写的誓言中，清楚地反映了当时忧国忧民的心情：“我愿从今以后，寡言力行，摄像立誓之证。”又加旁证，“时方中原不靖，安危一发，有感而记此。男儿男儿，其勿忘之”。[③]在日本，他曾立志习武救国，后是学医，最终选择科学救国，转学化学。回国后，因看不惯官场腐败，毅然投身实业。范旭东建立久大精盐公司，其根本目的是为了使人民有干净、便宜的盐吃，同时也是“为中国化学工业奠定基础”。为了彻底打破洋商对中国纯碱供应的垄断，使中国的化学工业不再受洋人挟制，范旭东经历八年，终于领导永利公司生产出了“红三角”牌优质纯碱，在试制纯碱最困难的时候，范旭东坚定地表示：“为了这件大事业，虽粉身碎骨，我亦要干出来。”[④]1937年2月，范旭东创办的南京硫酸铵厂竣工投产，范旭东自豪地宣布：“列强争雄之高压合成铵工业，在中华大地于焉实现矣。”[⑤]可见，多么强烈的民族责任感和创业使命感在催促着范旭东孜孜奋斗。

家国天下情怀在卢作孚身上表现得最为炽烈、最为深沉。他历经革命救国、教育救国，最后走上了实业救国之路。正是因为强烈的家国情怀，民生公司从一个只有一艘70多吨的小船、45位员工的小公司起步，

---

① 王敦琴：《张謇研究百年回眸》，南京大学出版社2007年版，第15页。

② 同上

③ 李祉川等：《祖国事业科学人才——纪念实业家范旭东》，《纯碱工业》1984年第6期。

④ 李玉：《传统文化与近代民族实业家的创业精神 》，《中华文化论坛》第1996年第2期。

⑤ 同上

不到十年，就发展成为一个拥有 47 艘轮船，总吨位达 20 400 吨，员工近 4 000 人，股本为 167 万元，承担长江上游 70% 以上运输任务，年运客量达 41 万人次，货运量 8 万吨的大公司。[①] 这样，民生公司同外轮展开了历时七八年的“长江大决战”，从列强手中夺回川江航运主权，实现了将外国侵略势力驱逐出川江的梦想。

应当说，卢作孚终结了外轮对川江航运的垄断，其爱国精神令人感佩至深，而抗战中勇担国难，牺牲巨大，以企业家的一己之力谱写了东方敦刻尔克大撤退的壮举，则感天动地，与天地共存。实际上，1937 年抗战一爆发，卢作孚就倡导民生公司全体职员积极加入抗战。他说：“国家对外的战争开始了，民生公司的任务也就开始了”，“民生公司应该首先动员起来参加战争”[②]。卢作孚的爱国之心，真是天地可鉴。

当然，卢作孚爱国情怀不止于此。他在发展航运业的同时，先后创办和投资了六七十家企业，使民生公司成为中国西南地区最大的民族资本集团。在发展经济的同时，民生公司还捐资开办了峡区实用小学、瑞山小学、兼善中学和中国西部科学院。另外，他在北碚进行乡村建设，把一个曾经盗匪横行、脏乱不堪的乡村，建设成为一个初具规模、社会秩序安定的生产区域、文化区域和游览区域。[③] 可以说，他的一生就是竭力为国为民的一生。他的最大梦想，就是建设一个经济、政治、教育、科技、国防现代化国家，一个人与人之间平等、友爱、互助的社会，一个物质、文化生活极其丰富的社会，一个公平、公正、和谐的理想社会。卢作孚在一定的程度上实现了这一理想。其实验的基地，就是民生公司，就是北碚家园。

3. 自强不息的创新精神

自强不息的创新精神是中华优秀传统文化的重要组成部分。中国人

① 凌耀伦：《民生公司史》，人民交通出版社 1990 年版，第 6 页。

② 凌耀伦、熊甫编：《卢作孚文集》，北京大学出版社 1999 年版，第 556 页。

③ 凌耀伦：《卢作孚与民生公司》，四川大学出版社 1987 年版，第 3—6 页。

强调“周虽旧邦，其命维新”，[①] 执着于“天行健，君子以自强不息”[②]“苟日新，日日新，又日新”[③]，而非一成不变。自古以来，自强不息的创新精神一直在激励着仁人志士经历劫难，孜孜奋进。这种奋斗精神在张謇等近代儒商实业救国事业中体现得尤为明显。

张謇自强不息的创新精神是在同列强的抗争中产生、巩固和发展的。为了反对经济侵略，张謇毅然走上实业救国之路。在大生纱厂的《厂约》中对此有清楚的表达，为了不至“通产之棉”为日厂利用“通州之设纱厂，为通州民生计，亦即为中国利源计。通产之棉，力韧丝长，冠绝亚洲，为日厂所必需。花往纱来，日盛一日，捐我之产以资人，人即用资于我之货售我，无异沥血肥虎，而祖肉以继之。利之不保，我民日贫，国于何赖”[④]？因此，要自己办纱厂。大生纱厂创办成功，经济效益喜人，极大地激励了张謇的创新精神。在父教育、母实业，实业与教育迭相为用的思想指导下，他又进行教育等事业的开拓。张謇认为，“欲雪其耻而不讲求学则无资，欲求学问而不求国民之教育则无与，欲求教育普及国民而不求师则无导”，办教育，“尤须先从师范始”，“师范为教育之母”，因而于1902年5月，不畏艰难，冲破重重阻力兴办了全国第一所师范学校，推动了中国教育的近代化。自此之后，张謇认为，凡是社会发展所需要的，以及反对列强侵略所需要的，都要大胆尝试。在这种精神支配下，南通出现了许多全国第一的文化教育事业。如第一个民间博物苑，第一所纺织专科高等学校也是第一所厂办大学，第一所中国人创办的聋哑学校，第一所以正规教育培养京剧人才的学校——伶工学社，第一所刺绣技术学校，等等，甚至气象、公路、铁路都是开了全国风气之先。

对于范旭东来说，几十年实业救国的奋斗历程就是一部自强不息的

① 《诗经 · 大雅 · 文王》

② 《易经》

③ 《礼记 · 大学》

④ 张謇：《张季子九录 · 实业录》（卷1），中华书局1931年版，第9页。

创新历史。他说："不把旧制搁在眼里，他们的神圣信条，我们一概不理，各干各的，苦头固然吃得十足，成功的要素也就在这里。因此，可以推想到，凡事与其致力于改造，不如致力于创造，起聋振馈，打破旧圈套，唯有创造。并且人们如其有自信，创造是十分有把握的。回想久大（公司）的过程，要以这个感想为深刻。"[①]1915年范旭东创办久大精盐公司。那时，公司真正的职员只有范旭东一人，为了尽可能地多筹一点资金，范旭东不顾别人的冷淡与讥讽，不厌其烦地去向那些答应出资的人们催收股款。他回忆当时的情景，"常常站在人家的门房等许久，结果还是下次再去。"[②]为了劝别人出资，范旭东费尽心机，几至口焦舌裂，纵然如此，原定五万元的股本，至公司成立之初也仅募得三万三千余元。[③]范旭东就在这内有资本不足，外有洋人控制的盐务稽核总所企图扼杀的不利条件下，顽强不息，努力经营，终于使久大精盐公司发展壮大起来。

与久大精盐公司相比，永利碱厂的奋斗就更为艰难。1924年8月，永利碱厂第一次试车，产出的是不合格的"红碱"。此时碱厂所耗资金已超过公司总资本的五六倍，大多数股东要求解散公司，范旭东则坚持继续生产，从中查找故障所在。然而，命运似乎有意同他过不去，在"红碱"生产了四五个月之后，作为碱厂关键设备的四口干燥锅全被烧坏，就连不合格碱也生产不出来了，只得停产。受此沉重打击，范旭东并没有消沉下去，他一方面设法筹措资金，另一方面派侯德榜等人再次赴美，考察、分析失败原因。他以一个企业家特有的大度和坚毅，勉励那些参与建厂、试车的技术人员，使他们走出痛苦，重鼓勇气，坚定了战胜挫折的信心。在范旭东和技术人员的共同努力下，永利碱厂于1926年6月再次投产，终

① 范旭东：《久大二十周年纪念述怀》，转引自邓正琦：《中西企业家经营理念个案比较研究》，《重庆师院学报》1996年第4期。

② 黄汉瑞：《回忆范先生》，《海王》旬刊第18年第20期，转引自李玉：《论范旭东企业家素质》，《盐业史研究》1996年第4期。

③ 熊秋良：《传统文化与范旭东的创业精神和经营思想》，《湖南师范大学社会科学学报》1997年第5期。

于生产出了“红三角”牌优质纯碱。同年，在美国费城国际博览会上，“红三角”牌纯碱一举夺得最高荣誉金质奖。这是对范旭东自强不息奋斗精神的最好褒奖，也印证了“不自强而成功者，天下未之有也”。以此语来总结民族企业家的艰苦创业活动，甚为恰切。

同张謇、范旭东一样，卢作孚也是在自强不息的创新奋斗中努力前行。近代中国面临三千年未有之变局，内忧外患，创办实业遇到的重重困难，是今天的人们难以想象的。但卢作孚秉持着自强不息的创新精神，办实业、办教育、建设乡村，一步步走来。1926 年，卢作孚历经艰辛创办民生实业股份有限公司，这是中国近代史上第一家真正意义上的股份制企业。企业治理结构的创新，保证了企业健康迅速发展，在不到十年的时间里，民生公司统一了川江航运，将曾经不可一世的外国轮船公司逐出了长江上游。民生公司创办后不久就显示出其在技术创新上的优越性。最明显的表现就是 1932 年英国太古轮船公司的千吨轮“万流”号触礁沉没，现场勘察的外国打捞权威束手无策。民生公司以较低价买下“万流”轮后，依靠自身研发的技术，将其打捞出水。继而接长船身，更新机器，投入营运。民生机器厂打捞修复“万流”轮的成功，震惊了航业界，成为当时一大奇闻。①

1928 年卢作孚开创了四川铁路发展的历史。是年，卢作孚从上海聘请丹麦工程师守尔慈勘测设计修建北川铁路。北川铁路总长 18 公里，克服种种困难，于 1935 年 3 月全线通车，结束了四川没有铁路的历史。北川铁路一直都在发挥着巨大作用，直到 1963 年，由于矿井转移，运输线路改道，北川铁路才完成了它的历史使命。②

当然，除了上述的自强不息努力创新的事迹，卢作孚还创造了众多奇迹。如创造性地将一个盗匪横行的乡村建设成为一个初具规模、社会

① 刘岸冰：《中国近现代航运企业家精神的构建与实践——以卢作孚与董浩云为例》，《上海党史党建》2021 年第 1 期。

② 杨光彦等：《卢作孚与中国现代化研究》，西南师范大学出版社 1995 年版，第 269 页。

秩序安定的生产区域、文化区域和游览区域[①]；创办中国西部科学研究院，援助内迁的科研机构；积极延揽国内外人才，学习借鉴国外先进的科学技术和管理经营等，以及前面所说的科学管理和民主管理等制度创新。正因为卢作孚有着超越于一己之利的商业理想，使他能够不因一时一地的困难、曲折而失去目标，丧失信心。这种理想激发着他内在的顽强意志，支撑他们去克服阻力，战胜困难，开拓创新，成就事业。他以实业为中心，以科学文化教育为基础，以对外开放为动力，创造了今天的企业家难以企及的实业成就、教育事业成就、乡村建设成就。

4. 开放的国际视野

儒家文化强调“亲仁善邻”[②]“协和万邦”[③]，体现开放包容的思想和胸怀。正因为包容开放的胸怀，中华文化能够学习、借鉴佛教等外来文化，不断完善自身，成就了历史上唯一未曾中断的文明。同样，因为开放的国际视野，近代儒商都创造了时代的伟业。

作为中国早期现代化的先驱者，张謇始终关注着世界经济社会发展的趋势，从世界大势中寻找贫弱的中国、偏狭的南通可能的发展机遇，发现可以借鉴的经验。他说，要能够洞悉明察“世界趋势、国家现状、地方大计”[④]，用国家和民族的忧患危难来激发人民的觉悟，增长人民的智力，这样才能成就空前的事业。他一贯主张“办一县事，要有一省之眼光；办一省事，要有一国之眼光；办一国事，要有世界之眼光。”[⑤]无论是探索实业救国的路径，还是引进西方科技文化及其人才；无论是在规划南通“地方自治”布局、经营乡里村落，还是推动地方产品走向国际，张謇一方面积极吸纳西方的经验、技术、人才，另一方面更以一种通达天下的胸襟、高瞻世界的眼光来把握趋势、超前谋划、创新格局。

① 凌耀伦：《卢作孚与民生公司》，四川大学出版社 1987 年版，第 3—6 页。

② 《左传 · 隐公六年》

③ 《尚书 · 虞书 · 尧典》

④ 李明勋、尤世玮：《张謇全集》第 4 册，上海辞书出版社 2012 年版，第 496 页。

⑤ 张孝若：《南通张季直先生传记》，中华书局 1930 年版，第 297 页。

张謇的“棉铁主义”发展战略，就是以世界市场为基础，开放思考的结果。在棉铁两业中，张謇进一步提出了优先发展棉纺织业的主张，他说实业发展的目标“在棉铁，而棉尤宜先”[①]。可以说，正是立足开放的国际视野，张謇把握住了世界经济发展规律，确立正确的实业发展战略。但张謇的“世界眼光”并不是贪大求洋，他非常善于将西方经验因地制宜地用于本土实践，探索了一条内生型发展模式。张謇在南通大力实践其“棉铁主义”“棉尤宜先”战略，从棉纺织业入手，利用了本地资源优势，维护了民众生计，并抵制外来的经济掠夺。这种内生型发展模式和新旧产业的联进效应，奠定了产业集团化的发展基础，开创了南通工业化的成功之路，南通经济社会的各项事业在大生纺织企业的引导和支撑下得以全面进步。

同样，范旭东也有着开放的国际视野。创办永利碱厂，“公司负吾国化学工业先导使命，日夕未敢忘怀。”[②]但“永久黄”（永利、久大和黄海社）的创业者们又不是狭隘的民族主义者，他们从不拒绝外国优秀的东西，积极向外国学习一切有用的东西。他们多数都是在国外留学后毅然返回报效祖国的。他们努力争取外国友好人士的支持，先后聘用过九名外国人承担技术工作，像美国工程师G·T·李等人对碱厂发展作出过重要贡献。[③]

最值得称道的是，尽管曾经受制于西方纯碱制造技术的垄断，但一旦技术获得突破，范旭东却无私地将技术公布于天下，造福世界人民。1933年，“永久黄”发表《纯碱制造》一书，揭示了被世界制碱集团垄断了70年的苏尔维制碱诀窍。1943年，又公布《侯氏制碱法》一书，再一次把科技发明无偿公诸于世，为人类科技事业作出贡献。此外，“永久黄”还积极派出侯德榜等人，支援巴西、印度等国发展化学工业，扩大了国际

① 李明勋、尤世玮：《张謇全集》第4册，上海辞书出版社2012年版，第338页。

② 《海王》第6年第27期，1934年6月10日版，第418页。转引自曾凡英主编：《盐文化论丛（第一辑）》，巴蜀书社2006年版，第37页。

③ 张克生：《我国早期企业文化的结晶——“永久黄四大信条”》，《道德与文明》1994年第2期。

间的技术交流。这已经不仅仅是开放的国际视野问题，而是更加高尚的家国天下情怀。

同张謇、范旭东一样，卢作孚也持有开放的国际视野。对卢作孚来说，其目标在于建设一个现代化国家，这需要开放的胸怀，积极向发达国家学习。

一是积极引进需要的外国人才。1928年初，他聘请丹麦人守尔慈为北川铁路总工程师，仅仅用了一年时间，即完成了水岚娅到土地娅段长达八公里半的窄轨铁路建设，并正式通车运煤。

二是积极吸引外资。中国搞现代化应该而且必须利用外资，但利用外资必须以不损害中国主权为原则①；"同时要考虑偿还能力"。②当然，民生公司初创时，对公司的股权限制十分严格，即使在最困难时期，也不曾接受外国资本的投资。其目的是防止列强通过资本控制民生公司。

三是积极选派人才去发达国家进行培养。1937年，处级副经理以上41名高级管理经营人才中，有5人曾在国外留学，年龄都在30至40岁之间。③1945年，民生公司又选派了工程师、船长、轮机长、技术员、经襄理及办事员等21人赴美国实习。以后又陆续派了一批技术人员和管理人员到英国和加拿大实习和考察。④

四是积极与先进国家进行技术合作。1930年，与瑞典人郝满尔合作到青海调查昆虫；1931年与美国人苏密斯合作到宝兴调查动物⑤；1934年与瑞典植物学家司密斯合作，到西康进行地区性的动植物调查。⑥

五是直接引进先进技术。1936年，在遂宁产棉区，引进美国优质棉种进行试种；引入印尼爪哇甘蔗品种进行试种；引进良种桑苗五万株，桑

① 杨光彦等:《卢作孚与中国现代化研究》，西南师范大学出版社1995年版，第48—49页。
② 杨光彦等:《卢作孚与中国现代化研究》，西南师范大学出版社1995年版，第19页。
③ 凌耀伦:《民生公司史》，人民交通出版社1990年版，第116页。
④ 凌耀伦:《民生公司史》，人民交通出版社1990年版，第309页。
⑤ 杨光彦等:《卢作孚与中国现代化研究》，西南师范大学出版社1995年版，第374页。
⑥ 杨光彦等:《卢作孚与中国现代化研究》，西南师范大学出版社1995年版，第375页。

秧二万株[①]，等等。

5. 勤俭的工作作风

勤俭是中华民族的传统美德，是中华文化最古老的训诫。儒家强调，“勤以修身、俭以养德”[②]，推崇“节用而爱人”[③]。治生之祖的白圭就以节用爱人而垂范后世。这也是近代儒商最突出的品德之一。

张謇非常推崇勤俭。他认为，“勤勉节俭任劳耐苦诸美德为成功之不二法门”[④]，是“可以立实业之本”[⑤]，不节俭就难以维持和发展事业。针对当时列强的经济侵略和低价倾销现状，张謇更加重视勤俭，强调国内各工厂应通过节约，降低产品成本，从而改变民族资本企业在“商战”中的不利地位。[⑥]在大生纱厂的稽查章程中，张謇特地列出“糟蹋”一条，规定“凡厂内外一切机件、花纱遗弃不检者，厂内查明当班司事何人、小工何人、当事女工何人，随时实记；厂外饬小工检拾，分别收藏。”[⑦]

当然，勤俭也深深浸入张謇的生活之中。他一生衣食住行各方面均很节俭。“他穿的衣衫，有几件差不多穿了三四十年之久，平常穿的大概都有十年八年……每天饭菜，不过一荤一素一汤，没有特客，向来不杀鸡。写信用的信封，都是拿人家来信翻了过来再用。”张謇常说，“应该用的，为人用的，一千一万都得不眨眼顺手就用；自用的，消耗的，连一个钱都得想想，都得节省”。[⑧]他在家书中，也是常常叮嘱节俭之事。“每日菜蔬，一腥一素已不为薄”，一切“能少奢一分少一分”。[⑨]张謇的勤俭精神，在今天看来，也是令人不胜感慨的。

---

① 卢国纪：《我的父亲卢作孚》，重庆出版社 1994 年版，第 207—208 页。

②《诫子书》

③《论语 · 学而》

④ 张謇《张謇全集》，江苏古籍出版社 1994 年版，第 112 页。

⑤ 徐静玉：《试论张謇儒商精神的特点》，《中国矿业大学学报（社会科学版）》2003 年第 2 期。

⑥ 同上

⑦ 同上

⑧ 张孝若：《南通张季直先生传记》，中华书局 1930 年版，第 344 页。

⑨ 张孝若：《南通张季直先生传记》，中华书局 1930 年版，第 500 页。

无独有偶，范旭东也非常重视勤俭，认为勤俭既关系到事业的成败，也事关人的信誉。范旭东说："事业的成功，必须做到清廉。为人清廉，极易博得他人的敬仰，做事亦易推行，任何事情我们能做到清廉两字，就是事业失败，尚可得人谅解，得人同情。"[①]早在创办久大公司时，范旭东就为自己规定了三个原则：一是不利用公司的钱财谋私利；二是不利用公司的地位图私益；三是不利用公司的时间办私事。[②]在几十年的创业活动中，他忠实地履行了这些信条。

生活中的范旭东更是勤俭至极。作为一个资产巨万的实业团体的领导人，范旭东的个人生活非常俭朴。"当公司总经理三十余年，出门不置汽车，家居不营大厦，一生全部精神，集中于其事业，其艰苦卓绝，稍知范先生为人者，胥能道之"[③]。1938年，范旭东赴美采购设备，为添置行装煞费苦心，最后还是把他1912年到欧洲考察盐政时穿过的衣服找出，翻改了一下权作礼服[④]。范旭东毕生勤俭，不贪物质享受，"他的生活之简单、朴实、规律和恬静是大家都欣羡敬慕的"[⑤]。他没有为子女留下多少资产，范旭东死后，"有某机关人以为范先生创立偌大事业，必留有许多遗产，来相询问，殊不知先生生前两女公子赴美留学之学费已苦无法筹措，家族之生计，侄辈之教育，俱发生困难"。[⑥]

范旭东自己不追求物质享受，但对员工的生活待遇则非常关注。久大精盐公司在兴建各盐厂之际，就"建筑工人住室，创办职工补习班，设立工人食堂、工人书报室等，以谋工友之福利，提高工人之生活"，"厂中有

---

① 《永利厂史资料》第一卷。转引自邓正琦：《中西企业家经营理念个案比较研究》，《重庆师院学报》1996年第4期。

② 张同义：《范旭东传》，湖南人民出版社1987年版，第75页。

③ 黄汉瑞：《回忆范先生》，《海王》第18年第20期。转引自熊秋良：《传统文化与范旭东的创业精神和经营思想》，《湖南师范大学学报》1997年第5期。

④ 同上

⑤ 同上

⑥ 侯德榜：《追悼范旭东先生》，《科学》第28卷第5期，1946年10月版，第235页。转引自曾凡英主编：《盐文化论丛（第5辑）》，巴蜀书社2006年版，第42页。

经济困难者，辄解私囊作将伯之助，而不以告人，即其太太亦并不之知”，对此，侯德榜指出，“范旭东的私德可与事业媲美”。[①]范旭东的高洁品德，引无数人竞相追随，以至“追随工作至二三十年者比比皆是”[②]。其中就包括陈调甫、侯德榜、李烛尘、余啸秋等当时著名的科学家和企业家。

与张謇、范旭东一样，卢作孚同样极其推崇勤俭品德。卢作孚认为，中国人有两种美德是可以战胜世界上任何民族的，“一个是勤，一个是俭”，它们是“两个有力的拳头，也是两把锋利的刀”；我们应“将就以前两把刀，铸成现代的大炮，不但要与现代国家比齐，还要超越了它”。为此就必须做到“大胆生产，小心享用”，“大胆生产之谓勤，小心享用之谓俭”。[③]正是这种勤俭精神，卢作孚的民生航运公司不仅将列强驱逐出川江，还以此为基础，先后创办和投资了六七十个企业，使民生公司成为中国西南地区最大的民族资本集团。

生活中的卢作孚同样极其勤俭。卢作孚对金钱物欲很是淡泊，长期与公司职工穿着同样的粗布制服，与公司职员一道就餐吃饭，夫人还做一些手工针线活补贴生活。他虽担任民生总经理，却没有一份股权，股东送给他的干股，他也从不领取红利。“作为一个创造了令人眼花缭乱的成就的全国闻名人物，……他却从未抛弃他在普通人民中艰苦一生所形成的个人简朴习惯和谦逊品德”[④]。直到他生命的最后一息，他都没有为自己谋过私利，没有财产，没有储蓄，没有片瓦，没有寸地。[⑤]终其一生，卢作浮始终把服务社会、富强国家作为自己的使命，从来没有考虑过自己。梁漱溟赞誉他“可比于古之贤哲”，而被评为世界十大名人的平民教育家晏阳

---

① 侯德榜:《追悼范旭东先生》,《科学》第28卷第5期，1946年10月版，第235页。转引自曾凡英主编:《盐文化论丛（第5辑）》，巴蜀书社2006年版，第42页。

② 李金沂:《范公旭东生平事略》,《海王》第18年，第18—19期，1946年3月20日版，第108页。转引自曾凡英主编:《盐文化论丛（第一辑）》，巴蜀书社2006年版，第42页。

③ 卢作孚:《大胆生产，小心享用》,《北碚月刊》第1卷1937年第5期。

④ 卢国纪:《我的父亲卢作孚》，重庆出版社1984年版，第316页。

⑤ 卢国纪:《我的父亲卢作孚》，四川人民出版社2003版，第444—445页。

初更是高度赞誉他是“一位完人”。[①]

孔子认为，“博施于民而能济众”者，岂止是君子，乃是圣人。张謇、范旭东、卢作孚历经艰辛创办实业，其初心使命就是救国救民，完全没有任何个人利益的追求，他们将中华商道精神弘扬到极致，如同子贡、范蠡、白圭一样，令人高山仰止，是一代伟大儒商，无愧于我们今天企业家的典范和楷模，将世世代代为后人所铭记、敬仰和学习。

① 卢国纪:《我的父亲卢作孚》，四川人民出版社 2003 版，第 449 页。

第四章

中华商道的比较借鉴

相互借鉴、兼容并包是中华文明的特性，也是中华文明进步的基础。自古以来，我们就深信，和而不同、和谐共生；同时也深信“他山之石，可以攻玉”。事实上，作为中华主流的儒家思想就是在不断吸收融汇其他学派思想的基础上发展的。中华文明就是在这种开放包容和学习借鉴中，成为唯一没有中断的文明，成为不断进步发展的文明。传承和弘扬中国商道，同样需要秉承开放包容的精神，在全面认识的基础上，比较借鉴西方的商业文明，开创出新时代新商业文明。

第一节　西方商业文明的历史发展

西方商业文明的发展也经历了一个漫长的历史发展过程。古巴比伦、古希腊、古罗马的城邦文明，孕育了以原始契约和成文法治为形式的西方商业文明雏形。公元 500 年以前，是西亚及西方商业文明发展的古典时期，公元 500 年至公元 1000 年，是西方商业文明发展的中世纪时期。这两个时期共同构成了前工业社会的西方商业文明。进入 16 世纪，历经商业革命、科学革命、政治革命和工业革命的洗礼，西方商业文明进入到工业社会的商业文明，整个世界也由此进入到资本主义主导的时代。

一、前工业社会的西方商业文明

前工业社会的西方商业文明，包括古典时期和中世纪两个历史发展阶段。从古巴比伦算起，历经古希腊和古罗马，直到西罗马帝国的灭亡，这是西方商业文明的古典时期。其后，公元500年至公元1000年，则是西方商业文明发展的中世纪。古典时期，西方商业文明法治化发展，令人印象深刻；中世纪，商人阶层的崛起是西方世界后来居上的重要原因。

（一）西方商业文明的古典时期

公元500年之前是西方商业文明的古典时期，其中古巴比伦、古希腊、古罗马是古典时期西方商业文明的典型代表。严格地说，古巴比伦地处近东，属于西亚文明，但由于它对西方文明的巨大而深远的影响，这里有必要从古巴比伦的商业文明情况讲起。

1. 古巴比伦的商业文明

古巴比伦位于今天的两河流域，古希腊人称该地区为美索不达米亚，是人类最早的文明发源地之一。美索不达米亚文明是一种城市文明[①]，类似于公元前6世纪的古希腊城邦文明，有着比较发达的商业贸易。在汉谟拉比重新统一美索不达米亚之前，美索不达米亚各城邦之间争斗不止，持续千年，其间虽有短暂的统一，之后却又陷入混战之中，直到古巴比伦的第六代国王汉谟拉比才统一了两河流域，建立起了美索不达米亚第一个奴隶制中央集权国家。

国家的统一，政治、经济和社会的改革，特别是公元前1776年《汉谟拉比法典》的制定和颁布，极大地推动了经济及其工商业的发展，促进了古巴比伦王国商业文明的进步。《汉谟拉比法典》历经30年才终告完成。法典分序言、本文和结语三部分，组合编排和结构比较严谨。它涉及现代意义上的刑法、诉讼法、民法、经济法和婚姻法，是保存下来的世界上第一部比较完备的成文法典。因该法典刻在一段高2.25米、上周长1.65米，

① 斯塔夫里阿诺斯：《全球通史：从史前史到21世纪》，北京大学出版社2006年版，第59页。

底部周长1.90米的黑色玄武岩石柱上，又名“石柱法”。法典前五条开宗明义，讲司法行政、诉讼要有证据，诬告者处死，法官受贿擅自更改判决者严厉惩处，以保证法典的实施。法典明显地把法律与宗教道德区别开来，对私有财产、商业贸易、租佃信贷关系等经济事务都有精密细致的规定，以调节调解自由民之间的财产占有、继承、转让、租赁、借贷、雇佣等多种经济关系。如施行严格的、保护商业界财产的规定（法典第6条），“如果自由民盗窃了寺庙或商行的货物，处死刑；接受赃物者也处死刑。”[①]如关于赔偿的规定（法典第59条）：“倘自由民没有得到同意而从果园中砍了一棵树，他得向果园主支付半名那银子。”如关于赔偿的规定（法典第102条）：“倘小商贩向大商人借钱作为做生意的资本，但无论到哪里，总做亏本生意，这样，他就得把所借的资本如数还给大商人。”[②]等等。另外，法典虽然允许私人经商、保护商人利益，但又强调必须守法，不准抬高物价。卖酒妇擅自抬高酒价者，投之于水。一方面，法典支持高利贷者；另一方面，又对高利贷予以节制，规定贷谷率为33.33%，贷银率为20%，债奴由终身改为三年期限，期满即恢复自由民身份，等等。

这些法律对债务奴隶制和高利贷有所抑制，限制对小生产者过分掠夺，调整和改善了奴隶制生产关系，少数豪强受到一定的抑制，农牧工商小生产经济得到迅速发展，形成广大的中小奴隶主阶层。古巴比伦经济趋于繁荣，国库收入不断增加。因战乱和贫困而离散的人民又回来各安其业。巴比伦由一个弱小城邦发展成为两河流域最大最富裕的文明城市，以及两河流域政治、经济和文化的中心。[③]一时间，古巴比伦国内外商业都繁盛起来。除了达木卡及其助手沙马鲁替王室和神庙经营大宗贸易，管理税收，也有私人合伙经营的商业。城市有独立手工业者的店铺、货摊。农村有定期集市，进行奴隶和各种产品的交易，互通有无。巴比伦商队可以

① 斯塔夫里阿诺斯：《全球通史：从史前史到21世纪》，北京大学出版社2006年版，第62页。

② 宋龙根：《汉谟拉比法典简介》，《阿拉伯世界》1986年第3期。

③ 史若冰：《汉谟拉比的历史功绩》，《河北大学学报（哲学社会科学版）》1984年第3期。

顺利地来往于各城市之间，远到幼发拉底河上游、小亚细亚、埃及、里海。经商的人中也有妇女，可见商业之发达。国内贸易以农牧和手工业品为主。国际贸易主要进口金、银、铜、锡、宝石、象牙、木材等，出口农产品、陶器、羊毛、织物、油类、椰枣等。[①]

《汉谟拉比法典》不仅照亮了巴比伦[②]，而且深刻影响了其后的古希腊和古罗马的商业及其经济惯例。[③]古巴比伦的商业活动和商业法治，与其辉煌的政治经济社会发展一道，共同铸就了世界四大古文明之一的古巴比伦文明。

2. 古希腊罗马的商业文明

古希腊罗马文明是西方文明的源泉。它不仅传承了米诺斯文明、迈锡尼文明，而且还积极吸收了大量的古埃及文明以及古代西亚、印度等东方文明，如科学、数学以及哲学等知识。[④]就商业文明来说，古希腊、古罗马就学习借鉴了两河流域的商业传统和商业管理技术，并发扬光大，造就了辉煌灿烂的古希腊罗马商业文明。[⑤]

首先，古希腊的商业文明。前面说过，同两河流域的城市文明类似，公元前 6 世纪的古希腊是城邦文明。这一时期，部落让位于城邦；其他社会阶层起来向贵族阶层挑战；工商业发挥着重大作用；希腊殖民地遍布整个地中海，形成了所谓的海洋文明。所有这些发展使希腊世界在其形成时期内大为变样，并为古典时代扫清了道路。其中，希腊地区的地理特点是促成这些发展的一个基本因素。[⑥]不同于古巴比伦、印度、中国，希腊地

① 史若冰:《汉谟拉比的历史功绩》,《河北大学学报（社会科学版)》1984 年第 3 期。

② 斯塔夫里阿诺斯:《全球通史：从史前史到 21 世纪》，北京大学出版社 2006 年版，第 61—62 页。

③ 戴维 · 兰德斯等:《历史上的企业家精神》，中信出版社 2016 年版，第 29—30 页。

④ 阿马蒂亚 · 森:《身份与暴力：命运的幻象》，李凤华等译，人民大学出版社 2012 年版，第 45 页。威尔 · 杜兰特、阿里尔 · 杜兰特:《历史的教训》，四川人民出版社 2014 年版，第 38 页。

⑤ 许倬云:《中西文明的对照》，浙江人民出版社 2016 年版，第 25 页。戴维 · 兰德斯等:《历史上的企业家精神》，中信出版社 2016 年版，第 10—11 页。

⑥ 斯塔夫里阿诺斯:《全球通史：从史前史到 21 世纪》，北京大学出版社 2006 年版，第 102 页。

区没有丰富的自然资源可资开发利用，如肥沃的土壤和广阔的平原，不容易形成定居的农耕文明。三面环海一面环山的希腊地区只有连绵不绝的山脉，这不仅限制了农业生产率的提高，而且还把农村地区隔成了互不相连的小块。为了抵御入侵者，这些小块村庄一般建立在高地之上，形成了众多的希腊城邦。在人与土地等资源的矛盾压力下，城邦农民不得不做海盗、商人或殖民者，而且常常是三者兼而事之。这不仅促使包括黑海在内的整个地中海地区形成环布繁盛的希腊殖民地，也促进了这些殖民地（城邦）之间的商业的发达。[①] 远程的商业活动、殖民扩张以及繁密的交通网，这些特质在欧洲的发展史上成为一个长期继承的传统。在近代的世界，无论是葡萄牙、西班牙的扩张，还是荷兰、大英帝国的扩张又一次呈现同样的例证。[②]

除了上述因素，古希腊工商业的繁荣还有以下原因。

第一，农业商品化的发展。前面说过，希腊建立了很多殖民地城邦，有些城邦把以谷物为主的各种原材料运到人口过剩的希腊本土，换回酒、橄榄油和诸如布赫陶器之类的手工业制成品。这推动了不同城邦优势产业的发展，扩大了交换规模，促进了农业商品化。同时，这种商品交换超出城邦之间，深入到俄国中部、德国西部和法国北部等地[③]，进一步促进了农业商品化的发展。

第二，手工业的发展。古典时期，古希腊除了家庭手工业，独立的手工业作坊有了较大发展，不仅传统的制陶业、武器制造业、冶铁业、皮革业、织染业等有了发展，而且出现了十几种新兴的手工业，如大理石、黄铜、象牙、乌木、柏树等。此时，手工业不仅规模扩大、分工细化，而且生产技术、工艺水平都有很大提高。[④] 相应地，手工业和商品经济相互

① 斯塔夫里阿诺斯：《全球通史：从史前史到 21 世纪》，北京大学出版社 2006 年版，第 102 页。
② 许倬云：《中西文明的对照》，浙江人民出版社 2016 年版，第 25 页。
③ 斯塔夫里阿诺斯：《全球通史：从史前史到 21 世纪》，北京大学出版社 2006 年版，第 102 页。
④ 易宁等：《古代希腊文明》，北京师范大学出版社 2018 年版，第 234—237 页。

促进，得到共同发展。

第三，城邦政府的重商政策。统治阶级重商政策的制定是古希腊商业繁盛的重要前提。以雅典为例，在贸易领域，政府负责维护市场秩序，监督买卖的公平，保证度量衡的统一，实行规范化管理。实际上，从梭伦改革时代起，大力发展工商业就一直是雅典的一项基本的长期的国策。到了古典时期，雅典已经发展成为希腊的工商业和对外贸易的中心。①

第四，法律的保障。公元前 5 世纪的古希腊《格尔蒂法典》是现今考古发现的欧洲最早和最完善的法典。这部法典汇集了较早的习惯法和各类成文法，比古罗马的《十二铜表法》更具私法特征。该法典共 12 栏，从第 2 栏第 49 行起，主要规范关涉私人生活的婚姻、收养、继承、赠予、保证、抵押、合伙、许诺、监护等方面的行为；法典第 1 栏第 15 行起关于自由人的起诉，可以归入私法中的人身权范畴；对私有财产规定得比较细致、完善，涉及财产的取得、变更以及消灭的规则。与物权法的发展相适应，契约较为发达，如借贷、租赁、买卖、物品保管以及雇佣等契约，尤其是借贷、租赁最为流行。这得益于古希腊发达的商业及其贸易。另外，该法典还详细规定了诉讼程序及其司法条例，以及依法审判的规定。总之，古希腊的法律特别是私法的发达，有力地保障和推动了古希腊商业文明的进步。②

第五，民主的制度基础。雅典政治家伯里克利自豪地说："我们的制度是别人的模范，它之所以被称为民主政治，因为政权在全体人民手中，而不是少数人手中，解决私人争执的时候，每个人在法律上都是平等的。……在我们的私人生活中，我们是自由和宽恕的。"③雅典的民主制度赋予了自由民平等的政治参与权，这为他们保护自己人身和财产权奠定了基础，特别是自由民对离任官员经济审计制度及其对贪污或受贿者的惩

① 易宁等：《古代希腊文明》，北京师范大学出版社 2018 年版，第 264 页。

② 刘剑文等：《私有财产法律保护》，法律出版社 2000 年版，第 31—49 页。

③ 修昔底德：《伯罗奔尼撒战争史（上）》，商务印书馆 1960 年版，第 130 页。

罚[①]，对于商业的发展十分有利。由此，权利的观念深入人心，这也为近代启蒙运动提供了宝贵的精神财富。要指出的是，古希腊的民主权利仅限于城邦的自由民，不包括女人、奴隶、被征服者以及外邦人。从某种意义上说，古希腊的城邦民主就是军事民主制，即战斗部落群发展出来的选举领袖的机制。这种军事民主制，既没有深微大义，也没有什么人权，并非我们想象中那样理想的民主政治体。另外，还要说明的是，在古代社会，这种军事民主制普遍存在于世界各地。如早期的印欧民族武装移民的战斗部落，晚期的蒙古人部落遴选大汗的聚会，等等。[②]当然，这里澄清古希腊民主的原义，并不是否认其当时价值及其对后世启蒙的意义。

同时，古希腊人在哲学、建筑、宗教、科技等方面均有很高造诣，尤其是科技发展，推动了古希腊商业化进程。铸币、货币兑换和一些银行业务的开展，专职货币兑换商应运而生，成为最早的银行家和金融家。[③]另外，在古希腊时期，商誉也已孕育成型。古希腊哲学家德谟斯提尼认为："如果有人真的不了解信誉是商业企业的最好投资的话，那他几乎是个白痴。"古希腊在法律方面对商誉也有制度保护，萨索斯岛屿出土的碑铭记载，"出口劣质酒类为非法"[④]。总之，上述这些因素共同铸就了世界上第一个高度繁荣的商业文明。

其次，古罗马的商业文明。古罗马是以农业为基础的自然经济，但同古希腊一样，其商品经济也很发达，特别是在公元前27年，随着罗马帝国的建立，罗马本土以及被征服的广大行省之间贸易极为发达，到达了古典时期商品经济的顶峰。

早期，罗马城内每周固定一天为"市集日"，用于进行以物易物这一

① 巫昌国等：《对古希腊官吏经济责任审计的思考》，《审计与经济研究》1997年第6期。

② 许倬云：《中西文明的对照》，浙江人民出版社2016年版，20页。

③ 易宁等：《古代希腊文明》，北京师范大学出版社2018年版，第242—243页。

④ 张誉琳：《古希腊民众的重商思想》，《消费导刊》2008年第2期。

最原始的商业行为。[①] 随着古罗马版图领域覆盖到地中海北部沿岸，商业活动随着政治支配权的扩张而逐渐扩展，他们开始推行“自治市”“胞族”，开启了早期的省际贸易和国际贸易，如与印度、斯里兰卡的贸易，特别是通过丝绸之路，建立了和中国的贸易往来。《后汉书》说：“桓帝延熹九年，大秦王安敦遣使自日南缴外献象牙、犀角、玳瑁，始乃一通焉。”[②]这是中国与罗马直接交往的最早历史记录。自此，中西交往日益频繁。

古罗马商业文明的发展得益于以下因素。

第一，农业和手工业的进步。由于铁器的使用，农业有了较大发展，为商品经济发展奠定了基础。而手工业分工有了相当发展，此外还出现了相当规模的手工业作坊，两者相互促进，专业化和多样化手工业促进了商业的发展。

第二，大规模的征战。公元前 510 年，罗马共和国建立后不久就走上了对外扩张的道路，经过三次维爱战争、三次萨莫奈战争、三次布匿战争，之后又打败马其顿和叙利亚，到公元前 27 年，罗马成为一个地跨欧、亚、非三大洲的帝国，为经济的发展带来了巨大的市场，同时也推动了本土以及本土与行省间的军需物资的贸易，从而促进了古罗马商业经济的发展。

第三，法治的完善。在继承古希腊商业文明的基础上，古罗马在商业法治上进行了探索和创新，成为古代法中反映商品交换最完备、最典型的法律，因而被恩格斯称为：“商品生产者社会的第一个世界性法律”[③]。罗马法之所以有这样的地位，就在于它形成了比较完备的物权体系和债权体系。就物权体系看，《十二铜表法》就出现了所有权、占有、相邻关系的概念；发展到《查士丁尼民法大全》时，已经形成了以人的权利为核心的

① 瓦罗：《农业论》（第二卷引言），《史学理论研究》1998 年第 1 期。转引自袁德忠：《试论古罗马共和国时期的商业》，《赤峰学院学报（汉文哲学社会科学版）》2006 年第 5 期。

② 朱龙华：《世界历史：上古部分》，北京大学出版社 1991 年版，第 575 页。

③《马克思恩格斯选集》第 4 卷，人民出版社 1995 年版，第 252 页。

近代意义上的民法物权体系[①]，有了一套关于所有权、用益物权、担保物权及占有的规定。这些规定虽然有些源于希腊法和其他地方法，但都是罗马法在社会生活中逐渐发展起来的，是当时商品经济发展情况的反映。[②]就债权体系看，《十二铜表法》第六表第一条规定，要依据要式现金借贷和要式买卖的方式缔结契约，而发展到《查士丁尼民法大全》，则对各种契约之债进行分别论述，规定了消费借贷、海运借款契约、使用借贷、买卖契约、行纪契约、合伙、委托、简约、仲裁、协议，等等，确立了以契约、侵权行为为基本分类的债权体系。古罗马法的物权体系和债权体系沿革至今，为稳定的财产关系带来了不可磨灭的功绩，成为后世商业立法的基础。[③]据说，当年罗马教皇因为还不上借债，被扣押了几个星期，直到还清了债务才被释放。法治的意义可见一斑。另外，根据法律规定、由政府授权的行业公会大量出现，形成初步的法人制度。在法人的基础上，各种捐助、公益性慈善基金开始出现，一方面有助于社会的发展、稳定和繁荣，另一方面也有助于提高商人的社会地位和责任，[④]有利于推动商品经济的发展。另外，古罗马法对世界各国的法制建立起了主导作用，对欧洲大陆法系的影响更深。

第四，政府的积极作用。罗马帝国的一统天下，为经济的发展提供了必要条件，其中诚实而有效的行政管理、稳定的货币制度、大规模的公共工程，创造了一个繁盛的古罗马商业文明[⑤]。

第五，文明的交流互鉴。这是促进古希腊、罗马文明及其商业文明发展的重要条件。前面说过，《汉谟拉比法典》深刻影响了其后的古希腊和古罗马的商业及其经济惯例。不仅如此，一些商贸经营、知识也是由东

① 刘剑文等：《私有财产法律保护》，法律出版社2000年版，第70—71页。

② 刘剑文等：《私有财产法律保护》，法律出版社2000年版，第62—63页。

③ 刘剑文等：《私有财产法律保护》，法律出版社2000年版，第66—67页。

④ 杨俊明：《奥古斯都时期古罗马的城市管理与经济状况》，《湖南师范大学学报》2004年第4期。

⑤ 斯塔夫里阿诺斯：《全球通史：从史前史到21世纪》，北京大学出版社2006年版，第134—136页。

方人传入到古希腊、罗马的，特别是在帝国末期，经营贸易的主要就是东方居民。① 所以，古希腊、罗马文明中的绝大部分都有东方的渊源。②

但是，古希腊罗马的商业文明是奴隶制度下的商业文明，尤其是古罗马的商业繁荣，很大程度上是建立在长时期大规模的对外战争基础上的，依靠的是大量奴隶的辛勤劳作，并不是农业、手工业和城市发展的必然结果。罗马帝国实行的残酷统治，带来了暂时的繁荣，却从根本上抑制了技术革新，限制了国内购买力，导致通货膨胀严重，货币毫无价值，以至于以货币交换为基础的商业文明倒退回原始的物物交换。③ 更严重的是，持续不断的战争催生出来的帝国，逆转了罗马的民主化进程，导致帝国肆无忌惮的残暴和专制，恶政当道成为普遍现象④，不仅被征服地人民离心离德，就是罗马本土百姓也深受其害：社会财富分配不均，奴隶主阶级、城邦贵族、宗教领袖集中拥有财富，而农民大量破产，流浪于城市；平民军队异化为指挥官的附庸，丧失了对国家的忠诚。⑤ 这些都为庞大而松散的罗马帝国覆灭埋下了种子。由于上述原因，加之蛮族的不断入侵，西罗马帝国灭亡，西方古典文明终结，西方世界就此进入中世纪。但不可否认的是，古巴比伦、古希腊和古罗马的城邦文明为欧洲文艺复兴、资本主义商业文明的蓬勃兴起奠定了坚实的基础。

（二）中世纪西方的商业文明

进入中世纪，西方世界经历了近500年的黑暗时期。这一时期，西方世界的发展完全落后于伊斯兰文明和儒家文明。但是，10—14世纪，在经济、技术发展的基础上，贸易蓬勃发展，商业成为日常生活的中心，西

---

① 戴维·兰德斯等:《历史上的企业家精神：从美索不达米亚到现代》，中信出版社2016年版，第29—30页。

② 威尔·杜兰特，阿里尔·杜兰特:《历史的教训》，四川人民出版社2014年版，第38页。

③ 斯塔夫里阿诺斯:《全球通史：从史前史到21世纪》，北京大学出版社2006年版，第127页。

④ 斯塔夫里阿诺斯:《全球通史：从史前史到21世纪》，北京大学出版社2006年版，第122—125页。

⑤ 斯塔夫里阿诺斯:《全球通史：从史前史到21世纪》，北京大学出版社2006年版，第125页。

方世界开始逐渐超越其他地区。当时交换的商品有：英格兰的羊毛，佛兰德的用英国羊毛制成的毛织品，德意志的铁和木材，斯拉夫地区的毛皮，西班牙的皮革和钢，以及东方的奢侈品。[①] 另外，准永续型多方合伙制超级公司的出现，汇票等金融工具的创新，复式簿记会计制度的发展，城市化浪潮和商业网络的形成，使得商业活动从量变走向质变，出现了经济史上的中世纪商业革命和资本主义性质的商人阶层崛起。[②] 西方商业文明走向新的发展阶段。

纵观中世纪西方商业文明的进步，其原因在于。

第一，技术的进步。中世纪的技术进步主要体现以下方面："三田轮作制"的采用，重型铁质轮式犁的发明，马力以及风车和水车的使用，等等，大大提高了农业、采矿业和林业的产量[③]，相应地促进了商业和城市的发展。

第二，独特的封建制社会结构。西方的封建制形成了多元化的社会组织结构：一个不受皇帝支配的教会、代替皇权的封建君主和封建领主；代替罗马时期奴隶种植园、分别开垦荒地的采邑；以城市为根据，在反对贵族、高级教士、最终是君主的过程中有效行事的新兴资本主义性质的商人阶层。[④] 这一独特的社会结构有利于资本主义商业文明的兴起和发展。

第三，自由城市的兴起。中国、印度和中东的城市主要是以政治为中心的，不同于东方的城市，西欧的城市是根据贸易，在自给自足的采邑庄园周围逐渐成长起来的，是以经济为中心的。随着市民获得越来越多的权力和财政资源，他们常常能说服国王向他们颁发皇家特许状，拥有自己的市政厅、法院、度量衡、货币、市外属地，以及商人和工匠自己组织的行会。城市被公认为新的社会成分，不再受封建法律的制约。当时的惯例

① 斯塔夫里阿诺斯：《全球通史：从史前史到21世纪》，北京大学出版社2006年版，第280页。

② 戴维·兰德斯等：《历史上的企业家精神》，中信出版社2016年版，第113—118页。

③ 斯塔夫里阿诺斯：《全球通史：从史前史到21世纪》，北京大学出版社2006年版，第278—279页。

④ 斯塔夫里阿诺斯：《全球通史：从史前史到21世纪》，北京大学出版社2006年版，第277页。

是，如果一个农奴逃到城市，在那里住了一年零一天而未被捕捉到，他便为自由人。正如当时的俗语说的那样："城市的空气使人感到自由。"另外，为了抵抗皇帝任意征税，城市常常组成联盟，这些联盟不仅成为强有力的经济实体，而且成为强有力的政治实体，能够有力地对抗封建皇权。[①]

第四，商人地位的提高。与城市的地位及其自治权相对应，欧洲商人的地位和权力获得极大提高，这在欧亚大陆是独一无二的。欧洲之外，商人根本没有任何机会上升到当权者的地位。在欧洲，商人不仅在稳步地获得经济力量，而且在稳步地获得政治权力。他们正在成为伦敦市长、德意志帝国自由市的参议员、荷兰的州长。这样的社会地位和政治关系，意味着国家更加重视、更加始终如一地支持商人利益以及后来的海外冒险事业。[②]可以说，商人的尊严和自由及其对商人的尊重，缔造了英国、荷兰，缔造了现代世界。[③]需要指出的是，这一时期商人的地位和尊严之所以有了极大提高，原因在于，"商人对于以前一切都停滞不变，可以说由于世袭而停滞不变的社会来说，是一个革命的因素"[④]。

第五，财产的保护。公元5世纪中叶，在西罗马帝国的废墟上，欧洲大陆日耳曼部落联盟建立起东哥特王国、西哥特王国、法兰克王国、汪达尔王国和勃艮第公国。这些王国直接从原始社会转向封建国家，保留了大量的习惯法。但是，在公元5世纪到9世纪的封建化过程中，日耳曼习惯法经罗马法学家和基督教僧侣的改造，出现了日耳曼法和罗马法的融合。欧洲国家法律融合了日耳曼习惯法和罗马法的特点，形成了土地财产的双重所有权保护特色：既有领主的拥有权、处分权，也有农民的使用权和收

① 斯塔夫里阿诺斯：《全球通史：从史前史到21世纪》，北京大学出版社2006年版，第280—281页。

② 斯塔夫里阿诺斯：《全球通史：从史前史到21世纪》，北京大学出版社2006年版，第282—283页。

③ 迪尔德丽·N·麦克洛斯基：《企业家的尊严：为什么经济学无法解释现代世界》，沈路等译，中国社会科学出版社2018年版，第13—14页。

④《马克思恩格斯全集》第25卷，人民出版社2006年版，第1019页。

益权。[①] 正是因为罗马法的基因，从 11 世纪开始直到 16 世纪，西欧资本主义市场经济开始兴起，西欧大陆又经历了罗马法复兴运动。对此，马克思、恩格斯曾深刻地指出："当工业和商业——起初在意大利，随后在其他国家——进一步发展了私有制的时候，详细拟订的罗马私法便又立即得到恢复并取得威信。"[②]

此外，商人积极为政府、教会、艺术家、作家以及正在脱离教会教育内容的新型大学进行资助和捐款，积极参与并推动了文艺复兴运动和新价值观的形成。[③] 这为近代大航海、殖民活动和工业革命奠定了基础。

第六，文明的交流互鉴。如同古希腊、罗马对东方文明的学习借鉴一样，中世纪的欧洲的发展同样离不开其他文明的滋养。从技术上看，如产生于中东的灌溉技术在公元 1000 年的时候传入欧洲。数学方面，十进制和三角学的早期知识产生于公元第一个千年的最初几个世纪的印度，直到该千年末期经由阿拉伯人传入欧洲[④]；当代数学家所采用的一种来解决计算机问题的"算法"（algorithm），是由阿拉伯数学家艾尔 – 哈瓦利兹米发现的，这一术语就是用的他的名字。需要强调的是，对中世纪末期的文艺复兴以及大航海贡献颇大的还有中华文明。如 1620 年，英国哲学家佛朗西斯 · 培根对印刷术、火药和指南针的意义进行论述。

另外，不得不指出的是，文艺复兴时期的古希腊、古罗马经典正是由阿拉伯人保留下来的，并在文艺复兴时期由阿拉伯语再翻译成拉丁语，从而得以再生。[⑤] 当然，阿拉伯世界对欧洲中世纪的影响不仅于此，还包

---

① 梅因：《古代法》，沈景一译，商务印书馆 1959 年版，第 167 页。

②《马克思恩格斯选集》第 1 卷，人民出版社 1995 年版，第 133 页。

③ 斯塔夫里阿诺斯：《全球通史：从史前史到 21 世纪》，北京大学出版社 2006 年版，第 284—285 页。

④ 阿马蒂亚 · 森：《身份与暴力：命运的幻象》，李凤华等译，中国人民大学出版社 2012 年版，第 57 页。

⑤ 阿马蒂亚 · 森：《身份与暴力：命运的幻象》，李凤华等译，中国人民大学出版社 2012 年版，第 56—57 页。

括政治、经济、贸易、商业等方面的影响。[①]

总之，中世纪的欧洲虽然几乎将古典文明连根拔起（幸运的是，在中世纪后期，由于阿拉伯人的保存得以再生），却也为新文明的形成扫清了道路。[②] 随着新文明的发展，特别是商人阶层的崛起，以及中世纪晚期文艺复兴运动的蓬勃发展，欧洲的商业文明将迈入新的时代。

二、工业社会的西方商业文明

前面说过，从中世纪后期开始，新兴的资本主义性质的商人阶层开始崛起，成为一支新兴的、重要的政治经济力量。他们积极参与并推动文艺复兴、地理大发现等运动，对西欧社会进步起到了巨大的推动作用。此后，西方世界又经过宗教改革和启蒙运动的洗礼，在科学革命、工业革命和政治革命的交互促进下，经历了一场空前的、彻底的、根本性的变革，出现了一种充满活力的、扩张主义的现代文明。不同于传统的、以农业为基础的农耕文明，这种以工业为基础的现代商业文明，是以科学技术的发展为根本动力，引领并主导着世界的现代化进程；而且，这一进程一直以一种加速度持续至今。[③]

（一）工业社会西方商业文明的发展阶段

从时间上看，工业社会的西方商业文明经历了四个发展阶段。第一个阶段，从15世纪后期开始到18世纪60年代，是西方近现代商业文明的前期，这个时期的思想解放、科学革命、政治革命以及经济扩张为工业革命打下了坚实的基础。这里要强调的是，思想解放、科学进步、政治革命和工业革命是相辅相成、相互促进的整体过程，而非前后相继的线性过程。在思想解放方面，包括以人为中心的文艺复兴运动、从尊重个人的宗教信仰理解为中心的宗教改革运动和崇尚人的理性及其力量推动社会进步

① 阿马蒂亚·森：《身份与暴力：命运的幻象》，李风华等译，中国人民大学出版社2012年版，第47页。

② 斯塔夫里阿诺斯：《全球通史：从史前史到21世纪》，北京大学出版社2006年版，第198页。

③ 斯塔夫里阿诺斯：《全球通史：从史前史到21世纪》，北京大学出版社2006年版，第371页。

的启蒙运动。思想解放运动，肯定人的价值、尊严和理性，倡导个性解放、思想自由和社会进步，宣传了新的资产阶级思想，极大地冲击了神本主义。

在科技方面，主要是与地理学和航海技术有着密切关系的天文学领域，如哥白尼的日心说，伽利略的天文望远镜，以及牛顿的万有引力定律等。科学及其技术的进步，为第一次工业革命提供了最根本的动力。

在政治革命方面，英国政治革命，以及其后的美国革命，特别是法国大革命，逐渐确立起了人人平等原则、自由主义原则、三权分立原则、宗教自由原则以及人身及财产安全原则，使资本主义最终战胜了封建主义，为第一次工业革命奠定了坚实的政治基础。

在经济扩张方面，主要是地理大发现及西欧对美洲和非洲、亚洲部分国家的殖民扩张。对殖民地的疯狂掠夺和贩卖黑奴，既为第一次工业革命奠定了重要的物质和劳动力基础①，也为西方工商业发展提供了巨大的海外市场和丰富的原料产地。正如马克思所说的，“大工业建立了由美洲的发现所准备好的世界市场”②。

当然，不能不提的是奴隶贸易。科卡指出：“工业化进程得益于奴隶贸易的巨额盈余。……资本主义诞生时就带着鲜血和污迹。”③而残酷至极的贩卖黑奴历史竟然持续了近4个世纪。1500—1867年，有1 200万～2 000万奴隶被贩卖，到1850年，在南北美洲，非洲裔奴隶的人数是白人的3至4倍。④总之，资本主义的崛起、国家权力的增长、经济扩张以及

① 西方殖民者对殖民地进行了疯狂掠夺，占有了无尽的财富，数量相对于旧大陆数千年来开发出的总量，为西方资本主义工业革命奠定了重要的物质基础。以西班牙为例，从1503年至1660年，西班牙人从美洲得到了总计18 600吨登记白银和200吨登记黄金。未登记的、私自运入西班牙的金银估计占总数的10%至50%。（见许倬云：《中西文明的对照》，浙江人民出版社2016年版，第166—167页。斯塔夫里阿诺斯：《全球通史：从史前史到21世纪》，北京大学出版社2006年版，第422页。）

②《马克思恩格斯文集》第2卷，人民出版社2009年版，第32页。

③ 于尔根·科卡：《资本主义简史》，文汇出版社2017年版，第74页。

④ 斯塔夫里阿诺斯：《全球通史：从史前史到21世纪》，北京大学出版社2006年版，第462页。

科学革命和政治革命互为条件，促进了工业革命的到来。

第二个阶段，18 世纪 60 年代至 19 世纪中期，这一时期主要是以蒸汽机的发明为标志的第一次工业革命。蒸汽机的发明实现了机器替代人类体力劳动，结束了人类对畜力、风力和水力由来已久的依赖。更重要的是，动力革命引发了纺织业、采矿业、冶金业的机械化，以及铁路这一交通运输业的空前革命。第一次工业革命创造了巨大的生产力，实现了从传统农业社会向现代工业社会的变革；推动了城市化进程，社会面貌发生了翻天覆地的变化；确立了西方对世界的统治，弱小国家也缓慢地走上了工业化进程。同时，第一次工业革命也带来了严重的贫富分化、阶级矛盾和工业污染等经济社会问题。

第三个阶段，19 世纪 60 年代至 20 世纪初，出现了以电气化为标志的第二次工业革命。不同于第一次工业革命，当时许多技术发明都来源于工匠的实践经验；而在第二次工业革命期间，自然科学的新发展，开始同工业生产紧密地结合起来，科学在推动生产力发展方面发挥了更为重要的作用，它与技术的结合使第二次工业革命取得了巨大的成果，不仅产生了电力工业，还引发了内燃机、电话和电报的创新和使用，催生了化学工业、石油工业、汽车工业和电讯业等新兴工业。第二次工业革命极大地推动了生产力的发展，对人类社会的经济、政治、文化、军事，科技和生产力产生了深远的影响。"各国人民日益被卷入世界市场，从而资本主义制度日益具有国际的性质"①，促使世界殖民体系最终确立，世界逐渐成为一个日益密切联系的整体。

第四个阶段，20 世纪 60 年代至 20 世纪末，这一次革命以计算机软硬件和网络为核心，通常又被称为计算机革命、数字革命，数字技术和互联网是其基本特征。② 第三次工业革命促进了生产自动化、管理现代化、科

① 《马克思恩格斯文集》（第 5 卷），人民出版社 2009 年版，第 874 页。

② 克劳斯·施瓦布：《第四次工业革命：转型的力量》，李菁译，中信出版社 2016 年版，第 4 页。

技手段现代化和国防技术现代化，还催生了合成材料的发展、遗传工程的诞生，以及信息论、系统论和控制论的发展。第三次科技革命越发表明，科学技术在推动生产力的发展方面起着决定性的作用，科学技术转化为直接生产力的速度加快。另外，始于20世纪90年代的全球化，推动了各种要素全球自由流动，突破了人类深度互动的障碍，促进了新兴市场国家的发展，世界成为一个市场经济连接起来的共同体；同时，贫富分化加剧、环境破坏严重、恐怖主义猖獗等问题越发威胁着人类的生存和发展。

（二）工业社会西方商业文明进步的原因

工业社会时期西方商业文明进步的原因在于以下方面。

第一，科学技术的进步。三次工业革命都是以科学技术的进步为基础的，并且科学技术越来越成为工业飞跃发展的根本动力。同时，生产力的发展进一步推动着科技的进步，两者体现为互为前提、相互促进、互为表征的关系，进而使双方呈现出加速发展的趋势。这在上面已经强调过，就不再赘述了。

第二，法治的保障。前面说过，蒸汽机之所以发明和改进，原因在于当时英国完善的专利制度及其对知识产权的保护。当时的英国人认为，财产权被认为是最核心的权利，英国人的家通常被认为是他自己的城堡，这样的观点屡次被英国的法律所强调。早在1603年的塞姆伊案件中，法官在判决中就宣布，如果一个盗贼进入一个人的房子试图抢劫或凶杀，那么，这个人或他的仆人都有权利杀死他以保护自己的生命和财产。[①]所以，没有财产的保护，就不可能有资本主义市场经济的存在和发展。这就是为什么，西欧三大民法典《法国民法典》《德国民法典》《奥地利普通民法典》，都强调财产权保护的原因。当然，三大民法典都继承了古罗马法的精神和结构，以权利为核心，强调对财产权的神圣保护。因为罗马法是古代反映商品交换的最完备、最典型的法律，是“商品生产者社会的第一个

① John kingdom，Government and Political Politics in Britain. Polity Press，Oxford，1999，pp.69—70.

世界性法律”。[①]“在罗马法中，凡是中世纪后期的市民阶级还在不自觉地追求的东西，都已经有了现成的”。[②]所以，尽管中世纪初期这一传承曾经中断过，但是从11世纪开始直到16世纪，西欧资本主义市场经济开始兴起，西欧大陆又经历了罗马法复兴运动。正如马克思、恩格斯所说的，这个时候罗马法又获得了恢复和威信。[③]

第三，国家的大力支持。国家在近现代各个发展阶段中都发挥着重要作用。在近代欧洲，经济和国家的关系、市场过程与政治权力的关系是最重要的因素，尤其是欧洲的政治格局促使统治者竞相刺激辖区内的经济发展潜力。[④]1492年，西班牙女王伊莎贝拉一世资助了哥伦布，改变世界的大航海运动开始发展，为资本主义扩张和资本原始积累奠定了深远的影响。1602年，荷兰政府将各种私营贸易公司整合成国营的荷兰东印度公司，逐渐称霸了东印度群岛。[⑤]1662年，英王查理二世颁发特许状，成立“伦敦促进自然知识皇家学会”，促进技师与科学家的合作，协调全国各专业的成果，搜集有可能促进科学知识的各种资料[⑥]；同时，还设立各种奖项奖励能增加产量的发明，1830年，一系列的发明推动英国实现了工业化，[⑦]为英国称霸全球打下了基础。

历史地看，任何一个西方国家都是在政府强大的推动和保护下才完成市场化和工业化进程的。1933年，罗斯福新政更是开创了政府全面干预经济的先河。罗斯福面对贫富分化严重、经济虚拟化等出现的严重通胀现象，通过以下措施实行改革：提高富有阶层的税收；增加公共开支，缓解贫富悬殊；推行政府监管；兴建公共工程；培育和加强工会力量，赋予

① 《马克思恩格斯选集》第4卷，人民出版社1995年版，第252页。

② 《马克思恩格斯全集》第21卷，人民出版社1965年版，第454页。

③ 《马克思恩格斯选集》第1卷，人民出版社1995年版，第133页。

④ 于尔根·科卡：《资本主义简史》，徐庆译，文汇出版社2017年版，第53—54页。

⑤ 斯塔夫里阿诺斯：《全球通史：从史前史到21世纪》，北京大学出版社2006年版，第433页。

⑥ 斯塔夫里阿诺斯：《全球通史：从史前史到21世纪》，北京大学出版社2006年版，第482页。

⑦ 斯塔夫里阿诺斯：《全球通史：从史前史到21世纪》，北京大学出版社2006年版，第491页。

工会集体谈判权（1935年颁布《美国国家劳资关系法》）。上述改革措施避免了经济大崩溃，不仅走出了经济危机，而且拯救了资本主义。[①]对此，于尔根指出："成功的资本主义恰恰会长期导致两极分化。如果没有社会福利措施，劳资矛盾就会酿成社会对立。"纵观历史，国家干预对于资本主义的诞生、发展和存续绝对是必要的。[②]当前新工业革命初现端倪，德国就推出了"工业4.0"，美国则推出了"美国先进制造业领导战略"，提高国家对科学领域研究的支持力度，加强对科学技术的扶持和资金投入，希望能够引领新工业革命的发展。总之，不论是理论还是现实，现代经济的发展，离不开有效的市场，也离不开有为的政府。

第四，文明的交流互鉴。在近现代早期，中华文明的人本主义思想对西方近代启蒙运动有很大影响。楼宇烈认为，欧洲启蒙运动思想来源之一是古希腊罗马文化，但更重要的来源是16世纪以后通过西方传教士从中国带回去的以人为本的中华文明精神。他们以中国人的人本思想批判欧洲中世纪以来的神本主义文化，高扬人类理性的独立、自主，把中国看作最理想的社会。[③]当然，儒家的经济思想对西方近代经济学也产生了影响。[④]

第二节　中西方商业文明的比较与互鉴

历史地看，任何一种文明都是在交流互鉴中进步的，而进行交流互鉴的前提是，必须进行客观的比较，认识到自己的文明和其他不同文明的历史发展过程、根本精神、主要特色以及不足。在此基础上相互学习，相互借鉴，共同推进自己文明的进步和人类文明的进步。

① 黄树东:《制度与繁荣：一个新世界的开始》，中国人民大学出版社2018年版，第90—91页。

② 于尔根·科卡:《资本主义简史》，徐庆译，文汇出版社2017年版，第160—161页。

③ 楼宇烈:《中国文化的根本精神》，中华书局2016年版，第47页。

④ 18世纪法国重农经济学家魁奈对中国文化有浓厚兴趣，尤其推崇《论语》，被称为"西方的孔子"，而亚当·斯密则颇受魁奈的影响。所以，有研究者认为，孔子的思想深刻影响了近代西方经济学的发展。

一、中西方商业文明的比较

进行中西方商业文明的比较，这里依据的是商业文明的结构层次论，从商业物质文明、制度文明以及精神文明几个层面展开。由于上述方面的内容前面已多有描述，下面从更宏观的角度进行简要归纳。

（一）商业物质文明的比较

人类商业物质文明的交流史几乎同人类文明史同样的悠久。“一旦文明在欧亚大陆和美洲大陆的几个地区生根，它便向四面八方传播开来”[①]。古典文明时期，大约在公元前2500年，冶铁技术最早发明于小亚细亚地区。公元前1500年至公元前1000年间，冶铁技术通过欧洲、亚洲和北非的部分地区向外传播；公元前800年至公元前500年由伊朗传播到印度和中国。[②]尽管中国开始冶铁时间较西方晚，但秦汉以后冶铁技术就长期领先于世界。要指出的是，这一时期的中东一直是首创精神中心，除了冶铁技术，在城市生活等方面也作出了重大贡献。[③]由于地理的区隔，欧洲与中国的交流较少，而且是通过中东、印度地区间接进行交流的，如汉朝同罗马的商贸交流。相对于中国与欧洲的商贸交流，美索不达米亚地区、古印度、古波斯、古埃及与古希腊罗马的商贸交流更加直接和便利。这一时期，印度最先种养的棉花、甘蔗和鸡传播到中国和西欧，中国将橘树、桃树、梨树、牡丹、杜鹃花、山茶和菊花传给了欧亚地区。[④]

中世纪时期，特别是中世纪后期，伊斯兰教学校满足于死记硬背权威性的教科书，智力与创新停滞了[⑤]，中东的优势渐渐消失。[⑥]而中世纪后期，只有西方发生巨大变化，开始向近代发展，出现了以新技术为基础的

① 斯塔夫里阿诺斯：《全球通史：从史前史到21世纪》，北京大学出版社2006年版，第54页。

② 刘学堂：《中国冶铁技术起源的发现与研究综述》，《中国文物报》2017年第6版。

③ 斯塔夫里阿诺斯：《全球通史：从史前史到21世纪》，北京大学出版社2006年版，第97页。

④ 斯塔夫里阿诺斯：《全球通史：从史前史到21世纪》，北京大学出版社2006年版，第87页。

⑤ 斯塔夫里阿诺斯：《全球通史：从史前史到21世纪》，北京大学出版社2006年版，第236页。

⑥ 斯塔夫里阿诺斯：《全球通史：从史前史到21世纪》，北京大学出版社2006年版，第97页。

现代文明。

这一时期以“四大文明”为标志的中国对世界的贡献巨大。到了近现代，在国家的大力支持下，以大航海、殖民扩张为基础，尤其是经过文艺复兴、宗教改革、启蒙运动、政治革命的洗礼，西方世界开始引领第一次、第二次、第三次工业革命，称霸世界，开拓世界市场，推动了经济全球化发展，主导和支配了整个世界。相反，因为闭关锁国、创新停滞、技术落后，中国、印度、中东以及世界的其他地区逐渐沦为西方强国的殖民地和半殖民地。

（二）商业制度文明的比较

古典时期，美索不达米亚地区就比较早地形成了一种城市文明[①]，有着比较发达的商业贸易。为了解决包括经济关系在内的越来越多的社会冲突，美索不达米亚人试图通过编制完备的法律来调整，《汉谟拉比法典》是其中最杰出的一部。[②]这部法典涉及现代意义上的民事、刑事、诉讼等领域，意在调解自由民之间的财产占有、继承、转让、租赁、借贷、雇佣等多种经济关系和社会关系，是世界上现存的第一部比较完备的成文法典，对其后的古希腊古罗马影响至深。古希腊罗马法最大的贡献是其所开创的西方私法传统，不仅西方法律思想缘起于古希腊、古罗马，而且大陆法私有财产制度也起源自古希腊、古罗马，尤其是古罗马的《查士丁尼民法大全》，形成了以人的权利为核心的近代意义上的民法物权体系。相对于古希腊法，罗马法又完成了一次飞跃。而中世纪后期西欧正是因为罗马法的复兴，推动了当时经济的发展。一以贯之，到了近现代，《法国民法典》《德国民法典》也是在古希腊罗马法的基础上发展起来的，有力地促进了资本主义市场经济的发展。与西方相比，中国古代的法律自成体系，但因为法律基于皇权而非民权，存在诸多矛盾，难以保护商人的利益。清末开始借鉴西方民法精神，开始了经济法治化的艰难进程。

① 斯塔夫里阿诺斯：《全球通史：从史前史到21世纪》，北京大学出版社2006年版，第59页。

② 斯塔夫里阿诺斯：《全球通史：从史前史到21世纪》，北京大学出版社2006年版，第61页。

（三）商业精神文明的比较

古典时期，古希腊、古罗马就体现出了西方的商业传统。但是，前面说过，因为地理环境的影响，古希腊、古罗马人不得不到海上当海盗、商人或殖民者，征服异邦、殖民他国、掠夺财富成为西方发展的基因。这一时期，“最糟糕的是掠夺经济剩余”，“发动战争或盗取战利品和奴隶是惯用的掠夺行径，众所周知，古典时期最大的财富是通过征服和统治其他国家，或向战败国国民征税所获取的”。[①]当然，古希腊罗马也存在正常的商业贸易，但从事贸易的主要是奴隶和被征服的异邦人。[②]所以，“古希腊罗马文化终究是一个勇武文化，是侵略和扩张的文化。……古希腊罗马文明是构建在压迫和侵略基础上的，百分之八十的服役人口，支撑了一个百分之二十的统治群，才有如此优美的希腊罗马文明。仔细想想，这样的文明，说不上公道。”[③]这样的文明自然也就谈不上人本精神。也正因为如此，楼宇烈指出，启蒙运动的思想来源之一是古希腊罗马，但更重要的是中国的以人为本的文化精神。[④]但借鉴中华人本精神，是为了反对神本。近现代西方世界的崛起，是建立在理性经济人的基础上的，凭借先进的技术，从有权占有无主地，到有权占有“野蛮人”的土地，再到有权占有异教徒土地[⑤]，将整个世界带进了殖民者强权缔造的世界市场。

二、中西方商业文明的互鉴

文明因多样而交流，因交流而互鉴，因互鉴而发展。这里谈互鉴可能更多的是要谈中国对西方商业文明的借鉴问题。

---

① 戴维·兰德斯等:《历史上的企业家精神：从古代美索不达米亚到现代》，中信出版社 2016 年版，第 24 页。

② 戴维·兰德斯等:《历史上的企业家精神：从古代美索不达米亚到现代》，中信出版社 2016 年版，第 29 页。

③ 许倬云:《中西文明的对照》，浙江人民出版社 2016 年版，第 39 页。

④ 楼宇烈:《中国文化的根本精神》，中华书局 2016 年版，第 47 页。

⑤ 斯塔夫里阿诺斯:《全球通史：从史前史到 21 世纪》，北京大学出版社 2006 年版，第 416 页。

（一）商业物质文明的互鉴

在商业物质文明方面我们要积极借鉴西方的科学与技术。前面说过，近代由于科学革命，技术发明创新的速度加快了，今天还在不断地加快。中国在19世纪之前领先西方，之后迅速滑落，其原因在于工业革命以前的技术发明以经验为主，中国人多，生产经验多，技术发明的速度也就快；但因未能从经验为主的技术发明转型为以科学实验为主的技术发明，所以，在西方科技的发明创新速度加快以后，中国的经济地位就日益落后。这是因为科举取士的制度安排未能强调数学、可控制实验等内容，阻碍了科学革命自主产生于中国的可能，因此，技术变迁的方式未能从以经验为基础转变为以科学、实验为基础，只要改变教育的内容，切实加强基础科学教育，中国人在科学技术方面的创新能力并不亚于任何国家和地区的人。[①] 今天，面对技术封锁的现状，要实现原创技术创新，应对科学提出更高的要求，加强基础科学教育尤为迫切。任正非强调，做芯片光砸钱不行，企业更需要物理学家、数学家、化学家。现在华为有七百名数学家、八百多名物理学家、一百二十多名化学家、六七千名基础研究的专家，这是华为公司创新发展的基础。

（二）商业制度文明的互鉴

在商业制度文明方面中国要积极借鉴西方的法治精神。关于法治的含义有两种理解：一种理解认为法治是实现国家秩序和社会治安的手段。另一种理解认为法治是基于对人民自由和权利的保障而对国家权力进行必要的限制。第一种理解现在已经成为共识，但对于第二种理解尚需时日。然而无论是从逻辑上还是现实上看，由于公权力常常被滥用以致危害私权利，就有必要限制公权力保护人民的自由和权利。所谓建设法治政府就是基于这种认识。所以，这里所说的法治精神，强调的就是后者。事实上，2020年5月28日通过的《中华人民共和国民法典》，就是众人期盼的人民权利的圣经和宣言书。

① 林毅夫：《经济发展与中国文化的复兴》，《北京大学学报》2009年第3期。

（三）商业精神文明的互鉴

在商业精神文明方面要传承中华文化以人为本的精神。“人本”与“仁爱”是儒家思想的核心理念。“仁爱”来源于“人本”，儒家思想将“人”放在宇宙和人类世界的中心，进而衍生出“由此及彼”“推己及人”的“仁爱”思想。孔子说“仁者爱人”，“泛爱众而亲仁”。所以，为人、以人为本是中华商道的本质，是中华商道的根本理念。从这个意义上说，“仁”也必然是中华商道的本质。对此，笃信中华商道的稻盛和夫也明确指出，商也乃仁。[①]如果简洁一点，以人为本其实就是人本、人道，那么，人本、人道就是商道，中华商道的本质就是人本、人道。这样，我们可以说，儒商就是以儒家核心价值观指导企业经营的企业家，即以儒家“仁、义、礼、智、信”为核心价值指导企业经营的企业家。“仁”为根本理念，“义、礼、智、信”是“仁”的充分体现和展开，目的在于以人为本，追求和服务于人类对更美好的生活需求。以人为本的中华商道具有丰富的内容。如“仁者爱人、以人为本”的商道精神；“以义取利、见利思义”的义利精神；“非诚贾不得食于贾”的诚信精神[②]；经世济民的家国天下情怀；互惠互利的商业智慧；贵群尚和的集体精神，等等。简而言之，中华商道蕴涵的人本观、义利观、诚信观、创新观、集体观、家国观，赋予了中国商业文明独特的精神气质。新时代的中国企业家，必须传承和弘扬的就是人本的中华商道精神。关于中华商道的内涵，前面已有论述，此处仅点题。

① 稻盛和夫:《企业家精神》，机械工业出版社 2018 年版，第 299 页。

②《管子 · 乘马》

第五章

中华商道的现代意义

20世纪80年代初，现代企业文化兴起于美国。若从现代企业文化和企业管理的角度看，中华商道有何作为呢？简言之，中华商道是现代企业文化兴起的直接原因，是现代企业管理的根本。两者是一致的。显然，这里是从道的角度看待这一问题的。

第一节　中华商道与现代企业文化的兴起

说中华商道是现代企业文化兴起的渊源，可能有人会有疑问，中华商道同现代企业文化的兴起有关系吗？答案是肯定的。

一、中华商道是现代企业文化兴起的渊源

从现代企业文化的发展缘起看，现代企业文化的兴起与第二次世界大战后日本经济的崛起有着直接关系。我们知道，第二次世界大战后日本经济迅速复兴并崛起，这引发了美国学者的研究热潮，使得企业文化成为显学。美国学者认为日本之所以能够迅速发展起来，主要原因是日本特有的管理方式，特别是其中体现的儒家价值观念。日本著名管理学家伊藤肇就此指出："日本实业家能够各据一方，使战败后的日本经济迅速复兴，中国儒商文化的影响力，功应居首。许多学者研究后发现，中国儒商的管

理思想的长处往往正是西方商人管理中所欠缺的地方。”[①]事实上，创办过超过500多家企业的涩泽荣一，正是一手拿着算盘，一手拿着《论语》，成就了其近代日本企业之父的美誉。涩泽荣一等人提倡“论语加算盘”，主张“经济道德合一说”。晚年时，涩泽本人讲授《论语讲义》，笔录出版的成书长达千页，就此开创了从现代管理的角度研究儒家哲学的先河。对此，伊藤肇指出：“日本企业家只要稍有水准的，无不熟读《论语》，孔子的教训给他们的激励，影响至巨，实例多得不胜枚举。”[②]而伊藤肇本人也在《东方人的经营智慧》一书中，列举了日本企业家如何把中国儒家经典中关于“管理国家、百官、人民的要谛”奉为圭臬。[③]诺贝尔经济学奖得主阿玛蒂亚 · 森认为，东亚的成功，部分地甚至可以说大部分应归功于亚洲文化的价值观，特别是儒家价值观。他还特别指出，我们应当汲取一个教训，欧洲文化并不是实现成功的现代化的唯一道路。[④]可以说现代企业文化兴起于美国，开花于日本，但其根在于中国的儒商传统，即中华商道。

二、现代企业文化是企业发展的核心竞争力

现代企业文化是企业发展的核心竞争力。世界500强企业的调查表明，这些企业令人注目的技术创新、体制创新和管理创新根植于其优秀而独特的企业文化。企业文化是企业基于长期以来人们通过共同合作和相互学习形成的行为规范和价值体系[⑤]，是企业精神文化、制度文化、物质文化的总和。其中，企业核心价值观是企业文化的基石，体现在企业文化的

---

① 杜维明：《儒商之道——伦理化的儒家文化，被忽视的经济发展驱动力》，《网印工业》2012年第2期。

② 黎红雷：《儒家管理哲学研究情况简介》，《哲学动态》1991年第8期。

③ 同上

④ 阿马蒂亚 · 森：《亚洲价值观与经济发展》，《参考消息》1998年10月29日第1版。

⑤ 特伦斯 · E · 迪尔、埃伦 · A · 肯尼迪：《新企业文化：重获工作场所的活力》，孙健敏等译，中国人民大学出版社2008年版，第6页。

精神、制度、物质层次中，成为推动企业发展、创新的文化资本，是企业发展的核心和灵魂。[①]哈佛商学院的教授约翰·科特和詹姆斯·赫斯克特经过大量实证研究指出，在决定企业的成败上，企业文化很可能是一项重要的因素。[②]而爱德加·沙因与沃瑞·本尼斯强调，企业文化是推动企业前进的原动力，企业文化是企业的核心竞争力。[③]下面从企业文化的层次与企业核心竞争力的角度来揭示企业文化与企业核心竞争力的内在关系。

一是通过企业精神文化建设提高企业核心竞争力。企业的精神文化包括企业的价值观、企业精神、企业道德、企业宗旨、企业使命和从业人员职业道德等诸多方面。其中，企业价值观，特别是“以人为本”的核心价值观，是企业精神文化的核心，它决定了企业存在和发展的意义和根本目的，确定了企业努力的总体方向。

二是通过企业制度文化建设提高企业核心竞争力。企业的制度文化包括企业的领导体制、决策方式、各项管理制度、企业结构特征以及不成文的行为规范，等等。当今时代，由于知识经济和信息技术的迅猛发展，关于生产、资源以及管理的观念都发生了很大的变化，[④]其中，知识成为最重要的资源，企业与劳动者的雇佣关系及其制度发生改变，与其说劳动者需要企业，不如说企业需要劳动者。我们重视产品和服务制度，更应该重视人力资源管理制度。企业必须吸引人、留住人、认可和奖励人、激励人、为人服务并满足人的需求。[⑤]同时，管理体制也更加扁平化，组织成为一个有机、平等的团队。管理者的工作不是发号施令，而是激励。[⑥]因

① 特伦斯·E·迪尔、埃伦·A·肯尼迪:《新企业文化：重获工作场所的活力》，孙健敏等译，中国人民大学出版社 2008 年版，第 6—14 页。

② 特伦斯·E·迪尔、埃伦·A·肯尼迪:《新企业文化：重获工作场所的活力》，孙健敏等译，中国人民大学出版社 2008 年版，第 7 页。

③ Edgar · H · Sehein,WarrenG. Bennis. The Corporate Culture Survival Guide,1999.

④ 彼得·德鲁克:《巨变时代的管理》，朱雁斌译，机械工业出版社 2009 年版，第 121 页。

⑤ 彼得·德鲁克:《巨变时代的管理》，朱雁斌译，机械工业出版社 2009 年版，第 64 页。

⑥ 彼得·德鲁克:《巨变时代的管理》，朱雁斌译，机械工业出版社 2009 年版，第 66—68 页。

此，企业文化必须适应上述变化，创新发展战略、组织形态、运作机制、管理模式、营销体系，等等，提高企业的创新意识、创新精神及创新能力，才能构建和提升企业核心竞争力。

三是通过企业物质文化建设提高企业核心竞争力。企业的物质文化包括产品、技术、品牌、资源和企业形象等等。独特、难以被人模仿的核心技术及核心产品，是企业核心竞争力的重要组成部分。总之，有什么样的文化，就有什么样的产品。所以，张瑞敏说，他卖的不是产品，而是文化。海尔的核心竞争力是海尔文化。

企业文化之所以是企业发展的原动力和核心竞争力，就在于企业文化能够节约信息费用，有效地克服“搭便车”问题，减少正式制度实施与执行的费用，降低员工的流动、雇佣成本和监督、管理成本，推动企业创新和进取精神，成为企业持续发展的不竭动力。

三、中华商道是中国企业文化建设的根基

以人为本是中华文化的根本精神和品格①，是中华商道的根本理念，这同以人为本的现代企业文化具有内在一致性。正因为如此，以人为本的中华商道成为现代企业文化兴起的直接原因。但是，正如前面说过的，中华商道充分凸显了以人为本的核心价值观，与企业精神文化层面具有高度契合性，然而在企业物质文化层面和企业制度文化层面还存有短板和不足，这需要站在新商业文明的高度，强长处、补短板，加强中国的企业文化建设，特别是加强民营企业的文化建设。

1. 以核心价值观指导企业生产经营

要始终坚持以人为本的核心价值观指导企业的生产经营活动。首先，要树立以人为中心的价值观。要提高企业的创新能力和核心竞争力，通过绿色生产（价值循环）、民主参与（价值对话），为用户、公众、社区、社会创造安全、健康、便利的产品和服务，改善大众生活，推动企业可持

① 楼宇烈：《中国文化的根本精神》，中华书局 2016 年版，第 46 页。

续发展。

其次，要加强企业内部共享发展，建立员工持股制度，强化员工的主人翁地位，形成企业和员工利益共同体和命运共同体。再次，要加强外部共享发展，既要服务于股东，也要为供货商、销售商创造获利空间，形成价值链共同体。另外，还要为公众、社区、环境和后代考虑，为广泛利益相关者创造价值，改善大众的生活，形成社会共同体。

最后，还要积极参与社会公益慈善，承担社会责任，致力于建设一个更美好的世界。当然，企业可以也应该通过商业的方式解决社会问题。事实上，用商业的方式解决社会问题，实现互利共赢，是可持续的发展观。这体现了新商业文明的本质。①

2. 以法治建设促进企业发展

市场经济是法治的经济基础。经济的市场化要求社会的法治化，也就是说，市场经济越发达，法治也就越发展。②以法治建设为基础，促进企业发展，包括法治政府和法治民企建设两个方面。

首先，加快法治政府建设。

一要完善立法，确保民营企业在市场经济竞争条件下的平等地位。改变以所有制性质来划分企业类型的模式，逐步以致完全取消所有制的区别，对各类所有制经济实行统一的、公开的、公平的法律规定。以保护产权、维护契约、统一市场、平等交换、公平竞争、有效监管为基本导向，完善社会主义市场经济法律制度。健全以公平为核心原则的产权保护制度，加强对各种所有制经济组织和自然人财产权的保护，清理有违公平的法律法规条款。特别是修订与宪法不适应的或不符合宪法要求的法律法规。彻底消除对民营经济的歧视，使他们在市场准入、信贷、土地使用权等方面具有与公有制经济的同等地位。但是，对违反犯罪行为必须严惩不

① 乌麦尔·哈克:《新商业文明：从利润到价值》，吕莉译，中国人民大学出版社 2016 年版，第 141 页。

② 卫兴华:《社会主义市场经济是法治经济》，《前线》2014 年第 12 期。

贷，要良币驱逐劣币，而非劣币驱逐良币，营造公正的营商环境。

二要公正司法，维护民营企业合法权益。要落实司法为民宗旨，充分发挥审判职能作用，即刑事审判的保护作用，民商事审判的调整作用，行政审判的监督作用，为民营经济创造安全稳定的发展空间。坚持各类市场主体的诉讼地位平等、法律适用平等、法律责任平等，为各种所有制经济提供平等司法保障，公平公正对待所有市场主体。提高司法公信力，保障合议庭、审判长、独任法官的职权，缩小案件审批范围，逐步取消案件请示制度，保障法官依法行使审判权，彻底消除司法权力地方化和部门化现象，确保司法权的独立、公平、公正。这是实现法治的先决条件。

三要依法行政，优化民营企业发展的营商环境。必须以规范和约束公权力为重点，加大监督力度，做到有权必有责、用权受监督、违法必追究，坚决纠正有法不依、执法不严、违法不究行为。着力解决权力滥用问题，严惩以权压法、以公权侵害私权的现象。要强化法治思维和法治方式，力行法无授权不可为。严格依法履行职责。依法严格执行已经颁布的有利于民营经济发展的法律法规、政策文件，落实各项支持民营经济发展的各项措施，保障民营企业发展的权利、机会和规则平等，统一市场准入制度，力行法定职责必须为。提高依法行政效率。要按照市场经济规律的要求，推进政府管理机制和体制改革，进一步简政放权，深化行政审批制度改革，加快实行政府审批流程的公开化、透明化和规范化，坚决纠正不作为、乱作为，坚决克服懒政、怠政，坚决惩处失职、渎职的行为，把政府的职能由管理转变到服务上来，树立“管理就是服务”的理念，优化民营企业发展的营商环境。

总之，加强法治政府建设，要遵循法无授权则止，将政府权力法治化，把权力关进制度的笼子里。同时，既要有权力清单，也要有责任清单；既要解决政府越位、错位的问题，也要解决政府缺位的问题；既要减少事前审批，也要加强事中和事后的监管，逐渐完善权力追责制度。

其次，加快法治民企建设。[①]

一要树立学、知、遵、守、用法的思维意识。民营企业作为公平竞争的市场主体，必须学法、知法、遵法、守法和用法，树立办事依法、遇事找法、解决问题用法、化解矛盾靠法的法治思维和法治方式，严格遵守国家法律制度，全面提升依法治企的能力，规范运作，有效防范和化解在经济发展新阶段下出现的新矛盾和新问题，实现企业的可持续发展。

二要提升依法治企的能力。（1）依据相关法律规定，建立健全现代企业制度，认真研究制定和完善民营企业内部相关规章，依法明确议事规则、严格经营决策程序。建立健全依法决策机制，决策必问法，违法不决策。把专家论证、风险评估、合法性审查作为重大决策必经程序，确保决策制度科学、程序得当、过程公开、责任明确，保障民营企业依法健康发展。（2）平等、规范、有序地参与市场竞争，模范遵守境内外商业规则，强化契约精神和诚信精神，重合同、守信用，依法解决企业纠纷，营造法治化的市场环境。（3）加强法律风险防范机制建设，推动法律管理与民营企业经营管理有机融合，实现法律风险防范的全覆盖，以更加完备的法律风险防范机制促进民营企业转型升级。要针对境外经营法律风险领域，深入研究制订法律风险防范的具体措施，妥善应对境外重大法律纠纷案件，依法维护权益，保障民营企业资产安全。

当然，需要强调的是，以法治建设促进民营企业发展，并不是不重视道德的作用。一个健康的社会，离不开道德，更离不开法律。因为法律是最底线的道德，道德是高标准的法律。无论是一个人还是一个企业，可以不做好事，但不能做坏事；可以在法律范围内随心所欲，但不能超出法律的边界为所欲为。法律因其硬性，才会有权威性、公正性；道德因其柔性，能够深入人心，更具凝聚力。另外，法律的实现，成本高昂，从立法到执法到司法再到守法，每个环节的成本都不可小视。道德物美价廉，从

① 王建均：《新生代民营企业家是可信赖的新力量》，人民政协报 2017 年 9 月 22 日。实证调研显示认同通过法律途径解决保护企业合法权益的占 72.9%。但认为可以通过私人关系来解决利益诉求问题的占 16.2%，认为可以通过权力途径解决的占 8.1%。法治建设任重道远。

管理到监督再到交易，成本趋于零。今天，我们提倡以德治国、以德治企，但首先要以法治国、以法治企。当越来越多的人和企业不仅依法行事，而且能依德做好事的时候，社会运行的成本才会降低，法治的实施才会畅通无阻。事实上，由于道德人、道德企业的稀缺性，其价值更加凸显，这不仅会降低企业内部的成本，还能够赢得更多的信誉，扩展更大的市场，得到更大收益。稻盛和夫的京瓷公司便是典型。可以预料的是，因为信息化生产力的发展，市场更加自由、平等、公开、透明，买卖双方的信息变得对称，更富有道德感、声誉更好的企业将会得到用户和市场的追捧。

3. 以品牌建设推动企业转型升级

“加强品牌建设，增加优质供给，是实现高质量发展、更好满足人民群众对美好生活需要的重要内容”。[①]品牌凝聚着产品和服务的创新能力、竞争核心力和文化软实力。加强品牌建设就是加强商业物质文明建设。当前，在美国对中国科技发展实施极限打压的情况下，要高度重视自主创新，以时不我待的紧迫感加强原创性创新、集成创新、引进消化吸收再创新，尤其是要重视原始创新，占领信息化生产力的制高点，推动品牌建设。

一要树立强烈的品牌意识，制定科学的品牌规划。要充分认识到品牌就是核心竞争力，是企业生存和发展的根基；要加强品牌战略规划，积极推动规划有效落实；要大力提升产品和服务的品质，以优质的品质赢得市场和用户，建设好企业品牌。

二要做好准确的品牌定位，打造品牌的核心价值。要结合行业和自身的实际，明确企业自身的核心优势，以核心优势确定品牌定位；要根据新时代消费升级的现实，不断提升企业核心优势，着力打造企业的核心价值。

---

① 李克强就加强品牌建设作出重要批示 http://www.gov.cn/guowuyuan/2018-05/10/content_5289951.htm。

三要抓好品牌的管理创新，提升品牌的竞争活力；要对企业品牌进行有效管理，依法维护好企业品牌；要不断创新企业品牌，丰富企业品牌的内涵，实现品牌的可持续发展。

四要以人为本，发挥好人才的决定性作用。要树立人才是第一资源的观念，是品牌建设的决定性力量；要待遇留人、事业留人、感情留人，满足人的生存发展需要；要加强企业的扁平化管理，建设适应信息化生产力发展要求的人性化管理模式。

第二节　中华商道是现代企业管理的根本

随着现代企业文化的兴起，相应地，企业管理也由经验管理、科学管理发展到文化管理阶段。就此而言，中华商道与现代企业管理具有内在的关系。从文化管理的核心来说，以人为本的中华商道是现代企业管理的根本。

一、现代企业管理的三个发展阶段

一般来说，企业管理经历了三个发展阶段，即经验管理阶段、科学管理阶段，以及随着企业文化的兴起，发展到文化管理的阶段。[①]

第一阶段是人治的经验管理阶段，第二阶段是法治的科学管理阶段，就是我们大家熟悉的泰勒制，现在是第三个阶段，就是以人为本的企业文化管理阶段。所以，企业文化管理是“以人为本”的管理模式，它是通过企业文化的培育，使员工形成共同的价值观和共同的行为规范，在企业内部营造一种健康和谐的文化氛围，使全体成员的身心能够融入企业中，变被动管理为自我约束，在实现社会价值最大化的同时，实现个人价值的最大化。如果将科学管理和文化管理进行简单比较，很明显的是，科学管理的实质是以资本为核心，文化管理的实质是以人为本；科学管理把人当

① 刘峰涛主编：《东方哲学与企业文化》，北京大学出版社 2012 年版，第 1—2 页。

作手段，文化管理把人当作目的；科学管理的目标是追求资本效益的最大化，文化管理的目标是人的全面发展。当然，这里要强调的是，文化管理是建立在科学管理之上的一种管理方式，是对科学管理的扬弃。企业文化管理还包涵了科学管理的一部分合理内容，比如科学的决策机制、严格的制度管理、追求最大的工作效率，等等。

通过上面的分析我们可以看到，以人为本的中华商道是企业文化兴起的渊源，而企业文化又直接引发文化管理的兴起，所以，以人为本的中华商道是企业文化管理的根本。事实上也是如此。这里我们就以备受中国企业家推崇的日本经营之圣稻盛和夫为例加以说明。

稻盛和夫的经营哲学来自对如何做人的思考，这就是他所说的，作为人何谓正确。这既是稻盛和夫做人的基准，也是稻盛和夫企业经营的基准。那么从哪里才能学习到正确地做人、正确地经商的方法呢？稻盛和夫认为，中华文化经典恰恰揭示了作为人应有的正确活法。因此他指出，日本和其他发达国家都应当学习中国圣贤的智慧，学习儒家最根本的智慧"仁"，即以人为本的精神。所以，他指出商也乃仁。企业经营必须遵循儒家仁、义、礼的核心理念。稻盛和夫企业经营十二条，其中最核心的就是人本管理，即"追求全体员工物质和精神两方面幸福的同时，为人类社会的进步发展作出贡献"。这就是稻盛和夫所说的企业的核心价值观和使命。稻盛和夫企业经营之道的结果如何呢？这我们都知道，他不仅把两家企业带到世界500强，而且还使濒临破产的日本航空在6个月内起死回生。此后，日本航空公司的业绩连续6年在全球航空业内遥遥领先。当然前面所说的华为也是基于以人为本的理念成为一家伟大的企业。

当今世界，以人为本成为众多企业的成功之道。让我们看看下面这些世界著名企业的核心价值观吧。

惠普说：为我们所在的社会奉献与负责。

松下说：公司以社会为基础，消除贫困，促进社会进步繁荣。

丰田说：顾客至上、员工为本，通过生产汽车而为建立富有的社会作贡献。

IBM（国际商业机器公司）说：公司是社会的一部分，有责任支持社会发展。

索尼说：科技造福大众，提升日本文化与国家地位。

沃尔玛说：提供物有所值的商品，改善大众生活。

需要强调的是，以人为本是核心价值观，是精神文化，它需要制度文化的保障、物质文化的体现。

二、以中华商道为基础优化企业管理

基于以人为本的中华商道，从以人为本的管理理念、以德治企的管理方式和以和为贵的管理艺术三个方面加强企业管理。

首先，强化以人为本的管理理念，加强企业管理。仁者爱人、以人为本，是中华商道的根本理念，这同样是企业管理的根本理念。在企业管理中，以人为本，即以人为出发点和中心来安排经营、组织生产，通过尊重人的价值和需求，来调动人的积极性，提高经营效率。这就要求：一是善用人才。人才是企业的根本、经营的中心、成败的关键，必须注重人才，善用人才。企业经营活动固然离不开资本、技术和组织，但这些因素都是人所创造的，也只有在人的有效利用下才能发挥其功用，因而，有无人才，人才的优劣，决定着经营的成败兴衰。所以，对人才既要充分信任，放手让人才发挥作用，也要以诚相待，给予人才物质上的回报，精神上的尊重，情感上的关心，使人才能全身心投入到工作中，尽责尽力为企业的发展服务。二是关心员工。要努力创造各方面的条件，关心每一位员工，发挥每一位员工的积极性，把每个员工都与企业联成一体。三是尊重员工。尊重员工，关键在于把员工当主人，实行和完善员工持股制，使员工和企业成为利益和命运共同体。四是成就员工。教育和培养员工，促进员工成才，把成就员工作为企业经营的基本目标之一。要真正做到尊重、关心、成就员工，就是要像稻盛和夫一样，“公司的使命是为了追求员工的物质和精神两方面幸福的同时，为人类社会的进步与发展作贡献”。①

其次，要强化以德治企，加强企业管理。德治是儒家管理思想的一个基本原则。孔子提倡“道之以德，齐之以礼”，认为“为政以德，譬如北辰，居其所而众星拱之”。②“以德治企”的管理方式是儒家德治原则的体现。一是注重以道德的教育、思想发动与弘扬企业精神来形成企业的凝聚力和团结合作精神，激发职工勤勉奋发的工作精神。二是管理者以诚待人，以德服人，以仁德之举去感化、引导职工，使职工心悦诚服，报德尽力，从而实现高效管理。三是重视管理者以身作则，以自身的品德和行为来引导、带动、影响员工，以求得最佳的管理效果。因为，“其身正，不令而行，其身不正，虽令不从”③，管理者只有“修己以安人”“修己以安百姓”④，才能形成上下同欲，真正提高管理效能，推动企业可持续发展。当然，要强调的是，强化德治，不能忽视法治，尤其是要注意法治还是我们的短板，同样需要强化。这在前面已经有所分析。总之，以德治企必须与以法治企相结合，才能真正提高企业效率，实现企业管理效能。

最后，要强化以和为贵，加强企业管理。儒家早就认识到管理就是“协调”的道理。不论是孔子所言的，“礼之用，和为贵。先王之道斯为美”⑤，还是孟子所说的“天时不如地利，地利不如人和”⑥，都是“协调管理”思想的古典表述。一是建立亲情般的企业内和谐关系。这包括纵向的企业与员工间关系、上下级关系，以及横向的员工关系。在企业内部既有多劳动多取酬的分配制度，又有充满和睦亲情的家庭式的温暖人际关系，形成一种和睦平等大家庭式的内部凝聚力。二是建立亲情般的企业外和谐关系。在与合作伙伴的经济关系中，既应讲竞争讲效益，又要有以互利为

① 稻盛和夫：《企业家精神》，叶瑜译，机械工业出版社 2018 年版，第 209 页。

②《论语・为政》

③《论语・子路》

④《论语・宪问》

⑤《论语・学而》

⑥《孟子・公孙丑章句下》

前提的协作精神，形成一种互利互惠的合作互利关系。三是强化换位思考。要在管理者与员工之间、员工与员工之间、企业部门之间、员工与顾客之间，引导角色互换，解除误解，增进谅解，促进理解，增强协作，形成管理者与员工相互理解和着想，员工之间相互理解和着想，以及员工对顾客的理解和着想，使员工处处为消费者着想，真正树立“消费者是上帝”的服务意识。

第六章

中华商道的现代弘扬

以中华儒商传统为基础的中华商道，是中华民族优秀传统文化的重要组成部分，是培育当代中国企业家精神的历史的源头活水。当前，必须以中华商道为根基，积极传承和弘扬仁者爱人的人本经商理念、以义为上的商业道德、经世济民的家国天下情怀、诚信的经商行为准则、互惠互利的商业智慧、慎言笃行的商业作风，积极培育新时代中国企业家精神。同时，要充分发扬以义为上、诚信守法、贵群合作的儒商精神，努力构建亲清的新型良性政商关系。

第一节　中华商道是培育新时代企业家精神的源头活水

人是文化的产物，不同的文化传统孕育不同的企业家精神。今天，中华商道需要根据新时代的实践要求，以儒商特别是近代儒商为榜样，实现创造性转化和创新性发展，中华商道才能成为培育中国新时代企业家精神的源头活水。

一、传承和弘扬中华商道，做有道之商

传承和弘扬中华商道仁者爱人的人本经商理念，培育现代企业以人为本的精神，做有道之商。中华商道仁者爱人的人本经商理念对现代企业

以人为本精神的培育有着重要意义。事实上，以“以人为本”为价值取向的企业也必然会成为优秀企业。所有员工包括企业管理者在内，都是企业最宝贵的财富，任何一个企业想要获得良好发展都离不开每位员工的辛勤与努力。因此，企业应当以儒商文化中“仁者爱人”理念塑造现代企业“以人为本”的精神，时刻关注员工利益，使员工真正以企业为家，为企业发展尽力。这正如任正非在《华为基本法》中提出的，“认真负责和管理有效的员工是华为最大的财富。……是我们事业可持续成长的内在要求。”因而必须“以奋斗者为本”。日本经营之圣稻盛和夫提出的“以员工为本，没有以员工为本，就没有经营，就没有企业”。

二、传承和弘扬中华商道，做有义之商

传承和弘扬中华商道以义为上的商业道德，培育现代企业的义利观，做有义之商。现代企业要追求利润，但不能在利益面前无所不为、唯利是图，应当秉持君子爱财、取之有道的商业道德。历史上，传统儒商早已用实际行动证明了“见利思义”“非义不取”的道理。现代企业应以此为鉴，要明确利己和利他是一致的，并且利己首先要利他，利他才能利己，才能长远地利己。要严禁见利忘义、损人利己的行为，使“利缘义取”“财自道生”成为经营活动的根本宗旨，并将这一理念逐渐内化为企业的自觉行为，更多地创造社会效益，推动社会各行各业健康稳定发展。事实上，中国经济发展到今天，很多企业家都已认识到，“人品就是商品”，“企业的竞争本质上就是人品的竞争”。否则，损人利己、唯利是图，就只能害人害己，贻害无穷。如毒奶粉、黑煤窑、地沟油、毒馒头、无效疫苗带来的国人愤怒和企业毁灭。总之，做有义之商，才能成为有利之商。这恰恰是企业成功的根本之道。

三、传承和弘扬中华商道，做有为之商

传承和弘扬中华商道经世济民的家国天下情怀，培育现代企业的社

会责任感，做有为之商。现代儒商在追求企业利益最大化的同时，应该促进社会利益最优化。要“富而好行其德”，扶危济困、热心公益；要“以天下为己任”，心怀民族、实业兴国，承担生态伦理责任，肩负起家国天下的使命感，自觉承担社会责任，促进经济发展和社会进步。家国天下情怀是中华儒商的最优秀品质，也是今天新时代中国企业家最优秀的品质。如同近代民族企业家一样，任正非在《华为基本法》的核心价值观第四条中提出：“爱祖国、爱人民、爱事业和爱生活是我们凝聚力的源泉。”同时，任正非在《华为基本法》的核心价值观第七条中又强调指出，“华为以产业报国和科教兴国为己任，以公司的发展为所在社区作出贡献。为伟大祖国的繁荣昌盛，为中华民族的振兴，为自己和家人的幸福而不懈努力”。其实，前面我们提到的日本索尼公司也提出了他们的核心价值观是，“科技造福大众，提升日本文化与国家地位。”美国前总统肯尼迪说过“不要问国家能为你做什么，而要问你能为国家做什么”的豪言壮语，尽管肯尼迪所说的爱国有其特定的含义，但爱国本身却是毫无疑问的。

四、传承和弘扬中华商道，做有信之商

传承和弘扬中华商道诚信经营的行为理念，将之作为现代企业的根本行为准则，做有信之商。儒商曾在商业领域创造了令世人瞩目的辉煌成就，究其原因，离不开儒商始终坚守的从商之本——诚实守信、信誉至上。置身现代商业浪潮中，市场经济繁荣发展，各行各业竞争激烈，企业要想做到长久发展、稳步前进，就应当将“诚信”作为企业的基本行为准则。只有企业讲诚信，诚信经营，企业才能以“诚”立足于市场经济，以“信”获得消费者的青睐。这里就不能不提到一个儒商的典范人物张瑞敏。1985 年，他砸烂 76 台不合格冰箱，但换来了诚信根基和企业灵魂，也换来了今天海尔白色家电独霸天下的市场地位。2015 年 12 月，网上销售的褚橙遭遇品质吐槽，消费者们抱怨橙子个头大小，口感不如往年。89 岁的褚时健为了诚信，在《北京晚报》上道了歉，砍掉 3.7 万棵果树。虽然失去了 2

000 公斤的褚橙，却赢得了消费者的心。他们是今天的儒商，是有信之商。

五、传承和弘扬中华商道，做有智之商

传承和弘扬中华商道合作共赢的商业智慧，培育现代企业互惠互利的经商理念，做有智之商。传统儒商文化中互惠互利的商业智慧要求企业在经商的过程中充分尊重各方利益，取长补短。经济全球化是当今世界的重要特征，也是世界经济发展的必然趋势。在这种新的机遇与挑战下，所有企业都应抱着开放的心态，在互惠互利的基础上与他人协同合作，以实现互利共赢。关于互惠互利的商业智慧，我们不得不说的就是儒商典范李嘉诚合作共赢的案例。李嘉诚经常教导两个儿子，在和别人做生意时，如果能拿到七分的利益，甚至能拿到八分的利益，那么就拿六分好了，因为只有这样，才会为自己赢得好声誉，吸引更多的人来合作。如果能拿七分利润，你偏要拿八分利润，能拿八分利润偏要拿九分利润，那么谁还会和你合作？李嘉诚一生中和许多人进行过或长期或短期的合作，合作结束后他总是愿意少拿一点儿利润，也正是因为拥有这样的风度、这样的气量，许多人都愿意与他合作，也使他成为商场中的不败商神。这个商神来自互惠互利的智慧。当然，今天习近平总书记提出的构建人类命运共同体，特别是这一共同体的载体“一带一路”的倡议和实践，也是来自中华文化，来自中华商道。

六、传承和弘扬中华商道，做有志之商

传承和弘扬中华商道慎言笃行的作风，培育现代企业务实创新的工作作风，做有志之商。“不积跬步，无以至千里”。任何一个企业从建立到发展壮大都是一个漫长而艰辛的过程，这个过程离不开每一位员工的埋头苦干、爱岗敬业。因此，应传承儒商文化慎言笃行的传统，培育现代企业敬业务实的工作作风，从我做起，在平凡的岗位上做不平凡的工作。而这种敬业务实的工作作风正是培育创新精神的基础。只有敬业务实，才能

在烦琐重复的工作中实干巧干、干出新意，才能为企业的发展谋求新思路、探寻新空间。对于务实创新而言，任正非同样为我们树立了榜样。任正非说，华为成功没有什么秘密。华为成功就是最典型的阿甘，阿甘就一个字“傻”。阿甘精神就是目标坚定、专注执着、默默奉献、埋头苦干。华为就是阿甘，认准方向，朝着目标，心无旁骛，傻干、傻付出、傻投入，持续不断的艰苦奋斗、锐意创新，终于走在行业的前列，成为世界上最优秀的电信设备供应商。

做到这“六有”的就是我们新时代的儒商，是我们应当致敬的儒商。儒商不仅仅是把企业经营好，即以身发财，这只是第一步，只能称之为一般的企业家；第二步，要为人类社会作贡献，要以财发身，这才是儒商，是伟大的企业家。这是企业家的更高境界，是新时代企业家应当具有的精神。

第二节　中华商道是构建亲清政商关系的文化基础

习近平总书记提出的亲清新型政商关系思想，是构建良性政商关系的根本原则。对于政商双方而言，充分发扬以义为上、诚信守法、贵群合作的中华商道精神，对于构建良性政商关系具有重要意义，是构建亲清新型政商关系的文化基础。

一、以义为上是构建亲清政商关系的基本理念

以义为上是儒商精神的根本原则，是构建良性政商关系的基本理念。就政府官员而言，掌握的是公权力，以义为上、追求公共利益；服务包括非公有制经济人士在内的人民，是公权力的内在要求。实际上这种服务的本质是，政府及其官员为企业提供服务，企业以税收形式为政府及其官员支付费用，政商之间是互利合作的关系。相反，在政商关系中官商勾结、权钱交易，以公权谋取私利，实质上是拿人民赋予的权力进行交易，是对人民和公权力的亵渎，是抢劫和掠夺，甚至不能称之为以利害义，而是严

重的违法犯罪。对于这种官员必须依法追责、严惩不贷。

对非公有制经济人士而言，特别是对企业家而言，其利益的实现源于为市场、为公众提供的优质产品和服务，即以义为上，并且越是以义为上，越能以义获利。若是通过假冒伪劣的产品谋取利益，自然是损人利己、以利害义，最终害义损利，甚至身陷囹圄、殃及性命；若是以官商勾结、权钱交易的方式谋利，损害的必然是公共利益，同样是抢劫和掠夺。就以十八大以来，落网的20多名省部级高官为例，官商勾结是非良性政商关系最鲜明的特征。刘志军落马，山西富豪丁书苗亦出事；薄熙来被查，大连实德集团董事长徐明出事；南京市原市长季建业落马，江苏前首富朱兴良被抓，江苏吴中集团董事长朱天晓被带走调查，等等。所以，官商勾结、钱权交易，害义最终害己。

因此，政商关系中官员以义为上，不谋私利是基本要求；企业家以义为上，是企业发展的根本之道。只有这样做，企业家才能既不害义，也防止官员害义，既实现了自己利益，也成就了官员利益。就此而言，以义为上既利政也利商，是政商必须共同遵循的基本理念；政商关系也只有以此理念为思想基础，才可能建立起良性的亲清政商关系。

二、诚信守法是构建亲清政商关系的根本前提

诚信是传统儒商的立身之本和经营之道。在全面依法治国的今天，把诚信和法治相结合，确立诚信守法原则，是儒商精神发展的必然要求，也是构建良性政商关系的根本前提。

传统的政商关系是建立在非正式的、人际关系基础上的关系，尤其是建立在官商个人利益基础上的政商关系，依存于不完善的市场经济，具有浓厚的人格化特征。相反，新型的政商关系是建立在制度化、法治化基础上的平等、独立、合作和互补的民营企业与政府之间的政商关系，与完善的现代市场经济相适应，具有鲜明的非人格化特征。

就政府来说，法无授权则止。政府权力法治化，将权力关进制度的

笼子里。同时，既要有权力清单，也要有责任清单；既要解决政府越位问题，也要解决政府缺位问题；既要减少事前审批，也要加强事中和事后的监管；既要建立规范政商交往的制度体系，也要完善权力监督和追责机制。党的十八大以来，国务院部门累计取消行政审批事项618项，彻底清除非行政许可审批，中央指定地方实施行政许可事项目录清单取消269项，国务院行政审批中介服务清单取消320项。另外，中央层面核准的投资项目数量累计减少90%。更重要的是，实施权力清单、责任清单制度，将政府职能、法律依据、职责权限等内容以权力清单的形式向社会公开，截至2016年，全国31个省级政府部门均已公布权力清单。政府权力边界越来越规范，越来越清晰。

就企业来说，法无禁止则行。企业拥有明确和独立的产权并受到法律的有效保护；拥有充分的决策权，能够根据市场信息的变化自主决策，对自己的决策和行为负民事责任。企业行为法治化，将资本纳入法治的轨道。同时，在依法规范民营企业家行为的同时，也要积极推进协商民主，扩大企业家有序参与决策的渠道，实现民主和科学立法，从源头上保证政府和企业尊法信法守法用法。企业要发扬儒商的诚信守法精神，守法办企业、诚信搞经营。在此基础上，企业更重视法律而不是权力，更重视信用而不是关系。诚信守法是政商合作与互动的准绳，是构建良性政商关系的制度基础。这种基于法治诚信基础上的平等、独立、合作和互补的政商关系，有利于法治企业的发展，也有利于法治政府的建设。可喜的是，2016年11月27日，《中共中央国务院关于完善产权保护制度依法保护产权的意见》出台，企业家对于最关心的产权问题心有所安。当然，随后的张文中、顾雏军、许容华三大产权案的重审，给企业家带来了更大的信心。2021年将有更多的产权案会平反昭雪，那么，企业家对于未来将充满信心。

总之，建立亲清政商关系，必须构建公开公正的法治化亲清政商关系。此外，要确实贯彻落实2020年12月21日中共中央印发新修订的《中国共产党统一战线工作条例》和2020年9月15日中共中央办公厅印发的《关于加强新时代民营经济统战工作的意见》的精神，充分发挥统战部、工商联的积极作用，“依托统一战线开展政企沟通协商”，建立制度化的政企民主协商制度。这“是构建亲清政商关系的关键之举”。具体要从以下几方面着手：

一是规范沟通协商内容。主要是规范政企沟通协商的客体，即规范协商什么。很清楚，应当就经济社会发展的重要问题，尤其是涉及民营经济发展的相关重要内容进行沟通协商及其规范，主要包括5个方面的内容：⑴经济发展形势和情况，包括经济形势、特别是民营经济发展状况的分析研判等内容。⑵经济发展规划和部署，包括经济社会发展和产业发展规划，以及年度经济工作部署等内容。⑶经济发展政策和法律，包括重要的改革举措和涉企政策，以及重要的涉企法律法规制定和修改等内容。⑷经济发展环境，主要包括营商环境、亲清政商关系等内容。⑸经济发展问题，主要是民营企业发展面临的普遍性问题，以及重点骨干民营企业风险防范和危机处置等问题。

二是创新沟通协商形式。这主要是创新政企沟通协商的方法，即创新如何进行沟通协商。各级党委和政府及有关部门就协商事项可以通过多种方式同民营企业和行业协会商会代表进行沟通协商，如事前沟通、座谈会和恳谈会等方式。另外，还可以通过考察调研、参加会议等方式进行沟通协商。就考察调研方式而言，要建立民营经济代表人士专题调研制度，每年开展重点考察调研，党政领导和有关部门要认真听取调研提出的意见建议。至于参加会议方式，就是在民营经济占比较大的地方，党委和政府在召开经济工作会议和涉及民营经济发展的会议时，以及人民代表大会制定修改相关地方性法规时，可邀请民营企业和行业协会商会代表参加。有关部门制定行业标准和规范，一般应委托行业协会商会提出意见。

三是建立健全联系服务、督办反馈和评价机制。这主要是政企沟通协商的保障问题。建立健全联系服务机制，主要是以行业类、专业类商会和乡镇、街道商会为重点，建立党政领导干部联系商会制度，畅通商会向党委和政府反映情况、提出建议的渠道。要做到这一点，关键是制定和实施政商联系交往的正面、负面清单，明确了政商交往中什么事能做、什么事不能做，规范政商交往行为，促进政商关系亲清互动，优化经济发展环境。建立健全督办反馈机制，主要是以督办和反馈的方式，把政企沟通协商所达成的意见、建议和成果要及时落实落地，促进民营经济的健康发展。建立健全评价机制，主要以政企沟通协商成效为基础，以第三方评价为保证，加强奖惩和容错机制，充分发挥统一战线的作用，强化政企沟通协商的执行力，推动亲清新型政商关系的构建。

三、贵群合作是构建亲清政商关系的重要途径

在以义为上、诚信守法的基础上，充分发扬儒商的贵群合作精神，是构建良性政商关系的重要途径。

就官员而言，既要遵循以义为上和诚信守法的理念和原则，做到“清”，也要发扬贵群合作精神，勇于“亲”。在“亲”商中，官员与民营企业家的关系要清白、纯洁，不能有贪心、私心，不能以权谋私，不能搞权钱交易。要坦荡真诚地同民营企业家接触交往，特别是在民营企业遇到困难和问题情况时更要积极作为、靠前服务，对非公有制经济人士多关注、多谈心、多引导，帮助解决实际困难。

另外，构建亲近有为的政商关系，要建立容错免责机制，打消领导干部及政府工作人员的疑虑。一方面，要严惩性质恶劣的违法乱纪行为；另一方面，要给积极作为、在具体措施中失误的干部犯错、改错的机会，有条件地包容其错误、免除其责任，从而鼓励公职人员主动服务企业、为经济发展多做尝试。这需要贯彻“三个区分”原则，细化制度安排，确定免责的范围。同时，还要建立正向激励制度，给予促进亲清政商关系的政府干部、工作人员和民营企业家以物质奖励和精神奖励，积极宣传，发挥榜样作用。

就民营企业家而言，同样要遵循以义为上和诚信守法的理念和原则，做到“清”，也要发扬贵群合作的儒商精神，勇于“亲”。要积极主动同政府职能部门及其工作人员沟通交流，讲真话、说实情、谏诤言，满腔热情投身地方发展。要洁身自好走正道，遵纪守法办企业，光明正大搞经营。在“亲”政中，要斩断投机的杂念，不寻租、不行贿、不破坏市场规则、不做蝇营狗苟之事，以良心品质和诚信经营铸造企业品牌，把守法清白的企业家形象展示给公众，这样才能赢得人民的认可、市场的认同，企业才能行稳致远，做成百年老店。

总之，构建亲清新型政商关系，矛盾主要方面在于政府，政府必须力行以义为上和诚信守法的理念。其中，更重要的是用法治约束权力，明确政府的权力边界。在此基础上，政府应当也必须积极主动地为民众、为企业家服务好。这样，一个亲清的新型政商关系才有可能建立起来。而这样的亲清政商关系才能为儒商的发展提供良好的环境，从而推动中华民族的伟大复兴中国梦的实现。

参考文献

1.《周书》

2.《尚书》

3.《易传》

4.《论语》

5.《诗经》

6.《周易》

7.《礼记》

8.《中庸》

9.《孟子》

10.《管子》

11.《左传》

12.《荀子》

13.《战国策》

14.《商君书》

15.《韩诗外传》

16.《汉书》

17.《论积贮疏》

18.《明夷待访录》

19.《日知录》
20.《张载集·正蒙·中正》
21.《朱子语类》
22.《孔子家书》
23.《史记》
24.《六韬》
25.《新书》
26.《策林》
27.《元史》
28.《广东新语》
29.《阳明全书》
30.《休宁汪氏统宗谱》
31.《〈平书〉订》
32.《市籴之令》
33.《铜楮之币上》
34.《富民》
35.《朱子文集》
36.《四书集注》
37.《诫子书》
38.《马克思恩格斯全集》第3卷，人民出版社1960年版。
39.《马克思恩格斯全集》第23卷，人民出版社1975年版。
40.《马克思恩格斯全集》第25卷，人民出版社2006年版。
41.《马克思恩格斯文集》第2卷，人民出版社2009年版。
42.《马克思恩格斯文集》第5卷，人民出版社2009年版。
43.《马克思恩格斯选集》第1卷，人民出版社1995年版。
44.《马克思恩格斯选集》第4卷，人民出版社1995年版。
45.《马克思恩格斯全集》第21卷，人民出版社1965年版。

46.《资本论》第1卷，中国社会科学出版社1983年版。

47.《孙中山全集》第2卷，中华书局1981年版。

48. 中共中央文献研究室编:《习近平关于社会主义经济建设论述摘编》，中央文献出版社2017年版。

49. 张謇:《张謇全集》卷5，江苏古籍出版社1994年版。

50.《中国大百科全书（哲学）》，中国大百科全书出版社1985年版。

51. 张謇:《张季子九录·实业录》(卷1)，中华书局1931年版。

52. 张謇:《张季子九录·专录》(卷1)，中华书局1931年版。

53. 陈独秀:《吾人最后之觉悟》,《独秀文存》，安徽人民出版社1987年版。

54. 陈独秀:《本志罪安之答辩书》,《新青年》第6卷第1号。

55. 严复:《与熊纯如书》七十五,《严复集》第3册，中华书局1986年版。

56. 夏东元编:《郑观应集》(上)，上海人民出版社1982年版。

57. 楼宇烈:《中国文化的根本精神》，中华书局2016年版。

58. 许倬云:《中西文明的对照》，浙江人民出版社2016年版。

59. 许倬云:《万古江河：中国历史文化的转折与开展》，湖南人民出版社2017年版。

60. 吴慧:《中国古代商业》，中国经济出版社2010年版。

61. 吴慧:《中国商业政策史》，社会科学文献出版社2014年版。

62. 盛洪:《儒学的经济学解释》，中国经济出版社2016年版。

63. 赵士林:《中华传统文化开讲》，中华书局2014年版。

64. 贾春峰:《贾春峰说企业文化》，中国经济出版社2003年版。

65. 成中英:《C理论：中国管理哲学》，中国人民大学出版社2017年版。

66. 李志朝:《任正非的资本》，台海出版社2016年版。

67. 田涛主编:《一人·一厨·一狗》，生活·读书·新知三联书店 2019 年版。

68. 秦朔:《文明寻思录:我们这个时代的企业家精神和商业文明》第一辑,广西师范大学出版社 2017 年版。

69. 林毅夫:《解读中国经济:解读新时代的关键问题》,北京大学出版社 2018 年版。

70. 唐晋主编:《大国崛起》,人民出版社 2006 年版。

71. 唐力行:《商人与中国近世社会》,中国经济出版社 2017 年版。

72. 夏勇:《法治源流:东方与西方》,社会科学文献出版社 2004 年版。

73. 姜正成主编:《儒商鼻祖子贡》,中国财富出版社 2015 年版。

74. 石世奇、郑学益主编:《中国古代经济思想史教程》,北京大学出版社 2008 年版。

75. 韩永学:《浙商文化研究》,哈尔滨地图出版社 2007 年版。

76. 张云钢主编:《经济学基础》,云南大学出版社 2010 年版。

77. 王千:《新工业文明时代的价值创造》,经济科学出版社 2018 年版。

78. 陶永谊:《互利:经济的逻辑》,机械工业出版社 2011 年版。

79. 孙希旦:《礼记集注》,中华书局 1989 年版。

80. 万志英:《剑桥中国经济史:古代到 19 世纪》,崔传刚译,中国人民大学出版社 2018 年版。

81. 沈垚:《落帆楼文集》,嘉业堂刻吴兴丛书本卷 24。

82. 胡寄窗:《中国经济思想史》,上海人民出版社 1981 年版。

83. 林大雄:《传统中国商人的文化洞察》,海天出版社 1993 年版。

84. 张海鹏、王廷元主编:《明清徽商资料选编》,黄山书社 1985 年版。

85. 虞和平:《资产阶级与中国近代经济及社会》,中华工商联合出版社 2015 年版。

86. 曹从坡等主编:《张謇全集》第 1 卷,江苏古籍出版社 1994 年版。

87. 章开沅等主编:《苏州商会档案丛编(1905—1911)》第1辑，华中师范大学出版社2012年版。

88. 邹进文主编:《新编经济思想史 · 中国近代经济思想的发展》第6卷，经济科学出版社2014年版。

89. 卢国纪:《我的父亲卢作孚》，四川人民出版社2003年版。

90. 崔之清:《张謇与海门——早期现代化思想与实践》，南京大学出版社2010年版。

91. 庄安正:《张謇与近代百位名人》，中国环境出版集团2020年版。

92. 李玉:《创业先驱：范旭东大传》，中华工商联合出版社1998年版。

93. 曾凡英主编:《盐文化论丛(第一辑)》，巴蜀书社2006年版。

94. 凌耀伦:《民生公司史》，人民交通出版社1990年版。

95.《中山舰及武汉会战国际研讨会会议论文集》，武汉出版社2010年版。

96. 刘厚生:《张謇传记》，上海书店出版社1985年版。

97. 凌耀伦、熊甫编:《卢作孚文集》北京大学出版社1999年版。

98. 王敦琴:《张謇研究百年回眸》，南京大学出版社2007年版。

99. 凌耀伦:《民生公司史》，人民交通出版社1990年版。

100. 凌耀伦:《卢作孚与民生公司》，四川大学出版社1987年版。

101. 杨光彦等:《卢作孚与中国现代化研究》，西南师范大学出版社1995年版。

102. 李明勋、尤世玮:《张謇全集》第4册，上海辞书出版社2012年版。

103. 张孝若:《南通张季直先生传记》，中华书局1930年版。

104. 张同义:《范旭东传》，湖南人民出版社1987年版。

105. 易宁等:《古代希腊文明》，北京师范大学出版社2018年版。

106. 刘剑文等:《私有财产法律保护》，法律出版社2000年版。

107. 朱龙华:《世界历史：上古部分》，北京大学出版社 1991 年版。

108. 黄树东:《制度与繁荣：一个新世界的开始》，中国人民大学出版社 2018 年版。

109. 刘峰涛主编:《东方哲学与企业文化》，北京大学出版社、中国农业出版社 2012 年版。

110. 亚当 · 斯密:《道德情操论》，商务印书馆 1997 年版。

111. 亚当 · 斯密:《国民财富的性质和原因的研究》，商务印书馆 2007 年版。

112. 康德:《道德形而上学原理》，上海人民出版社 1986 年版。

113. 涩泽荣一:《经商语录》，海南国际新闻出版中心 1995 年版。

114. 戴维 · 兰德斯等:《历史上的企业家精神：从古代美索布达米亚到现代》，中信出版社 2016 年版。

115. 威尔 · 杜兰特，阿里尔 · 杜兰特:《历史的教训》，四川人民出版社 2015 年版。

116. 弗兰克 · H · 奈特:《风险、不确定性和利润》，中国人民大学出版社 2005 年版。

117. 约瑟夫 · 熊彼特:《资本主义、社会主义与民主》，商务印书馆 1975 年版。

118. 彼得 · 德鲁克:《创新与企业家精神》，蔡文燕译，机械工业出版社 2009 年版。

119. 彼得 · 德鲁克:《巨变时代的管理》，朱雁斌译，机械工业出版社 2009 年版。

120. 萨伊:《政治经济学概论》，商务印书馆 1963 年版。

121. 马歇尔:《经济学原理》，华夏出版社 2005 年版。

122. 阿马蒂亚 · 森:《伦理学与经济学》，商务印书馆 2003 年版。

123. 阿马蒂亚 · 森:《身份与暴力：命运的幻象》，李凤华等译，中国人民大学出版社 2012 年版。

124. 道格拉斯·C·诺思:《制度、制度变迁与制度绩效》，刘守英译，商务印书馆1994年版。

125. 稻盛和夫:《企业家精神》，机械工业出版社2018年版。

126. 乌麦尔·哈克:《新商业文明：从利润到价值》，吕莉译．中国人民大学出版社2016年版。

127. 马林诺夫斯基:《文化论》，费孝通等译，中国民间文艺出版社1987年版。

128. 鹿岛茂:《日本商业之父涩泽荣一传》，王鹤、池森译，浙江大学出版社2014年版。

129. 斯塔夫里阿诺斯:《全球通史：从史前史到21世纪》，吴象婴等译，北京大学出版社2006年版。

130. 于尔根·科卡:《资本主义简史》，徐庆译，文汇出版社2017年版。

131. 克劳斯·施瓦布:《第四次工业革命》，李菁译，中信出版社2016年版。

132. 迈克尔·德图佐斯:《未来会如何——信息新世界展望》，周昌忠译，上海译文出版社1999年版。

133. 达尔·尼夫:《知识经济》，樊春良等译，珠海出版社1998年版。

134. 曼纽尔·卡斯特:《网络社会的崛起》，夏铸九等译，社会科学文献出版社2003年版。

135. 费正清、赖肖尔:《中国：传统与变革》，陈仲丹译，江苏人民出版社1992年版。

136. 修昔底德:《伯罗奔尼撒战争史》(上)，商务印书馆1960年版。

137. 迪尔德丽·N·麦克洛斯基:《企业家的尊严：为什么经济学无法解释现代世界》，沈路等译，中国社会科学出版社2018年版。

138. 梅因:《古代法》，沈景一译，商务印书馆1959年版。

139. 特伦斯·E·迪尔、埃伦·A·肯尼迪:《新企业文化:重获工作场所的活力》,孙健敏等译,中国人民大学出版社2008年版。

140. 林毅夫:《经济发展与中国文化的复兴》,《北京大学学报》2009年第3期。

141. 张弛、张曙光:《新经济对经济学理论的挑战》,《学术月刊》2018年第1期。

142. 陈禹等:《互联网时代的经济学革命》,《财经问题研究》2018年第5期。

143. 张瑞敏:《创造价值的新商业文明》,《企业研究》2017第5期。

144. 德鲁克:《德鲁克:中国的管理者不能依赖进口》,《政工研究动态》2006年第9期。

145. 周文彰:《略论商业文明》,《北京联合大学学报》2015第4期。

146. 崔尚祖:《以仁为本——新商业文明的核心》,《装备制造》2010第12期。

147. 道格拉斯·C·诺斯:《制度变迁理论纲要》,《改革》1995年第3期。

148. 王建均:《加强企业文化建设促进非公有制经济健康发展》,《中央社会主义学院学报》2014第4期。

149. 董明珠:《没有人才,一切归零;没有道德,人才归零》,《企业家观察》2019年第2期。

150. 黄芳等:《茅忠群文化自信与方太战略创新》,《企业管理》2021年第2期。

151. 杞子兰:《子产:恪守中国的"汉谟拉比法典"》,《躬耕·天下豫商》2008年第7期。

152. 郑颖慧:《论宋代商品经济的新发展》,《保定学院学报》2009年第5期。

153. 杜维明:《儒商之道——伦理化的儒家文化,被忽视的经济发展驱动力》,《网印工业》2012年第2期。

154. 张星:《鸦片战争后中国政治发展的特点及现实启示》,《忻州师范学院学报》2020年第3期。

155.《论实业所以救亡》,《东方杂志》1904年第8期。

156. 马敏:《近代儒商传统及其当代意义——以张謇和经元善为中心的考察》,《华中师范大学学报(人文社会科学版)》2018年第2期。

157. 虞和平:《中华全国商会联合会的成立与中国资产阶级完整形态的形成》,《历史档案》1986年第4期。

158. 虞和平:《张謇:中国近代"实业救国"和"教育救国"的拓荒者》,《旗帜》2020年第12期。

159. 习近平:《在企业家座谈会上的讲话》,人民日报2020年7月22日。

160. 寿乐英:《一代儒商 万世师表——第三届张謇国际学术研讨会综述》,《中国工商》2000年第10期。

161. 章开沅:《张謇与中国近代化》,《华中师范大学学报(哲学社会科学版)》1987年第4期。

162. 章开沅:《张謇感动中国——纪念啬翁诞生150周年》,《南通师范学院学报(哲学社会科学版)》2003年第3期。

163. 郭树清:《企业家的作用无可替代》,《人民日报》2016年10月11日第5版。

164. 邓正琦:《中西企业家经营理念个案比较研究》,《重庆师院学报(哲学社会科学版)》1996年第4期。

165. 张克生:《我国早期企业文化的结晶——"永久黄四大信条"》,《道德与文明》1994年第2期。

166. 侯德榜《追悼范旭东先生》,《科学》第28卷第5期,1946年10月版。

167. 张春华:《工业先导　功在中华——记早期化学工业先驱范旭东

先生》、《中国农资》2015 年第 5 期。

168. 李祉川等:《祖国事业科学人才——纪念实业家范旭东》,《纯碱工业》1984 年第 6 期。

169. 熊秋良:《传统文化与范旭东的创业精神和经营思想》,《湖南师范大学社会科学学报》1997 年第 5 期。

170. 汪洋:《近代企业家的社会责任——以张謇和卢作孚为中心的考察》,《湖南医科大学学报(社会科学版)》2010 年第 2 期。

171. 李玉:《传统文化与近代民族实业家的创业精神 》,《中华文化论坛》第 1996 年第 2 期。

172. 徐静玉:《试论张謇儒商精神的特点》,《中国矿业大学学报(社会科学版)》2003 年第 2 期。

173. 卢作孚:《大胆生产,小心享用》,《北碚月刊》第 1 卷 1937 年第 5 期。

174. 宋龙根:《汉谟拉比法典简介》,《阿拉伯世界》1986 年第 3 期。

175. 巫昌国等:《对古希腊官吏经济责任审计的思考》,《审计与经济研究》1997 年第 6 期。

176. 张誉琳:《古希腊民众的重商思想》,《消费导刊》2008 年第 3 期。

177. 袁德忠:《试论古罗马共和国时期的商业》,《赤峰学院学报(汉文哲学社会科学版)》2006 年第 5 期。

178. 杨俊明:《奥古斯都时期古罗马的城市管理与经济状况》,《湖南师范大学社会科学学报》2004 年第 4 期。

179. 黎红雷:《儒家管理哲学研究情况简介》,《哲学动态》1991 年第 8 期。

180. 卫兴华:《社会主义市场经济是法治经济》,《前线》2014 年第 12 期。

181. 刘学堂:《中国冶铁技术起源的发现与研究综述》,《中国文物报》2017 年 9 月 22 日,第 6 版。

182. 阿马蒂亚 · 森:《亚洲价值观与经济发展》,《参考消息》1998年10月29日第1版。

183. 王建均:《新生代民营企业家是可信赖的新力量》,《人民政协报》2017年9月22日。

184. Sen，A. K.（2000）Development as Freedom，New York：A. Alfred Knopp.

185. John kingdom，Government and Political Politics in Britain. Polity Press，Oxford，1999.

186. Edgar · H · Sehein,WarrenG. Bennis. The Corporate Culture Survival Guide,1999.

187. 吴春波:《华为曾是家很烂的公司》，见搜狐网（https://m.sohu.com/a/154941104_163061/，2021年3月3日查阅）。

188.《华为2017年年报》，见华为官网（https://www.huawei.com/cn/annual-report，2021年3月3日查阅）。

189. 国际在线:《日本市民声援华为》，见（https://baijiahao.baidu.com/s?id=1620441527539522488&wfr=spider&for=pc,2021年3月3日查阅）

190. 华为2020年年报，见华为官网（https://www.huawei.com/cn/annual-report，2021年3月3日查阅）。

191. 华为公司2017年年报，见 https://www.huawei.com/cn/annual-report.

192. 华为公司2018年年报，见 https://www.huawei.com/cn/annual-report.

193. 苹果公司年销售收入表，见财富中文网 http://www.fortunechina.com/fortune500/c/2020-05/18/content_365275.htm.

194. 世界各国GDP统计，见 https://www.kylc.com/stats/global/yearly/g_gdp/2019.html.

195.《新商业文明宣言》正式发布，见 https://club.1688.com/article/32447817.html/2020-1-4.

196. 吴双：法治成了资本的统治工具，西方学者却开出这样的药方。

见（https://www.guancha.cn/WuShuang/2021_01_25_579088_s.shtml）

197. 李克强就加强品牌建设作出重要批示 http://www.gov.cn/guowuyuan/2018-05/10/content_5289951.htm